FUNÜFA YANJIU

妇女法研究

（2024）

刘永廷◎主编　朱晓飞◎副主编

中国婦女出版社

图书在版编目（CIP）数据

妇女法研究.2024/刘永廷主编；朱晓飞副主编
.--北京：中国妇女出版社，2024.7
ISBN 978-7-5127-2365-8

Ⅰ.①妇… Ⅱ.①刘… ②朱… Ⅲ.①妇女权益保障法-研究-中国 Ⅳ.①D922.7

中国国家版本馆CIP数据核字（2024）第003504号

责任编辑：万立正　耿　剑
封面设计：李　甦
责任印制：李志国

出版发行：中国妇女出版社
地　　址：北京市东城区史家胡同甲24号　　邮政编码：100010
电　　话：（010）65133160（发行部）　　65133161（邮购）
网　　址：www.womenbooks.cn
邮　　箱：zgfncbs@womenbooks.cn
法律顾问：北京市道可特律师事务所
经　　销：各地新华书店
印　　刷：北京虎彩文化传播有限公司

开　　本：170mm×240mm　1/16
印　　张：18.25
字　　数：290千字
版　　次：2024年7月第1版　　2024年7月第1次印刷
定　　价：68.00元

前　言

妇女法研究一直是中华女子学院法学院的学术坚持，也是我们进行社会服务的坚实基础。继第一本（2008年版）、第二本（2014年版）《妇女法研究》之后，十年后的今天，我们的第三本《妇女法研究》要面世了。中华女子学院的法律人会将对妇女法的研究一直传承下去的。

这本《妇女法研究》依然是一本论文集，全书由刘永廷、朱晓飞负责组稿，作者主要是来自女院法学院的师生们和一些基层法院的法官们。我们以《中华人民共和国妇女权益保障法》为研究的出发点，但不限于妇女权益保障法，旨在尽量呈现出法学不同领域从业人员、研究人员对妇女权益保障的多样化探索，因而只要与妇女权益有关的文章，编者尽量将其收录。本书内容分为两个部分，一是理论研究，二是实务探索，基本上反映了我们对新时代妇女权益保障工作的观察、思考和建议。尽管尚有不足之处，但是我们想努力做得更好。

感谢中华女子学院对这本论文集的资助，感谢法学院老师和同学们的积极参与。这里尤其要特别感谢法学院刚退休不久的两位老师，一位是李明舜老师、一位是张荣丽老师。两位老师是中华女子学院法学院的“元老”，职业生涯中为妇女权益保障和儿童保护事业贡献了全部精力。此次编写这本论文集，两位老师认真参与，令我辈感动，也是我们工作的榜样。最后，感谢中国妇女出版社对本书的支持。

刘永廷

2024年6月

目　录

Contents

理论研究

实务探索

理论研究

新时代建设家庭友好型社会的制度保障

李明舜[①]

无论时代如何变化、经济社会如何发展，对一个社会来说，家庭的生活依托都不可替代，家庭的社会功能都不可替代，家庭的文明作用都不可替代。中华民族从五千多年的文明历史走来，形成了独特的社会结构与文化传承，呈现出一种家国同构的模式。正是在这样的文化传承和社会结构中，中国人不仅逐步形成了修身、齐家、治国、平天下的伦理追求，而且在国家治理和社会治理的过程中，也十分重视婚姻家庭领域的制度建设。新中国成立之初，颁布的第一部法律就是1950年4月13日中央人民政府委员会第七次会议通过的《中华人民共和国婚姻法》。之后还在1980年制定了新的婚姻法，并在2001年对其进行了重大修改。

党的十八大以来，以习近平同志为核心的党中央高度重视家庭建设，有关家庭的理论创新和制度建设取得了前所未有的新成就。在理论创新方面，形成了以习近平总书记关于注重家庭家教家风建设的重要论述为主要内容的新时代家庭观。在制度建设方面形成了以宪法为根据，以民法典婚姻家庭编、反家庭暴力法和家庭教育促进法为主干，包括刑法、妇女权益保障法、未成年人保护法、老年人权益保障法、残疾人权益保障法以及妇女儿童发展

① 李明舜，中华女子学院二级教授，享受国务院政府特殊津贴专家。兼任中国婚姻家庭研究会常务副会长，中国婚姻家庭法学研究会副会长，教育部高校法学类专业教育指导委员会委员。全国妇联家庭建设智库首批专家、全国妇联维权智库专家、国务院妇儿工委办儿童工作智库专家。主要研究领域为妇女人权、婚姻家庭法学。

纲要等在内的规范、支持婚姻家庭和发挥家庭作用的法律政策体系。此外，有关法律政策的制定实施过程中注意纳入家庭视角，形成了重视和支持家庭的政策导向和社会氛围。

新时代，建设家庭友好型社会的制度保障是由多层次、多维度的法律政策体系构成的。从效力层次角度看，既有适用于全国范围的国家层级的法律和政策，也有适用于某个特定行政区域的地方性法规政策，还有专门适用于司法系统的司法解释。从不同的作用维度来看，按其作用的领域可以分为以下几个方面。一是以明确总体方向和基本要求为主要内容的法律政策，包括宪法的有关规定以及党和国家的有关决策。例如，宪法第四十九条第一款规定："婚姻、家庭、母亲和儿童受国家的保护。"党的二十大报告明确提出"加强家庭家教家风建设"。《中共中央关于坚持和完善中国特色社会主义制度　推进国家治理体系和治理能力现代化若干重大问题的决定》中要求"注重发挥家庭家教家风在基层社会治理中的重要作用"。《中共中央关于制定国民经济和社会发展第十四个五年规划和二〇三五年远景目标的建议》中明确："加强家庭、家教、家风建设。"《中共中央关于党的百年奋斗重大成就和历史经验的决议》在新时代社会建设部分提到要"注重家庭家教家风建设，保障妇女儿童权益"。《中共中央　国务院关于优化生育政策促进人口长期均衡发展的决定》中特别强调要"提升家庭发展能力"。《中华人民共和国国民经济和社会发展第十四个五年规划和 2035 年远景目标纲要》第五十章第三节专门就"加强家庭建设"进行规划。《国家人口发展规划（2016—2030 年）》《国家人权行动计划（2021—2025 年）》等专门规划中，也提出了健全家庭发展支持体系、建立健全有利于女孩家庭发展的帮扶支持政策体系、减轻家庭育儿负担等政策措施。上述有关要求和规定是具有普遍指导意义的顶层设计，为我国建设家庭友好型社会提出了明确方向和基本要求。二是以调整家庭成员内部关系为主要内容的法律政策，如民法典中的婚姻家庭编和继承编。民法典婚姻家庭编不仅通过增加规定"婚姻家庭受国家保护"再次表明了国家对婚姻家庭的保护态度，充分体现了立法者"天下之本在家”的家国情怀，而且通过对婚姻家庭进行体系化保护以维护婚姻安全，即通过强化对婚姻家庭的保护以升华爱国爱家的家国情怀，通过强化遏制破坏婚姻家庭行为以建立相亲相爱的家庭关系，通过强化公序良俗的法律保护以弘扬向上向善的家庭美德，通过强化家庭成员间的实质平等以体现共建共享的家庭追求。三是以保护家庭弱势群体为主要内容的法律政策，包括反家庭暴力法、妇女权益保障法（第七章婚姻家庭权益）、老年人权益保障法（第二章家庭赡养与扶养）。反家庭暴力法通过规定人身安全保护令、强制报告、紧急庇护、撤销监护和告诫等制度，创制和完善了我国预防和制止家庭暴力的法律制度，丰富和强化了国家、社会干预家庭暴力的法律措施和手段，为家庭暴力受害人提供了有效的救助和保护。老年人权益保障法则对家庭养老支持、老年人精神赡养、老年监护、长期护理保障、老年宜居环境等方面作出明确规定，有力保障了老年人的婚姻家庭权利。四是以发挥家庭特殊作用为主要内容的法律政策，包括家庭教育促进法、未成年人保护法（第二章家庭保护），《中国儿童发展纲要（2021—2030年）》[（五）儿童与家庭]。家庭教育促进法通过为家庭教育立规、为家长明责、为家庭助力、为儿童赋能，实现了家庭教育由传统家规、家训、家书的模式，向以法治为引领和驱动、以社会主义核心价值观为主要内容、以立德树人为根本目的的新模式迭代升级，将家庭教育由传统“家事”上升为新时代的重要“国事”。五是以支持家庭建设为主要内容的法律政策，包括家庭教育促进法、个人所得税法、《中共中央　国务院关于优化生育政策促进人口长期均衡发展的决定》、国务院办公厅印发《关于促进家政服务业提质扩容的意见》和《国务院办公厅关于促进3岁以下婴幼儿照护服务发展的指导意见》、《中国妇女发展纲要（2021—2030年）》[（六）妇女与家庭建设]等。其中，个人所得税法的修正案考虑到了家庭养老、家庭对子女的教育等问题，就此规定了予以一定数额的免税。此类规定体现了从家庭视角出发的家庭友好型政策。《中共中央　国务院关于优化生育政策促进人口长期均衡发展的决定》将“提升家庭发展能力”作为重要内容，并在20多处对家庭问题进行规范。《中国妇女发展纲要（2021—2030 年）》则明确提出："形成支持完善家庭基本功能、促进男女平等和妇女全面发展的家庭政策体系，增强家庭发展能力。"国务院办公厅印发《关于促进家政服务业提质扩容的意见》，为促进家政服务业提质扩容，提出 10 方面 36 条具体政策措施，着力发展员工制企业，推动家政进社区，切实提升家政服务质量。

新时代建设家庭友好型社会的制度保障体现了以下几个鲜明的特点。一是新时代家庭观发挥了巨大引领作用。新时代家庭观作为社会主义核心价值观在家庭领域的体现和要求，创造性地运用和发展了马克思主义家庭观，体现了鲜明的中国特色、强烈的时代特征。新时代家庭观既坚守了马克思主义家庭观这个魂脉，彰显出对马克思主义家庭理论既一脉相承又与时俱进的理论逻辑，同时又坚守了中华优秀传统文化这个根脉，用马克思主义激活中华优秀传统文化中富有生命力的优秀因子并赋予新的时代内涵，将中华民族有关家庭的伟大精神和丰富智慧更深层次地注入马克思主义，有效把马克思主义家庭观同中华优秀传统文化精华贯通起来，聚变为新的理论优势，为新时代新征程建设好家庭、好家教、好家风提供了坚强的思想引领和根本遵循。新时代家庭观为新时代的家庭家教家风建设注入了灵魂，指明了方向，成为亿万家庭日用而不觉的道德规范和行为准则，对新时代家庭家教家风建设发挥了巨大的引领作用，使生活在新时代中国的千家万户幸福感大幅提升。新时代的中国家庭正在共同升华着爱国爱家的家国情怀、积极建设着相亲相爱的家庭关系、大力弘扬着向上向善的家庭美德、努力体现着共建共享的家庭追求。新时代形成的规范、支持婚姻家庭和发挥家庭作用的法律政策体系就是把新时代家庭观的要求体现到法律法规、制度规范和行为准则中，体现到各项经济社会发展和社会管理政策中的制度成果。二是婚姻家庭受国家保护的这一宪法要求贯穿始终。新时代形成的规范、支持婚姻家庭和发挥家庭作用的法律政策体系，充分体现了国家对个人享有的婚姻家庭基本权利积极承担尊重、保护和实现的义务。一方面，国家高度重视尊重公民个人享有的婚姻家庭基本权利，充分保障公民个人的婚姻家庭安全和生活安宁，非依法律公权力不得干预婚姻家庭内部事务。另一方面，国家积极采取措施预防和制止任何组织、个人对他人婚姻家庭基本权利的侵犯。同时，国家积极创造条件，最大限度地采取立法、行政、司法等有效措施保障婚姻家庭基本权利的实现。三是坚持以人民为中心，构建中国特色的家庭友好型社会。中国式现代化是全体人民共同富裕的现代化。坚持以人民为中心的发展思想，是全面建设社会主义现代化国家坚持的重大原则。新时代形成的规范、支持婚姻家庭和发挥家庭作用的法律政策体系，始终把实现人民对美好生活的向往作为制定实施法律政策的出发点和落脚点，紧紧抓住人民最关心、最直接、最现实的利益问题，围绕完善和发展构建家庭友好型社会的目标，把普通家庭在抚幼、养老、住房、医疗的刚需和困难作为重点，同时以公平理念扶助弱势家庭，坚持尽力而为、量力而行，采取更多惠民生、暖民心举措，着力解决好人民群众家庭生活中急难愁盼问题，健全基本公共服务体系，提高公共服务水平，增强均衡性和可及性，扎实推进共同富裕，让现代化建设成果更多、更公平惠及全体人民，不断满足人民群众对幸福美好家庭生活的新期盼新需求。四是顺应和引领了国际社会重视家庭的趋势。1948 年 12 月 10 日，联合国大会通过的《世界人权宣言》第十六条第三款向全世界宣告“家庭是天然的和基本的社会单元，并应受社会和国家的保护”。1989 年 12 月 8 日，第 44 届联合国大会通过第 44/82 号决议，宣布 1994 年为“国际家庭年”。1993 年，纽约特别会议提出从 1994 年起每年 5 月 15 日定为“国际家庭日”。1994 年，庆祝国际家庭年的活动强调了家庭在以人为本的可持续发展中发挥的作用，提高了人们在发展过程中重视家庭问题必要性的认识。1994 年 10 月 18—19 日，联合国在联合国大会期间召开国际家庭大会，赞同必须在国际家庭年之后采取后续行动和长期行动。1997 年 12 月 12 日的联合国大会第 52/81 号决议以及 1999 年 12 月 17 日的联合国大会第 54/124 号决议都认可了在国际家庭年之后采取后续行动的有关目标。之后，世界家庭峰会多次召开，共同认为家庭是社会融合和行为的首要媒介，是保护和传输文化价值观、打造文化特征的重要工具；申明家庭是促进可持续的社会、经济、环境和文化发展及促进和平与安全的强大行动者；家庭对于实现世界和平、安全、正义、团结、宽容、统一和繁荣均具有重要意义；建议将与家庭相关的议题以主流议题方式纳入 2015 年后发展议程并在经济、社会和环境政策与其他层面纳入行动计划；要求将家庭视角纳入社会立法、社会政策和社会服务的政策依据；联合国 2030 年可持续发展议程中也强调了“通过提供公共服务、基础设施和社会保护政策，承认和尊重无偿护理和家务工作，并视各国国情分担家务和家庭责任”。

我国规范、支持婚姻家庭和发挥家庭作用的法律政策体系，全面贯彻了习近平总书记关于注重家庭家教家风重要论述的精神，充分体现了国家对个人享有的婚姻家庭基本权利的尊重和保护，充分反映了人民群众对幸福美好家庭生活的新期盼新需求，为新时代建设家庭友好型社会提供了有效的制度保障。

论妇女权益保障法的强制性

刘永廷[①]

摘　要：多数法律规范具有强制性，强制性能否发挥受制于多种因素。遵循可能和必要原则，1992 年妇女权益保障法的强制性不足。经过几十年的发展，2022 年妇女权益保障法修订后强制性明显增强。“妇女全面发展”作为妇女权益保障法的目的之一，意味着需要国家采取一系列措施来实现；将男女平等基本国策纳入国民教育体系、对立法和其他规范性文件实行男女平等评估机制等为实现男女平等提供了有力支持；妇儿工委作为负责妇儿权益保障工作方面的主体责任在一定程度上增强了；妇联职能得到加强；在妇女具体权益的保障上立法更具可操作性，使法律的强制性更明显；更多元的救济途径更方便妇女维权；等等。修订后妇女权益保障法的强制性极大增强，是国力叠加男女平等意识的提升等原因所致。

关键词：法律的强制性；男女平等

英国法学派创始人奥斯汀认为法律就是命令，法律的突出特点是强制性。尽管学界对法律规范是否一定都具有强制性存在不同的观点，但是不可否认，法律的强制性在传统法学中是被普遍接受的。法律需要一定的强制力保证其实施，才能实现社会秩序和个人权利的维护。我国的法学教材通常认为，“法”是国家意志的体现，是由国家制定或认可，并依靠国家强制力保

① 刘永廷，中华女子学院讲师，主要研究方向为妇女权益保障法、婚姻登记、家庭教育制度等。

证实施的社会规范。法律规范由假设和制裁两部分组成，制裁部分就体现了法律的强制性。随着社会发展，在国际法领域逐渐出现了“软法”概念。罗豪才教授认为，“‘硬法’指需要依赖国家强制力保障实施的法律规范，而‘软法’则指那些效力结构未必完整、无须依靠国家强制保障实施，但能够产生社会实效的法律规范”[1]。软法规范包括：(1) 法律、法规和规章中旨在描述法律事实或者具有宣示性、号召性、鼓励性、促进性、协商性、指导性的法律规范；(2) 国家机关依法创制的诸如纲要、指南、标准、规划、裁量基准、办法等规范性文件；(3) 各类政治组织创制的旨在解决执政、参政、议政等政治问题的自律规范；(4) 社会共同体创制的自治规范。从实际看，硬法、软法都是实现国家治理的法律方式，都对社会有一定的规制作用，只不过二者发生作用的机制和原理有很大的不同。

当然，硬法的强制性是否真正发挥作用，对社会是否真正能够产生约束力，还取决于很多因素，比如立法内容的合理正当、执法者的执法水平、法官的裁判标准、公众等多方面的因素，这些因素“都可能使法的强制性规范部分地甚至全部地丧失其强制性”[2]。因此，法的“应有”强制性与“实有”强制性有可能是不一致的。《中华人民共和国妇女权益保障法》（以下简称妇女权益保障法）自 1992 年实施以来，历经几次修改，尤其是 2022 年 12 月的这次大修，在法律强制性方面有了很大变化。本文试图记录这些变化，为更好理解和研究妇女权益保障法贡献自己的微薄之力。

一、1992年妇女权益保障法的强制性分析

1992 年妇女权益保障法的出台，对我国妇女而言是非常重要的一件事情。正如王德意在《妇女权益保障法的特点》一文中所言：“它的出台不仅填补了我国法制建设的一项空白，而且将使我国妇女的解放事业纳入国家法制的轨道，为保护妇女权益提供了重要的法律依据。”[3] 从内容上看，1992 年妇女权益保障法一方面对我国当时已有法律中的妇女权益予以确认，同时“又不是简单汇集，而是着重规定一些协调性、补充性、程序性、制裁性的

条款”[3]。从名称上看，1992 年的妇女权益保障法定位为保障法，意味着国家要承担更多的保障责任，因此该法第二条规定“国家保护妇女依法享有的特殊权益，逐步完善对妇女的社会保障制度”，第三条规定“国家采取有效措施，为妇女依法行使权利提供必要的条件”。从内容上看，1992 年的妇女权益保障法的确规定了一些具有一定强制性的内容。比较典型的是在法律责任部分，对侵害妇女合法权益的一些违法犯罪行为规定了相应的处罚办法，让妇女权益保障法长出了一些“牙齿”。如总则部分第二条规定了“禁止歧视、虐待、残害妇女”的原则，紧接着在第三十三条又规定了“国家保障妇女享有与男子平等的人身权利”。如果说这些规定都是没有“牙齿”的，那么从第三十四条至第三十九条就为这些原则性规定落地提供了法律保障，其中比较详细地表述了不得歧视妇女和禁止侮辱、虐待、残害妇女的违法犯罪行为，第四十八条至第五十二条又具体规定了对各种侵害妇女合法权益违法行为应承担的法律责任，既有行政责任，也有民事责任，更有刑事责任。这种立法模式符合理论上法律规范的“假设 + 制裁”要素要求。

但是必须承认，1992 年妇女权益保障法的很多条款表现出强制性不足或缺失的特征。时任全国人大内务司法委员会副主任委员邹瑜同志在《中华人民共和国妇女权益保障法（草案）》（以下简称《草案》）的说明中，曾明确表述“考虑到我国现有的条件和便利法律的贯彻执行，在起草有关条款时兼顾了必要和可能两个方面。对那些有必要，又有可能解决的问题，《草案》中的规定比较具体详明。同时也应看到，所有的妇女权益问题的解决是需要时间和条件的，不可能一步到位，有个渐进的过程，因此对那些虽有必要，但其实现还需要时间、近期内尚难解决的问题，《草案》中只提出纲领性、导向性的要求”。可以看出，立法者在最初制定妇女权益保障法时是非常清醒地考虑到我国当时的现实国情和历史背景的，从一开始就“有意识”地在妇女权益保障法中既规定了一些强制性规范，也“故意”塞进了一些非强制性内容。

比如性骚扰问题，我国在起草妇女权益保障法时也曾提出把性骚扰问题规定到法律中，但是由于当时的立法条件并不具备，所以 1992 年的妇女权益保障法并没有涉及性骚扰，甚至没有原则性的规定。不过妇女权益保障法在附则中规定“省、自治区、直辖市人民代表大会常务委员会可以根据本法制定实施办法”，为地方立法根据本地实际进行地方创新提供了制度依据。很快，1993 年的《深圳经济特区实施〈中华人民共和国妇女权益保障法〉若干规定》中规定“禁止利用职务、雇佣、监护或者教养等便利条件对妇女进行任何形式的骚扰、侮辱、猥亵”。1994 年，湖北省人大常委会通过了《湖北省实施〈中华人民共和国妇女权益保障法〉办法》，其中明确规定“禁止对妇女进行性骚扰”，性骚扰问题首次出现在地方立法中。2005 年，中国社会经过十多年的发展，人们对性骚扰的认识也发生比较大的变化。2005 年，妇女权益保障法第一次修正时，增加了“禁止性骚扰”的规定。

在设置专门的妇女权益保障机构问题上，1992 年妇女权益保障法并没有明确规定专门机构来负责妇女权益保障法的实施。联合国消除对妇女歧视委员会第 10 次会议上建议所有成员国设立享有充分财力和权威的高级政府机构[4]，来更好地维护妇女权益。在妇女权益保障法制定过程中，设置专门机构曾是一个焦点问题，据巫昌桢回忆，“1987 年和 1988 年，全国人大代表、政协委员、第五次全国妇代会代表等多次提出议案、提案和建议，要求中央成立保障妇女权益的机构”[5]。最后立法者认为设置专门机构的条件不成熟，所以该法第四条仅授权国务院和省级政府采取组织措施来协调妇女权益的保障工作，至于这个机构设在哪里、法律地位如何、承担什么样的职责，妇女权益保障法并没有规定，完全由国务院和省级政府自己决定。我们制定了针对妇女的特殊保障法律，却没有明确规定专门的保障机构，这在一定程度上降低了妇女权益保障法的实施效果，让人产生强制力不足的印象。2005 年，妇女权益保障法经历了第一次修订，借鉴各地妇女权益保障机构设置实际情况和效果，修订后的妇女权益保障法第六条规定：“县级以上人民政府负责妇女儿童工作的机构，负责组织、协调、指导、督促有关部门做好妇女权益的保障工作。”妇女儿童工作委员会（以下简称妇儿工委）作为一个议事协调机构负责妇女权益的保障工作，职责主要是组织、协调、指导、督促，其所面向的是它的成员单位，即负有妇女儿童保障工作职责的行政机关和单位。妇儿工委在行政法上并非行政主体，和行政相对人不存在行政管理关系。对妇儿工委的职责定位延续至今。2022 年妇女权益保障法大修，妇儿工委的职责稍有变化，这个后文再说。

再如妇女的生育保险问题，考虑到我国当时经济发展水平和国家的财政状况，1992 年妇女权益保障法对妇女的社会保障制度只作了原则性规定。第二十七条中基本是对宪法条文的重复，规定“国家发展社会保险、社会救济和医疗卫生事业，为年老、疾病或者丧失劳动能力的妇女获得物质资助创造条件”，并且这些社会保障制度还是“逐步完善”（第二条第二款）。生育保险制度是我国社会保障体系中的重要组成部分，在保障女性身体健康、维护女性职工权益和促进社会和谐稳定等方面都有积极的作用。根据可能和必要原则，生育保险制度在妇女权益保障法中没有涉及，直到 2005 年妇女权益保障法修订时才有所体现。当时全国人大常委会通过的《关于修改〈中华人民共和国妇女权益保障法〉的决定》指出，国家推行生育保险制度，建立健全与生育相关的其他保障制度。任何单位不得因结婚、怀孕、产假、哺乳等情形，降低女职工的工资，辞退女职工，单方解除劳动（聘用）合同或服务协议。各单位在录用女职工时，应当依法与其签订劳动（聘用）合同或服务协议，劳动（聘用）合同或服务协议中不得有限制女职工结婚、生育的内容。

在法律责任方面，1992 年的妇女权益保障法在强制性方面也存在一定的不足。一方面，对侵害妇女合法权益的行为大都规定的是行政处分，行政处分与行政处罚在那个时期没有明显区分。这当然与我国当时所处的特定社会时期有直接的关系，但是，随着我国进入社会主义市场经济，尤其是随着 1996 年行政处罚法的颁布实施，这样的立法规定就显得更加不合适了。另一方面，同样是受制于社会发展的实际情况，今天我们认为是侵犯妇女合法权益的行为，在当时并不被认为是违法的，一些即使当时立法进行了否定性评价的行为，却并不对这类行为规定应当承担的法律责任。也就是说，在“假设＋制裁”这样的法律规范结构中，如果缺少制裁，法律的规范作用就打了很大折扣，很难发挥作用，这样的法律规范往往就成为倡导性立法。正因如此，1992 年的妇女权益保障法常被人误解为仅具有倡导功能。

二、2022年修法强化了妇女权益保障法的强制性

1992 年妇女权益保障法在实施过程中有两次修正，一次发生在 2005 年，一次发生在 2018 年，这两次修正都是枝节修改，当然也都是回应当时社会需要而进行的。2022 年，妇女权益保障法迎来了大修，并于 2023 年 1 月 1 日颁布实施。此次修订，一个重要的特点就是使妇女权益保障法的强制性得到了极大的加强。

（一）从立法目的的表述上可以看出修订后妇女权益保障法站位更高

2022 年妇女权益保障法在总则中将原来的“促进男女平等”扩展为“促进男女平等和妇女全面发展”。“妇女全面发展”首次出现在官方文件是在《中国妇女发展纲要（2001—2010 年）》，其主要目标与策略措施的第六部分“妇女与环境”中提出了将“创造有利于妇女全面发展的社会环境”作为主要目标之一。将“妇女全面发展”作为妇女权益保障法的立法目的，这展现了立法者对妇女发展事业的自信，更是对促进男女平等的有力补充，只有妇女的全面发展，才能更好地促进男女平等。当然，“妇女全面发展”意味着国家和政府所要承担的保障责任更重了，所要采取的措施要更为有力了。所以，“妇女全面发展”作为妇女权益保障法的立法目的之一，统领和指导着修订后的妇女权益保障法的全部条文。

（二）男女平等基本国策在妇女权益保障法中有了非常接地气的落实措施

从 1995 年北京第四次世界妇女大会至今，男女平等基本国策的提出已经 29 年，作为我国的宪法原则、基本国策、法律规定以及执政党的政治主

张，已经深深地影响着我国的男女平等事业。我国在男女平等事业上所取得的成就是一步一步稳步推进的，既坚持方向，也兼顾我国发展阶段的不同国情，从我国的 4 个时期《中国妇女发展纲要》可以看出党和政府在促进男女平等事业方面的巨大决心和循序渐进。此次妇女权益保障法修订，一个重大成就就是全面贯彻男女平等基本国策。

第一，将男女平等基本国策纳入国民教育体系。国民教育体系的主要组成部分是学校教育系统，主要指学前教育、九年义务教育、高中教育和大学教育。尽管在修法前，我国政府也采取了各种措施宣传妇女权益保护和男女平等基本国策，并取得了积极影响。比如我国自 1986 年开始实施的全国普法规划，就一直将妇女权益保障法律法规作为普法的重要内容。全国妇联还制定了专门的普法规划，建立普法工作领导机构和专业的普法工作队伍。1995 年男女平等基本国策正式提出以来，国家在各级领导干部中开展男女平等基本国策的宣传贯彻活动，逐步将男女平等基本国策纳入各级党校、行政学院等干部培训机构的课题和教学内容；国务院妇儿工委注重对成员单位的领导和联络员开展相关培训，提升他们的男女平等和保障妇女权益的意识与能力。但是通过立法明确将男女平等基本国策纳入国民教育体系，则是一个巨大的进步，意味着国家将采取具体措施，在国民教育的全过程中宣传贯彻男女平等的观念培养，这对于未来男女国民素质和国家发展都将产生不可估量的作用。当然，男女平等的理念在国民教育中具体如何开展，还需要一个不断完善的过程，不过，“从娃娃抓起”是一个非常有分量的做法。

第二，对法律政策进行男女平等评估为从根本上消除性别歧视提供了有力的制度保障。男女平等作为我国的基本国策，获得我国宪法、妇女权益保障法等相关法律的确认，但是政策法律中如果出现男女不平等的规定怎么办？要想使男女平等基本国策在政策制定和立法工作中充分落实，就需要我们在全国范围内建立一个配套且可具有操作性的男女平等评估机制，以保障涉妇女权益的法律条款和政策规定能真正落地。立法性别平等评估是各国落实社会性别主流化的主要工具和策略。2023年之前，“国家立法性别评估机制缺位，但地方立法性别评估却呈繁荣景象”[6]。我国省级政府普遍建立了政策法规性别平等评估机制，但各地政策法规性别平等评估工作的开展情况很不平衡，尚有许多地方有待完善。《中国妇女发展纲要（2021—2030年）》将“促进法规政策性别平等评估机制规范化建设和有效运行”作为主要目标之一。现行的妇女权益保障法第八条规定“有关机关制定或者修改涉及妇女权益的法律、法规、规章和其他规范性文件，应当听取妇女联合会的意见，充分考虑妇女的特殊权益，必要时开展男女平等评估”。这为国家层面的法律政策性别平等评估机制的建立提供了立法依据。

随着大修后妇女权益保障法的实施，相信我们的男女平等评估机制会在全国范围内建立并不断完善。所以笔者高度评价在2022年妇女权益保障法修订时能将男女平等评估制度纳入其中，这相当于为妇女权益保障法增添了巨大的显性力量，从根本上为男女平等和妇女权益保障工作提供了源头保障和支持。当然，何为妇女权益保障法规定的“必要时开展男女平等评估”，这里的“必要时”需要随着实践推进和经验积累逐步总结出具体情形，使之具有可操作性。目前，一些省级政府已经启动修改其之前的性别平等评估工作规范或指南，其中涉及对“必要时”的地方解读和评估对象、评估程序、评估报告效力等的制度创新和完善。

（三）妇儿工委作为负责妇儿权益保障工作方面的主体责任在一定程度上增强了

我党一贯重视妇女工作，1990年在国务院层面首次成立了妇女工作协调委员会，1992年妇女权益保障法只是授权国务院采取组织措施保障妇女工作的贯彻落实，并未在立法层面明确妇儿工委的地位和职责。1993年，妇女工作协调委员会更名为国务院妇女儿童工作委员会（简称国务院妇儿工委），成为国务院负责妇女儿童工作的专门机构。2005年修改的妇女权益保障法明确了妇儿工委的法律职责是“县级以上人民政府负责妇女儿童工作的机构，负责组织、协调、指导、督促有关部门做好妇女权益的保障工作”。经过多年探索，结合我国实际国情，形成了一套适合我国国情的妇儿保护工作机制，即党委领导下的政府主责、妇儿工委协调、多部门合作、全社会参与。本次修法对此予以确认。这套工作机制在妇儿工作中发挥了重要作用，但是客观地讲，各级妇儿工委受制于其机构性质，在实际工作中还是有一定局限性的。比如，妇儿工委的“组织、协调、指导、督促”职责缺乏制度上的细化支持，实践中各级妇儿工委工作水平又参差不齐。另外，妇儿工委的这些职责主要是针对其成员单位的，并不和广大的妇女儿童发生直接联系，这些职责的权力不明显。也就是说，在行政法上，妇儿工委所行使的职责都是内部行政的范畴，并非行政法上的行政主体。所以从社会层面看，社会大众往往直接感受不到妇儿工委的存在。

2022 年修订后的妇女权益保障法，在一定程度上赋予妇儿工委一些实质上的“权力”，尽管总体上讲，妇儿工委依然是一个议事协调机构，但是情况在悄悄发生变化。比如第七十三条规定了妇儿工委的一个非常具体的职责，就是当妇女因合法权益受侵害向妇联等妇女组织求助后，妇联等妇女组织要求有关部门或单位查处，有关部门或者单位不予处理或者处理不当的，这时县级以上妇儿工委、妇女联合会可以向其提出督促处理意见，必要时可以提请同级人民政府开展督查。这在一定程度上是对妇女权益保障法第三条第三款“县级以上人民政府负责妇女儿童工作的机构，负责组织、协调、指导、督促有关部门做好妇女权益的保障工作”中督促职能的一个方面的具体细化。尽管妇儿工委之前也一直行使督促有关部门做好妇女权益的保障工作，但往往是在行政机关系统内针对成员单位的闭环督促，而第七十三条的这一规定，在一定程度上使得妇儿工委和合法权益受侵害的妇女个体联系起来。妇儿工委的工作职责有了更明确的法律依据，这是一个非常好的趋势。另外，从各地已有的实际做法看，前面提到的法规政策性别平等评估很多时候是由省级妇儿工委牵头进行的，这在一定程度上也可以视为是妇儿工委职责加强的一个表现。

（四）妇联职能得到加强

妇联一直被定位为人民团体，是中国共产党领导的为争取妇女解放而联合起来的中国各族各界妇女的群众组织，以联系和服务妇女为根本任务，以代表和维护妇女权益、促进男女平等和妇女全面发展为基本职能。党的十八大以来，以习近平同志为核心的党中央对妇女事业和妇联工作提出深化改革的要求。2016 年 9 月，中共中央办公厅印发了《全国妇联改革方案》，其中要求妇联“创新妇联维权工作”，要求妇联组织“要主动作为，及时表明态度、发出声音、采取行动”。本次修订妇女权益保障法，从法律角度为妇联组织主动作为、采取行动提供了法律支持，所以说妇女权益保障法加强了妇联职能，比如前面提到的妇女权益保障法第七十三条规定的督促制度，第七十四条规定的联合约谈制度[①]。

（五）在妇女具体权益的保障上立法更具可操作性，使法律的强制性更明显

2022 年，全国人大常委会法工委社会法室主任郭林茂认为修订后的妇女权益保障法“根据新时代妇女工作特点和妇女事业发展要求强化特殊保护。……在医疗保健和健康检查、公共设施配建、生育服务保障、预防和处置性骚扰、消除就业性别歧视等诸多方面，根据妇女特点提供特殊保护，为有效实现男女平等和促进妇女全面发展提供有力支撑”。

比如在预防性骚扰方面，妇女权益保障法就细化了民法典的有关规定，使之更具有操作性。民法典第一千零一十条只是原则性地规定学校、用人单位负有责任采取措施预防、受理投诉、调查处置本单位发生的性骚扰行为，但民法典这一规定要落地，还需要依仗妇女权益保障法和地方规定来贯彻落实。妇女权益保障法回应社会关切，要求学校建立性骚扰防范体系，其

---

① 即“用人单位侵害妇女劳动和社会保障权益的，人力资源和社会保障部门可以联合工会、妇女联合会约谈用人单位，依法进行监督并要求其限期纠正”。

第二十四条、第二十五条从学校课程设置、校园管理、设施建设、预防和处置工作制度建立等方面，明确规定了各级各类学校建立防范性骚扰工作机制的要求。另外，对于用人单位内的性骚扰防治机制，也从内部规章制度、专门机构或人员、教育培训、安全保卫措施、投诉渠道、调查处置程序等方面提出了非常具体的要求。再如，为防止和纠正劳动过程中的性别歧视，妇女权益保障法第四十二条明确政府及相关部门负有完善就业保障政策措施，防止和纠正就业性别歧视的义务。第四十三条列举用人单位在招录（聘）过程中构成性别歧视的具体情形。第四十四条要求用人单位在与女职工签订劳动（聘用）合同或者服务协议时，应当将女职工特殊保护、不得限制女职工结婚、生育等内容作为具备条款；集体合同中应当包含男女平等和女职工权益保护相关内容，或者单独订立女职工权益保护专项集体合同。同时，第四十九条将招聘、录取、晋职、晋级、评聘专业技术职称和职务、培训、辞退等过程中的性别歧视行为纳入劳动保障监察范围。

另外，妇女权益保障法要求对拐卖、绑架妇女的违法犯罪行为建立起强制报告制度，要求相关责任主体发现后及时报告，若相关责任主体不履行报告义务，则要承担相应的行政处分。对住宿经营者的强制报告义务也是如此，义务和制裁配套。

以上种种细化规定，都为妇女合法权益保障提供了系统化、可操作的规范，再加上后面谈及的救济措施和法律责任，形成了法律规范“假设+制裁”的完整表述。因此我们说修订后的妇女权益保障法不再给人“软法”的印象。

（六）修订后的妇女权益保障法增设“救济措施”一章，规定更多元的救济途径，再加上法律责任的完善，极大提升了妇女权益保障法的强制色彩

妇女权益保障法增设了“救济措施”一章，强化了公权力对妇女权益的多元保障力度。除之前就有的对妇女的法律援助与司法救助外，又增

设一些新制度，比如前面提到的联合约谈制度，这里不细谈。再有检察公益诉讼制度，妇女权益保障法第七十七条规定了检察公益诉讼在妇女权益保障方面的几种情形，为检察机关主动介入妇女权益保障工作提供了新的救济途径。开通全国统一的妇女权益保护服务热线和相关单位支持起诉制度也为权益受侵害妇女的维权提供了更多途径。当然，妇女权益保障法在这些方面都规定得比较原则，尚需要在实务中创新完善。但是妇女权益保障法既然作了规定，就意味着国家相关机关和单位会着力推进这些工作。

法律责任方面，此次修订基本对社会上存在的比较常见的侵害妇女权益的违法行为都规定了相应的法律责任。可以说法律责任是一部法律强制力的集中体现，妇女权益保障法基本回应社会问题。不过，对于有些违法行为的法律责任还有完善的空间，比如对于性骚扰行为，第八十条仅规定由公安机关给予批评教育或者出具告诫书，并由所在单位依法给予处分，这样的法律责任是有点儿偏轻的，希望以后再修法予以修订。

三、小结

纵观妇女权益保障法颁布以来的30来年的实施，立法者始终遵循当年立法时所提出的“可能和必要”原则，稳步推进，我国的妇女权益保障法内容不断完善。随着我国国力的提升和男女平等意识的增强，以妇女权益保障法为主体，以其他单行法为配合的妇女权益保障体系日趋完整。作为保障法，妇女权益保障法中的强制性条款越来越多，政府承担的职责越来越多，妇女可以采用的救济途径也越来越多，法律责任的规定日趋合理。当然，不可否认，我国的妇女权益保障法依然存在着一些问题。相信随着社会进步，妇女权益保障法对妇女合法权益的保障会更加全面合理，男女平等的观念会更加深入到每个中国公民的心中。

【参考文献】

[1] 罗豪才，等．行政法平衡理论讲演录 [M]. 北京：北京大学出版社，2011：5.

[2] 倪正茂．法的强制性新探 [J]. 法学，1995.（12）：4-7.

[3] 王德意．妇女权益保障法的特点 [J]. 法学杂志，1992（3）：2-3.

[4] 马忆南．关于完善妇女权益保障法的若干思考 [J]. 中国法学，1994（5）：102-107.

[5] 巫昌桢．为什么要制定《妇女权益保障法》[J]. 瞭望周刊，1992（12）：9.

[6] 李勇．立法性别平等评估的地方经验和国家构建的着力点 [J]. 中华女子学院学报，2020，32（2）：21-30.

论妇女权益保障法中妇联组织的职责[①]

杨　晨　邓湘薇　邢红枚[②]

摘　要：2023 年 1 月 1 日，新修订的妇女权益保障法开始实施。新版妇女权益保障法丰富了妇女权益保障制度的内容，强化了妇联组织的职责，使妇联的工作更具操作性。妇联组织的职责主要有六个方面：引领妇女权益保障工作，发现、报告侵害妇女合法权益的行为，协助和配合有关部门开展工作，支持受害妇女向法院起诉，监督有关部门开展妇女权益保障工作，参与立法和政策制定。厘清妇联组织在妇女权益保障中的职责明细，对充分发挥妇联职能、推动妇女权益保障工作高质量发展具有重要意义。

关键词：妇女权益保障法；妇联；职责；妇女合法权益

党的十八大以来，以习近平同志为核心的党中央将“坚持男女平等基本国策，保障妇女儿童合法权益”写入党的施政纲领，作为治国理政的重要内容，强调要把保障妇女权益系统纳入法律法规，上升为国家意志，内化为社会行为规范，指引新时代妇女事业发展和妇女权益保障取得历史性成就、发

---

① 基金项目：最高人民检察院检察理论研究课题（GJ2021D37）阶段成果。

② 杨晨，中华女子学院 2022 级社会工作专业（妇女维权方向）硕士研究生，主要研究方向为妇女维权。邓湘薇，中华女子学院2022级社会工作专业（妇女维权方向）硕士研究生，主要研究方向为妇女维权。邢红枚，中华女子学院法学院副教授，法学博士，主要研究方向为女性、未成年人法律保护。

生历史性变革。新修订的妇女权益保障法以习近平新时代中国特色社会主义思想为指导，全面贯彻落实党的二十大精神，坚持以人民为中心的发展思想，贯彻落实男女平等基本国策，积极适应新时代新任务新要求，对妇女权益保障制度、机制作出了更加全面系统的规定。

妇女权益保障法从制定之初到历次修改都体现了妇联章程规定的精神，规定了妇联组织在保障妇女权益工作中的职责，赋予了妇联组织一定的权力。尤其是2022年修订后的妇女权益保障法中对妇联组织的职责规定体现了一定程度的权力化倾向。

一、引领妇女权益保障工作

（一）在妇女权益保障工作中坚持党的领导

我们党历来重视妇女权益保障工作，习近平主席在联合国大会纪念北京世界妇女大会25周年高级别会议上发表重要讲话，提出“保障妇女权益必须上升为国家意志”。在党的正确领导下，保障妇女权益的中国特色社会主义法治体系不断完善，妇女享有的各项权利更加充分，妇女“半边天”作用日益彰显，推动全球男女平等的事业贡献更加突出。坚持党的领导是我国妇女权益保障取得高质量发展的根本保证。现行妇女权益保障法首次通过立法形式将党在妇女权益保障工作中的领导地位明确，第三条第一款规定：“坚持中国共产党对妇女权益保障工作的领导，建立政府主导、各方协同、社会参与的保障妇女权益工作机制。”落实妇女权益保障法就要坚持党的领导，绘制中国特色妇女权益法治保障时代图谱。[1]

1.妇联组织要起模范带头作用

全社会开展妇女权益保障工作首先要坚持中国共产党的领导，使妇女权益保障工作坚持正确的政治方向，走中国特色的妇女权益保障道路。中华全国妇女联合会是中国共产党领导的人民团体，是党和政府联系妇女群众的桥梁和纽带，不仅要团结引导广大妇女听党话、跟党走，还要引导全社会参与妇女权益保障的各方在工作中坚持党的全面领导。

2.妇联组织在具体工作中要争取党委的支持

在党委的统一领导下，政府主导、各方协同、社会参与的保障妇女权益工作机制才能顺利建立和施行。在现行妇女权益保障法通过之前，全国多地就已开始探索党委领导下政府主导的妇女维权工作机制并取得了良好的效果，例如：天津市在妇女权益保障工作中坚持党的领导，明确主体责任；[2]云南坚持党政主导为妇儿权益筑起“防护网”。[3]多地基层在党委政法委的领导下建立了具体的可操作性强的维护妇女儿童权益工作机制，如宁波市海曙区委推动将传统的“部门联动”升格成为“区委主导、部门协同”的未成年人保护工作格局，组建由区委副书记、政法委书记为组长，区委办副主任、区妇联主席、区检察院副检察长为副组长的“海曙区预防性侵未成年人工作组”[4]，提高女童保护的工作效率。

（二）在妇女权益保障工作中弘扬社会主义核心价值观

《中华全国妇女联合会章程》明确地指出了妇联组织有教育引导妇女践行社会主义核心价值观的任务。社会主义核心价值观是社会主义核心价值体系的内核，凝结着当代全体中国人民共同的价值追求。妇女权益保障法第一条规定：“为了保障妇女的合法权益，促进男女平等和妇女全面发展，充分发挥妇女在全面建设社会主义现代化国家中的作用，弘扬社会主义核心价值观，根据宪法，制定本法。”弘扬社会主义核心价值观是制定妇女权益保障法的目标之一，在贯彻落实妇女权益保障法的过程中也必须弘扬社会主义核心价值观，也就是说弘扬社会主义核心价值观是制定和实施妇女权益保障法的原则之一，立法的规定和司法的结论都不应该违背社会主义核心价值观。比如妇女权益保障法第七条第一款规定“国家鼓励妇女自尊、自信、自立、自强，运用法律维护自身合法权益”，第二款规定“妇女应当遵守国家法律，尊重社会公德、职业道德和家庭美德，履行法律所规定的义务”。这些规定与第一条弘扬社会主义核心价值观的原则内涵是一致的。妇联组织在代表和维护妇女权益过程中也要弘扬社会主义核心价值观，坚持男女平等基本国策，坚持马克思主义妇女观。

（三）宣传妇女权益保障法

妇联组织一方面要引导广大妇女弘扬社会主义核心价值观，发扬“四自”精神，做尊法守法的新时代女性，促进自身全面发展。通过宣传教育活动，发动妇女广泛参与家风建设，进一步筑牢爱国爱家、相亲相爱、向上向善、共建共享的新时代家庭观。另一方面，通过以案释法等多种形式，普及妇女权益保障法中的具体制度，增强群众法律意识，尤其是增强广大妇女的维权意识，使其了解维权途径，让妇女权益保障法真正成为维护妇女合法权益的武器。

二、发现、报告侵害妇女合法权益的行为

（一）发现侵害妇女合法权益行为

妇女权益保障法第六条通过立法明确了妇联组织作为代表和维护各族各界妇女利益的组织，要做好维护妇女权益的工作。妇联组织在实践中被称为妇女的娘家，理应扮演维护妇女权益“吹哨人”的角色。作为群团组织，妇联组织作为党和政府联系妇女群众的桥梁和纽带，方便深入群众，直抵基层，具有强大的信息收集能力。因此，从妇联组织自身的特点来看，发现并报告实践中侵害妇女合法权益的行为是与妇联能力最相匹配的工作之一。发现并报告侵害妇女合法权益的情况是维护妇女权益工作在实践中的起点，也是保障妇女合法权益中的重要一环，对于严重侵害妇女合法权益的情况，只有及时发现并向有关部门报告，公权力机关才能及时介入和处置。2022 年，全国妇联出台了《关于把维护妇女权益工作做在平常抓在经常落到基层的指导意见》，倡导应积极发挥妇联组织在基层社会治理中的作用。妇女权益保障法第七十九条规定：“违反本法第二十二条第二款规

定，未履行报告义务的，依法对直接负责的主管人员和其他直接责任人员给予处分。”

1.积极主动发现侵害妇女合法权益的行为

首先，积极推进“执委＋网格”工作模式，鼓励妇联执委和网格员双向任职。通过“横向到边，纵向到底”的网格化管理模式，全方位排查妇女面临的困难，及时发现妇女权益受侵害问题。其次，可以定期开展专项排查整治行动。如甘肃省定西市通渭县妇联与其他有关部门积极动员各乡镇开展侵害妇女群体权益问题专项排查整治行动，各乡镇采取上下联动的排查整治机制，整合工作力量，积极组织乡镇包村干部、驻村帮扶工作队、村级妇联主席执委、村“两委”成员进村入户开展排查，为受到侵害的妇女群体建立排查台账，主动发现受到侵害的妇女，并对其进行帮扶。[5] 最后，可以建立对特定人群的关注制度。如福建省建立了“春蕾安全员”机制，由省检察院、省民政厅、省妇联联合推行，以村（居）妇联主席、儿童主任为主体，在及时发现侵害未成年人权益、转介保护救助线索等方面发挥着重要作用。[6]

2.通过咨询、接访发现侵害妇女合法权益的行为

妇联组织除了通过实地走访排查，还可以通过线上线下的咨询、接访发现侵害妇女合法权益的行为。

根据妇女权益保障法第七十六条的规定，作为群团组织，妇联组织可参与妇女权益保护服务热线的建设，提供妇女权益保护方面的咨询、帮助。这部分内容在很多地方的运作已经比较成熟，有的地方使用全国统一妇女维权公益服务热线 12338，有的地方统一并入 12345 政务服务便民热线，还有的地方单独设立专线。受侵害妇女在咨询或者投诉的过程中会反映给接线人员相关信息。除此之外，妇联组织还可以在各种线上线下普法宣传和咨询中接收到妇女权益被侵害的信息。因而，妇联组织要有保护妇女合法权益的敏感性，及时甄别发现其中的线索。

（二）报告侵害妇女合法权益的行为

妇联组织在发现侵害妇女合法权益的信息后要分情况处理，情节轻微或者不具有急迫性的案件可以先行调解。对于情节严重的或者具有民转刑急迫危险的案件要及时报告给公安等相关部门。作为妇女权益保障法配套法律及文件的反家庭暴力法、未成年人保护法和《关于建立侵害未成年人案件强制报告制度的意见（试行）》都规定了妇联组织的强制报告义务，对于强制报告工作不重视、不按规定落实的公职人员要承担相应的问责。

实践中，基层妇联组织工作人员比较容易发现侵害妇女合法权益的信息，但是报告率低于发现率。主要原因一是对自身职责不明确，不知道有强制报告义务；二是碍于熟人面子，不愿意报告；三是害怕报复，不敢报告。无论基于何种原因，在发现了侵害妇女合法权益的信息且能报告而不报告都是违背妇女权益保障法的。

三、协助和配合有关部门开展工作

各级妇联组织虽然是代表和维护妇女合法权益的部门，但是作为群团组织，妇联缺乏执法权，想要更有效地维护妇女的合法权益，必须充分发挥“联”字功能，与有关部门携手开展工作。除了妇女权益保障法明确规定妇联组织必须协助和配合有关部门完成的工作外，妇联组织应该结合维护妇女权益工作的实际需要协助和配合司法机关、民政部门等联合开展维护妇女合法权益的工作。

妇女权益保障法第二十二条明确规定妇女联合会应当协助和配合各级人民政府、公安、民政、人力资源和社会保障、卫生健康等部门及村民委员会、居民委员会做好解救被拐卖、绑架的妇女工作以及安置、救助和关爱被解救妇女等工作。第七十四条新增规定“用人单位侵害妇女劳动和社会保障权益的，人力资源和社会保障部门可以联合工会、妇女联合会约谈用人单位，依法进行监督并要求其限期纠正”。在妇女劳动权益受到侵害时，妇联组织可以作为联合主体协助其他部门对用人单位进行约谈，督促用人单位及时纠正损害妇女就业权益的行为，促进妇女公平就业。这两条明确规定了妇联组织协助和配合其他部门开展工作的职责，是法定义务，妇联组织必须积极履职。

近年来，为了有效促进妇女权益保障工作的开展，全国妇联与民政部、司法部、最高人民法院、最高人民检察院、公安部等有关部门单独或者联合出台了多个文件，建立了多项合作机制，在有效化解婚姻家庭纠纷矛盾、防治家庭暴力、防治性侵害未成年人、开展司法救助等方面达成了多项共识。但不可忽视，各地各级妇联组织和相关部门在落实上述文件方面参差不齐，还有不少地方没有把合作机制落实到位，这些地方的妇联组织应该积极履职，提升自身参与社会综合治理的能力，熟悉妇女权益保障相关部门的职责，从自身职能出发，做好协助和配合工作。

四、支持受害妇女向法院起诉

基于妇女合法权益受侵害现状和保护受害妇女的现实需要，新修订的妇女权益保障法增加了“救济措施”一章，其中第七十三条第二款规定：“受害妇女进行诉讼需要帮助的，妇女联合会应当给予支持和帮助。”

目前，农村妇女、残疾妇女、老年妇女等群体的权益保障问题存在许多特殊困难，在具体实践中，尤其存在受害妇女因知识有限、财力和精力不足、受胁迫等各类原因不能或者不敢提起诉讼的情况，严重影响了受害妇女维护自身的合法权益。而妇联组织受自身性质的限制，没有足够的权力，在代表和维护妇女合法权益的过程中地位不受重视，久而久之自身积极性就受到打击。就是在这样的背景下，立法明确要求妇女联合会对受害妇女进行诉讼给予支持和帮助。一方面是对妇联工作的督促，另一方面也是通过立法明确规定，为妇联组织从事这项工作提供依据，方便妇联组织与相关部门和个人进行沟通协调。条文中受害妇女进行的诉讼既包括离婚等民事诉讼，也包括行政诉讼和刑事附带民事诉讼。妇联可以为受害妇女提供以下支持和帮助：

第一，诉前联合司法机关依据《法律援助条例》等为经济困难的妇女提供法律援助和司法救助；

第二，诉前、诉中帮助受害妇女收集受侵害的相关证据；

第三，帮助受害妇女向公安机关申请告诫书；

第四，帮助受害妇女向人民法院申请人身安全保护令；

第五，为受害妇女提供心理咨询等关心关爱服务。

五、监督有关部门开展妇女权益保障工作

新修订的妇女权益保障法进一步强化了法律监督，这是推动法律贯彻实施的有力武器。妇女权益保障法规定妇联组织的监督职责主要包括两部分：一是第七十三条规定的要求有关部门或者单位查处侵害妇女合法权益行为的职责；二是第七十四条规定的联合其他部门监督侵害妇女劳动和社会保障权益的行为。

妇女权益保障法第七十三条第一款规定："妇女的合法权益受到侵害的，可以向妇女联合会等妇女组织求助。妇女联合会等妇女组织应当维护被侵害妇女的合法权益，有权要求并协助有关部门或者单位查处。"这一规定明确了妇联组织两个方面的职责。一方面，妇联组织有责任积极支持和帮助受侵害妇女；另一方面更重要的是新增职责，妇联组织有权依法监督有关部门或者单位开展妇女权益保障工作，即有权要求有关部门或者单位查处。妇联组织监督有关部门开展保障妇女合法权益的工作与妇联组织的发现、报告职责相呼应，形成闭环，使妇女权益保障工作真正能够落到实处。在党委领导下开展的多部门合作保障妇女合法权益机制下，妇联以外的相关部门不履职尽责，妇联组织可以向党委报告。

防止就业性别歧视，维护妇女的平等就业权是保障和促进妇女全面发展的重要举措。根据妇女权益保障法第七十四条规定，妇联组织应该积极督促人力资源和社会保障部门约谈侵害妇女合法权益的用人单位，督促用人单位

限期纠正侵害妇女合法权益的行为，既包括用人制度层面的整改，也包括单位环境方面的整改。妇联组织在这项工作中要掌握主动权，不能仅以协助者的身份等待人力资源和社会保障部门的召唤，要用好妇女权益保障法赋予的权力，主动开展工作。

六、参与立法和政策制定

在全面依法治国的背景下，法律、法规、规章和其他规范性文件是保障妇女合法权益的主要抓手，上述文件是否体现男女平等的基本国策直接决定了妇女权益保障的顶层设计是否科学。如果顶层设计中出现了对妇女的歧视，那么在制度落实过程中必然会侵害妇女的合法权益。因此，要想使妇女权益保障法落在实处，使广大妇女真正受益，必须从源头维权，从根本上捍卫妇女权益。早在 2011 年国务院颁布实施的《中国妇女发展纲要（2011—2020 年)》中就提出“加强对法规政策的性别平等审查”。从 2012 年开始，全国多个省区市建立性别评估机制，全国妇联也出台了开展法规政策性别平等评估的指导性意见，在源头维权方面发挥了很大作用。

修订后的妇女权益保障法第八条规定：“有关机关制定或者修改涉及妇女权益的法律、法规、规章和其他规范性文件，应当听取妇女联合会的意见，充分考虑妇女的特殊权益，必要时开展男女平等评估。”本条是对原法第十条第二款“制定法律、法规、规章和公共政策，对涉及妇女权益的重大问题，应当听取妇女联合会的意见”的修改完善，首次增加了开展男女平等评估的要求，是在立法中落实男女平等基本国策的重要体现。各级妇联组织要积极参与涉及妇女权益的法律、法规、规章和其他规范性文件的制定和修改，必要时向立法、司法机关或有关部门提出开展男女平等评估的建议，使相关法律政策充分考虑男女两性的现实差异和妇女的特殊权益，与新修订的妇女权益保障法的精神和内容相一致，切实从源头上推动进一步落实男女平等基本国策，完善妇女权益保障法律体系，为新时代新征程促进男女平等和妇女全面发展，确保妇女平等依法行使民主权利、平等参与经济社会发展、平等享有改革发展成果，提供更加坚实的法治保障。[1]

对比新旧两版，妇联组织在工作中有以下几点要注意。第一，参与范围变大。根据新法规定，所有涉及妇女权益的法律、法规、规章和其他规范性文件的制定和修改都应当听取妇女联合会的意见，不限于“重大问题”。第二，着眼点不同。新法明确规定法律、法规、规章和其他规范性文件的制定和修改要“充分考虑妇女的特殊权益”，这就意味着不能只关注对妇女的显性歧视，还要更多关注对妇女的隐性歧视，要考虑制度在实际运行中对妇女权益可能带来的伤害。立法要立足于男女的差异，保障女性在政治、经济、文化、社会和家庭生活等众多领域的权益，通过对妇女特殊权益的充分考量，在立法中实现实质男女平等。第三，工作要求不同。新法规定有关机关在必要时“开展男女平等评估”，妇联组织虽然不是开展男女平等评估的主体，但是要积极参与和协助立法机关开展此项工作。为了更好地完成此项工作，妇联组织一来要加强自身建设，培养自身的性别意识，提高对涉及妇女权益问题的敏感性，深刻理解男女平等政策的内涵。二来要协助有关机关设立专家库，邀请熟悉男女平等政策和妇女权益保障要求的专家入库。只有妇联组织自身素质过硬，才能使男女平等评估工作落到实处，而不是流于形式。

妇女是人类文明的开创者、社会进步的推动者。在21世纪的今天，开创美好生活离不开妇女事业全面进步，也需要广大妇女贡献更大智慧和力量。妇女权益保障法的全面修订是我们立足新发展阶段，为实现全面建成社会主义现代化强国目标的重要举措。新修订的妇女权益保障法增加了许多新的制度机制，为妇联组织更好地代表和维护各族各界妇女的利益，做好维护妇女权益、促进男女平等和妇女全面发展工作提供了法律武器，同时也赋予了妇联组织一定职责，对妇联组织提出了更高的要求。各级妇联组织应该加强对妇女权益保障法的学习和宣传贯彻，提高自身能力，坚持党的领导，做好妇女权益保障工作。结合自身职能定位，工作积极、主动担当，强化维权服务，将维权工作做在平常抓在经常落到基层，本着“横向到边，纵向到底”的原则，不留死角。利用好妇女权益保障法确定的多部门合作机制，作为核心部门在各级党委的领导下合力开展好妇女权益保障工作。

【参考文献】

[1] 姜秀花 . 坚持党的领导　绘制中国特色妇女权益法治保障时代图谱 [J]. 中国妇运，2019（12）：28-29.

[2] 魏继红 . 为津门妇儿开创更加美好的明天 [N]. 中国妇女报，2022-07-11（4）.

[3] 周玉林 . 党政主导云南为妇儿权益筑起“防护网”[N]. 中国妇女报，2021-12-31（1）.

[4] 宁波女性 . 甬尚促共富　巾帼在行动丨海曙：织密未成年人防性侵保护网 [EB/OL].（2022-03-08）[2023-05-16]. https：//baijiahao.baidu.com/s?id=1726715028774424642&wfr=spider&for=pc.

[5] 通渭县妇女联合会 . 通渭：“四项举措”推动侵害妇女儿童等群体权益问题排查整治工作提质增效 [EB/OL].（2022-04-13）[2023-05-16]. https：//m.thepaper.cn/baijiahao_17604263.

[6] 闽姐姐 . 让“春蕾”因爱绽放！福建“春蕾安全员”主题馆正式上线 [EB/OL].（2023-02-21）[2023-05-16]. https：//mp.weixin.qq.com/s?__biz=MzAxNzE5MTA2NA==&mid=2650377429&idx=1&sn=6f42eb20a457b12f21cde6d377578a2d&chksm=83e47522b493fc3439474b880306800c5ee2c765786669d7d518855fd84435a884255b6fdda0&scene=27#wechat_redirect.

女性生育权研究

黄　晶　贺国文[①]

摘　要：近几年，关于生育权的司法实践纷争不断，各学者对于女性生育权的看法各有不同。本文在此基础上对生育权的性质、女性生育的特点、生育权现状和建议四部分进行分析，认为生育权是特殊的人格权，是不建立在婚姻基础上的，优先保护女性的生育权；但我国法律实践中存在着身份歧视、性别不平等、欠缺对特殊群体的保护等问题，需要从立法层面和制度层面保障女性生育权，减少社会矛盾，实现男女平等。

关键词：女性；生育权；人格权；辅助生殖技术

2022年修订的《中华人民共和国妇女权益保障法》在完善促进男女平等顶层设计、为妇女创造公平的就业创业环境、妇女享有与男子平等的财产权利、妇女人格尊严和人身自由不受侵犯等方面进行了重要修改，顺应了时代和现实需求，回应了社会关切的热点问题。其中关于生育权的第二十一条及第三十二条的新增和修改，引起社会热议。特别是在全面三孩政策背景下，女性生育权问题更值得我们关注。

---

① 黄晶，中华女子学院法学院讲师，法学博士，主要研究方向为民法和妇女权利。贺国文，中华女子学院2022级社会工作专业（妇女维权方向）硕士研究生，主要研究方向为妇女维权。

一、生育权的性质

生育权作为自然人的一项基本权利，其在法律上的性质究竟是什么？学术界分歧较大，主要有以下几种观点。

第一种，生育权是基本人权。1968 年 5 月《德黑兰宣言》第十六条明确“父母享有自由负责决定子女人数及其出生时距的基本人权”。何勤华在《关于生育权和人权的思考》中提出以科学的发展观协调生育权与人权的关系，其最佳路径就是要强调宪法至上。

第二种，生育权是民事权利，分为人格权说和身份权说。李倩、张建文在《后民法典时代生育权的人格权地位证成》中认为生育权符合从利益到权利的一般证成标准，将其视为人格权并非权利泛化现象，生育权应属民法典第一百一十条“等权利”表述所未列明的具体人格权类型。罗师、胡雪梅在《独身女性的生育权：祛魅、证立与实现》中认为生育权在性质上应属于身份权。任何人只要具备了生育机能且不为法律和公序良俗所排斥，也就具备了行使生育权所需的身份。

本文认为，生育权既是宪法权利，也是民事权利，是特殊的人格权。

（一）生育权是宪法赋予权利

宪法权利有广义和狭义之分，广义的宪法权利与人权类似，狭义的宪法权利是指宪法文本中规定的所有“公民的基本权利”。我国宪法第二章公民的基本权利义务中第三十三条第三款规定，国家尊重和保障人权。生育是人的自然本性，自然人生存生活一切起点皆为生育。人作为一种高级动物，繁衍的本能就刻在基因里面。正是有生育能力，人类才得以延续，故而生育权是每个人与生俱来的权利，属于人权，属于广义上的宪法权利。

（二）生育权是特殊的人格权

生育权本质上是法律保障自然人生育自由的权利，属于人格权。人格权指民事主体依法固有的，以民事主体的人格利益为客体，为维护民事主体的独立人格所必备的民事权利。生育权反映了人类繁衍后代、生生不息的本能，且生育权的客体利益体现了人的行为自由的利益，即自主决定是否生育的自由，反映了主体独立人格对重大事项的自主权。所以，生育权本质上是一种人格权。但与其他人格权不同，生育权属于特殊的人格权。第一，生育权作为人格权，应具有绝对权、支配权的特征。也就是说，主体对生育权应享有绝对的支配地位，任何人不得干涉。但事实上，夫妻任何一方生育权的实现都需要对方的配合，且女性实际承担了怀孕、分娩的责任，导致女性相较于男性，对生育权享有更优先的支配地位，而男性享有的此项绝对权，其实并不“绝对”。第二，一般自然人的人格权随着权利主体的出生而取得，因权利主体的死亡而消灭。但为维护社会公序良俗和实现社会可持续发展，大多数国家会对生育权的实现予以一定的限制。例如，为避免未成年人因过早生育影响身心健康发展，禁止低龄结婚生子，并着重打击针对未成年人的性诱导和性侵犯；对于高龄者生育也持不支持的态度。因此，生育权属于特殊的人格权。

二、女性生育权的特点

（一）生育权的享有和实现不以婚姻为前提

关于“生育权要以婚姻为前提”的说法，主要受传统婚姻伦理及计划生育政策的影响，将生育与配偶身份关联。但是该观点在现今思想潮流进步的社会中已经不合时宜了。如前文所述，生育权属于民事权利，性质为人格权，是人生而为人的权利，是人所固有的，只能随着自己的死亡而消失，不因某种身份变更而存在和消失，生育权的享有和实现不应以婚姻为前提。从我国现行法律规定看，也未否认单身女性生育权。

宪法（2018 年修订）第三十三条规定：“凡具有中华人民共和国国籍的人都是中华人民共和国公民。中华人民共和国公民在法律面前一律平等。”妇女权益保障法（2022 年修订）第三十二条规定：“妇女依法享有生育子女的权利，也有不生育子女的自由。”人口与计划生育法（2021 年修订）第十七条规定："公民有生育的权利，也有依法实行计划生育的义务。"根据上述法律规定，生育权的权利主体不限于已缔结婚姻关系的夫妻，既包括已缔结婚姻关系的夫妻，也包括没有缔结婚姻关系的公民。就女性生育权而言，意味着包括生育决定权，女性，包括单身女性，她们有权自主决定到底是采取与男性结婚的形式生育子女，还是在继续保持自己独身的状态下繁衍后代。结合 2023 年发布的我国首次出现人口负增长数据，我国的人口形势面临着严重的挑战，将生育权还给单身女性，会在一定程度上释放生育潜能，鼓励一切有意愿的女性生育，减轻我国人口负增长的压力。

近年来，关于地方颁布单身女性生育权的法律规定受到热议。2022 年 2 月 21 日，吉林省卫生健康委印发的《关于三孩生育政策及配套支持措施在实施中有关问题指导意见》中提到：未生育过子女、达到法定结婚年龄、终身不结婚或者虽结过婚但离婚后决定不再结婚的吉林省户籍妇女，到户籍所在地县级卫生健康部门申请，选择有资质的人类辅助生殖手段的机构受孕。吉林省就单身女性生育权通过立法的方式进行规定，明确了单身女性的生育权受法律保障。2023 年 2 月，四川省实施新修订的《四川省生育登记服务管理办法》将"夫妻应当在生育前进行生育登记"更改为"凡生育子女的公民，均应办理生育登记"，取消了生育登记与婚姻的捆绑，结婚不再是办理生育登记的限制条件。

但是要注意，从国家立法到吉林省、四川省颁布的地方性规定并非社会大众理解的鼓励不结婚生孩子，而是从法律层面保障那些有意愿并有能力独立抚养孩子的女性享有生育的权利和福利，以及非婚生子女的生命权和生存权，是单身女性生育权发展上的一大进步。但这些条例和规定属于地方性行政法规，并不适用地方省份以外的地区，其他地区关于单身女性的生育权并未作出明确规定。

（二）与男性生育权发生冲突时优先保障女性生育权

生育权是自然人依法通过两性自然或人工授精受孕、怀胎、分娩以及无性生殖的方法繁衍养育后代的权利。生育需要男女双方配合，法律赋予男女双方都享有生育权，但是当男女就生育问题没有达成一致，生育权发生冲突时，需要进行价值判断和权益平衡。男性和女性的生理特征差异决定了女性的生育权背后涉及人身自由权、身体支配权及健康权，优先保障女性的生育权是法律实质公平的体现。

1.学理分析

从自由角度分析。受生理条件所限，男性生育权需要女性配合才能实现，属于积极自由，而女性堕胎等不生育的自由属于消极权利，按照自己的意愿，自我处分，不需要他人的配合。人作为社会上的个体，消极自由是最本质和核心的，而积极自由的实现有赖于社会、他人提供必要的条件。从这一层面来说，积极自由的保障建立在消极自由被基本保障的前提下。从自由的属性来说，积极自由具有侵犯、限制他人的可能，而消极自由具有被动、不具侵犯性。消极自由优于积极自由，即女性生育权优先于男性生育权。

从人格权角度分析。民法典第一千零三条明确规定“自然人的身体权受法律保护”。这里的身体权主要包括身体完整和行动自由。生育（自然生育）是一种自然现象，包括怀孕、生产、抚育三个阶段，在此期间，主要由女性承担过程中的艰辛，女性单方面的终止妊娠属于对自己身体的自由处分权，是生育自由权中“不生育”的自由。如果女性连自己的身体都无法按照自己的意愿支配，不能实质地拥有生育自由的权利，就会沦为生育的工具，没有人格尊严。

从法经济学的角度分析。女性在生育过程中投入更多，不仅要承受身体上的不适与痛苦，而且职场女性还要承受职场压力，甚至因生育被职场歧视。因此当女性生育权与男性生育权发生冲突时，女性生育权应当得到优先保障。

2.法律体现

妇女权益保障法第三十二条规定：“妇女依法享有生育子女的权利，也有不生育子女的自由。”法律保护女性在生育问题上享有的独立权利，除法律规定之外，不受他人意志的左右。男性不得以其享有生育权为由强迫女方生育。妇女权益保障法第二十一条第三款规定："医疗机构施行生育手术、特殊检查或者特殊治疗时，应当征得妇女本人同意；在妇女与其家属或者关系人意见不一致时，应当尊重妇女本人意愿。"该条款细化了对妇女生命健康权的保护措施，充分保障了妇女的自主决定权。《最高人民法院关于适用〈中华人民共和国民法典〉婚姻家庭编的解释（一）》第二十三条规定："夫以妻擅自终止妊娠侵犯其生育权为由请求损害赔偿的，人民法院不予支持；夫妻双方因是否生育发生纠纷，致使感情确已破裂，一方请求离婚的，人民法院经调解无效，应依照民法典第一千零七十九条第三款第五项的规定处理。"当夫妻生育权发生冲突时，丈夫不能以妻子擅自终止妊娠为由提出侵权损害赔偿；可以离婚，通过再婚实现生育权。这是法院对女性生育权的特殊和优先保护。

三、我国女性生育权现状分析

（一）我国女性生育权发展历程

生育权的发展与国家经济发展、历史文化以及人口的发展是相关联且不断发展和完善的。在我国的人口和计划生育政策下，生育权的发展大概分为早期、中期和晚期三部分。

我国实行计划生育早期（1980 年至 20 世纪 90 年代中期），我国发布的《关于控制人口增长问题致全体共产党员、共青团员的公开信》《关于进一步做好计划生育工作的指示》、1982 年宪法以及 1992 年妇女权益保障法都明确规定生育的主体是夫妻双方，权利主体是"有婚姻身份"的女性，还要加上"育龄年纪""无遗传疾病"的限制，单身女性不但没有生育权，并且还要因违反计划生育的规定而接受惩罚，被排斥或限制在生育主体范围之外。女性生育权的行使也关系到其他权利，包括劳动保护权利、婚姻家庭方面的权利，但女性在这个时期并没有真正的生育自由。

计划生育中期（20 世纪 90 年代中期至 2012 年），生育权内涵更加宽泛，赋予了妇女采取和使用避孕节育方法的知情选择权、决定权、参与权和健康权。此外，避孕服务对象扩展到“公民”，还原了除“已婚夫妇”外所有公民应享有的避孕服务权利，开始关注公民的生殖健康，反对性别歧视，完善和扩展就业妇女的生育权利保护，但单身女性还是作为一个不被看到的群体被排斥在外。

计划生育晚期（2012 年至今），人口老龄化严重，经济快速发展，妇女受教育程度和社会地位提高，妇女在家庭中的话语权增长，包括对生育的决定权，从全面二孩再到全面三孩，女性拥有了生育数量的自由，生育的权利慢慢掌握在女性自己手中，而不是作为一种义务去要求女性。同时，国家鼓励倡导男女共同承担育儿的责任，通过完善各项制度，分担妇女生育的压力，以期增强生育意识，促进生育行为的改变。但实际情况并不理想，已婚女性的生育意愿以及行为已经饱和，人口呈现负增长的趋势，单身女性的生育权问题便浮出水面并引起热议。全国首例单身女性冻卵案二审结果并未当庭宣判，不管宣判的结果如何，对单身女性合法成为辅助生殖技术的主体具有倡导性的意义，为单身女性的生育权实现奠定了法律基础。

（二）我国女性生育权保障存在的问题

1. 司法实践存在身份歧视

我国法律不否认单身女性的生育权，但一些法律明确禁止单身女性行使生育权。2003 年原卫生部修订的《人类辅助生殖技术规范》明确规定，禁止给不符合国家人口和计划生育法规和条例规定的夫妇和单身女性实施人类辅助生殖技术。虽然这只是原卫生部出台的规定，但成为单身女性实施包括冻卵在内的辅助生殖技术的最大障碍。单身女性的冻卵是实现生育、保留生育能力的一种方式。目前在我国，只有已婚女性，还必须不孕不育，结婚证、身份证、准生证三证齐全，才能合法冻卵。按照现行规定，“冻卵”等辅助生殖技术只能由已婚夫妇行使，单身女性并不享有该权利。与禁止单身女性冻卵相反，我国《人类精子库基本标准和技术规范》则规定：人类精子库是以治疗不育症及预防遗传病和提供生殖保险等为目的，利用超低温冷冻技术，采集、检测、保存和提供精子（的机构）。“存精”男性分为两种情况。一种是出于“生殖保险”的目的，提前保存精子以备将来的生育需要，如上战场、绝育手术前或即将接受某种可能伤及后代的治疗（化疗）。另一种是对患有少、弱精症的男性，提供辅助生殖技术的“存精”服务。男性无论是否已婚，均可基于“生殖保健”或“需保存精子以备将来生育”目的申请保存精液。

此外，关于体外受精—胚胎移植，因夫妻一方死亡，医疗机构拒绝履行合同，导致丧偶一方无法继续完成胚胎移植手术产生纠纷的案例逐渐增多。原告黄某某在与被告广西壮族自治区妇幼保健院医疗服务合同纠纷案中，法院温情判决，保护了丧偶妻子辅助生育权益；陈某某诉无锡市妇幼保健院医疗服务合同纠纷案中，法院同样支持了丧偶女性的生育权。[①]在类似案件中，法院确认了丧偶女性继续实施人类辅助生殖技术的正当性，是依法保护女性生育权益的具体实践，体现了司法对妇女合法权益的有效保障，具有积极的导向意义。但法院在判决过程中，将“丧偶女性”与“单身女性”区分开，认为其有本质区别，不是真正意义上的保护单身女性生育权。

2021 年 7 月，《中共中央　国务院关于优化生育政策促进人口长期均衡发展的决定》公布，正式取消社会抚养费，清理和废止相关处罚规定。将入户、入学、入职等与个人生育情况全面脱钩。国家医保局相关负责人表示：今后享受生育保险生育津贴不再需要结婚证；社会保险法遵循权利和义务对等，只要履行了生育保险的缴费责任，国家层面在待遇享受方面

① 来源于中国裁判文书网（2021）桂 0107 民初 10383 号、（2019）苏 0213 民初 10672 号。

是没有门槛的。虽有些地方已发布关于肯定单身女性生育权的条例、规则，但在实际过程中，单身女性对生育的尝试却四处碰壁，在吉林省的相关法律颁布后，有媒体报道虽然吉林省有 9 家可以开展辅助生殖技术的医院，但当单身女性要求采取辅助生殖技术进行生育时，却遭到了拒绝。医生表示虽然吉林省有相关法规规定，但是因为与上位法相悖，没有医院敢作出尝试。

2.欠缺对特殊群体的生育权保护

女性生育权的真正享有与正确行使，不仅需具有权利能力，更需具有相应的行为能力，能够正确认识生育的意义，自主决定生育行为。患有精神病或者智障等行为能力有欠缺的女性，其生育权如何保障，与生育相关的行为如何处置，如终止妊娠，我国现行法律欠缺对该特殊群体的生育权保护规定。

四、保障女性生育权的法律建议

（一）生育权的法律确认

对生育权性质的争论一直不止，我国法律层面并未给出明确的回应。各学者存在着不同的看法和建议。笔者认为，宪法是我国的根本大法，在我国的法律体系中具有最高的法律地位和法律效力，应在宪法中确认生育权的性质和主体，将我国现行宪法第四十九条第二款修改为："公民有生育的权利，也有依法实行计划生育的义务。"实现生育权从一般的法律保护到宪法保护，同时改变目前宪法文本强调生育义务的状况，将生育权提高到优先的位置。通过宪法的权威来提高各界学者和社会公众的关注度，来推进生育权的发展。另外，我国民法典关于人格权编的规定较其他编的规定少，说明我国人格权在法律上的发展尚未成熟。笔者认为，应将生育权纳入民法典的第四编人格权编，明确生育权的性质，对其进行规定和保障，并为单身女性生育权奠定法律基础。但在此要注意的是法律确认未婚或单身女性的生育权，并不代表鼓励和支持未婚生育的社会现象。

（二）生育权的制度完善

对于女性来说，不能行使的权利是无益的，女性需要的不仅仅是权利，更多的是资源、保障的可行性、其他领域的平等以及尊重女性的选择。2022 年 10 月，党的二十大报告进一步强调，“中国式现代化是人口规模巨大的现代化”，明确提出“推进健康中国建设优化人口发展战略，建立生育支持政策体系，降低生育、养育、教育成本”等政策目标。

1.完善生育保障机制

一是，优化各项保障制度。第一，要完善生育休假政策，从保障职工生育权益和保护生育职工健康权的功能定位出发，体现保护生育和养育过程，帮助职工平衡工作和家庭关系，促进公平就业和职业发展。要结合实际完善假期用工成本合理分担机制，明确相关各方责任，采取切实有效措施保障职工假期待遇。第二，完善生育保险等相关社会保险制度。国家统一规范并制定完善生育保险、生育津贴支付政策，强化生育保险对参保女职工生育医疗费用、生育津贴待遇等保障作用，保障生育保险基金安全。有条件的地方可探索参加职工基本医疗保险的灵活就业人员同步参加生育保险、未就业妇女通过参加城乡居民基本医疗保险享受生育医疗待遇；为领取失业保险金人员缴纳职工基本医疗保险费（含生育保险费），保障其生育权益，所需资金从失业保险基金列支。指导地方综合考虑医保（含生育保险）基金可承受能力、相关技术规范性等因素，逐步将适宜的分娩镇痛和辅助生殖技术项目按程序纳入基金支付范围。

二是，生育保障不限于已婚女性，将单身女性纳入保障范畴。我国生育权保障体系下的生育保险制度主要包括生育假期、生育津贴、生育补助以及医疗服务等内容。我国可以通过法律和行政法规制定的一系列地方性法规、部门规章以及地方政府规章，切实完善单身妈妈的生育保障制度。国外也有类似积极的探索，可见未来对于单身女性生育权的限制有望逐步解除，女性的生育权将得到切实的保障。

2.扩宽辅助生殖技术主体范围

放开辅助生殖技术的主体资格限制对维护妇女生育权具有现代意义上的合理性和正当性。如中国政法大学医药法律与伦理研究中心主任刘鑫在接受红星新闻采访时表示，“当前我国很多女性面临着职场压力及寻找合适配偶较为困难的情况，但是她们未来可能不会拒绝结婚生子。如果是因为社会因素想要冻卵，只要我们有资源，女性又同意，那我觉得就可以做”。全国政协委员、河南省肿瘤医院副院长花亚伟建议“除身体特殊原因外，取消对30岁以上健康未婚女性的冻卵限制。既要允许患特殊疾病的未婚女性冻卵，也要允许其他健康女性自主选择冻卵，这是她们的权利”。由此可见，单身女性成为辅助生殖技术的主体已为社会逐渐接受。

但本文认为“从禁止到不禁止”应采取循序渐进的方式，需要等冻卵技术发展充分、社会观念逐渐转变后，制定专门的法律监督和管理制度，如在法律上明确卵子库的管理规范、应用原则和监督措施，禁止冻卵行为商业化，也不能扰乱社会秩序和伦理原则，从而解决冻卵技术合法化问题，为单身女性生育权的实现提供法律保障。

五、结语

不论现在新时代年轻人的生育观念如何改变，生育是人所绕不开的权利，是人类社会得以延续的基础。生育是人与生俱来的权利，女性是实现生育的主体，并不是工具。女性希望法律在制定和完善的过程中，要了解女性的需求，实质性平等地尊重、保障和实现女性的生育权。

【参考文献】

[1] 华东政法大学生育权和人权课题组，何勤华．关于生育权和人权的思考[J].法学杂志，2009，30（8）：1-6.

[2] 李倩，张建文．后民法典时代生育权的人格权地位证成[J].重庆大学学报（社会科学版），2023，29（3）：212-223.

[3] 罗师，胡雪梅 . 独身女性的生育权：祛魅、证立与实现 [J]. 湖北社会科学，2022（6）：120-130.

[4] 曹年润 . 漫长的等待：女性冻卵之路 [EB/OL].（2023-05-16）[2023-06-14] .https：//mp.weixin.qq.com/s/PN2d_s45fHZLeJSXe7jwYw.

[5] 刘嫚，宋承翰，吴斌，郭若梅 . 国家医保局：享受生育保险生育津贴不再需“结婚证”[N]. 南方都市报，2022-08-19（A10-13）.

[6] 肖伞伞 . 单身女性的生育权，是不是一个伪命题 [EB/OL].（2020-05-23）[2023-06-14]. https：//mp.weixin.qq.com/s/h4VUDQxum_gty4Q0SANpLQ.

[7] 付垚，张炎良，苗睿 . 冻卵该放开吗？大龄单身女性如何面对生育困局？[EB/OL].（2023-03-07）[2023-06-14]. https：//mp.weixin.qq.com/s/OAbhxshyOXbhEBYcXQQ6VA.

[8] 刘伯红 . 从妇女生育权看单身妇女享有人类辅助生殖技术服务的权利 [J]. 山东女子学院学报，2023（3）：11-25.

[9] 金晓洁 . 生育权问题研究——女性在婚姻中的生育权保障问题 [J]. 法制与社会，2019（16）：218-219.

[10] 张洁 . 民法典视角下生育权之权利塑形研究 [J]. 襄阳职业技术学院学报，2021，20（3）：107-111.

[11] 唐梅玲，王浩 . 三孩政策下激励型生育保障措施法治化研究 [J]. 湖北社会科学，2022（7）：121-130.

[12] 邓丽，薛宁兰，刘小楠，等 . 妇女权益保障的新起点——《妇女权益保障法》理解与适用专家座谈会纪要 [J]. 妇女研究论丛，2022（6）：5-18.

[13] 刘清旖，徐亚文 . 单身女性进行社会性冻卵的正当性分析与实现路径 [J]. 南都学坛，2023，43（2）：60-68.

[14] 韩强 . 人格权确认与构造的法律依据 [J]. 中国法学，2015（3）：138-158.

[15] 王雨薇 . 私法上的生育权辨析 [J]. 法制与社会，2021（5）：9-10.

[16] 石佳友，曾佳 . 单身女性使用人类辅助生殖技术的证成与实现路径 [J]. 法律适用，2022（9）：3-12.

[17] 徐娟，卢康颖 . 单身女性生育权的确认及其制度化保障 [J]. 南海法学，2021，5（2）：95-105.

[18] 孙悦 . 社会转型中的单身女性生育权新面向——以放宽冻卵技术主体限制为视角 [J]. 太原学院学报（社会科学版），2021，22（4）：26-33.

网络空间中妇女人身及人格权益保护研究

周小雯　蔡子宜①

摘　要：网络空间中妇女人身及人格权益的保障事关我国妇女事业发展。当前，利用网络对妇女实施性侵害、性骚扰、侮辱诽谤、偷拍窥私等现象日益突出，严重侵害了妇女的人身及人格权益。本文按照侵权类型梳理了利用网络侵害妇女人身和人格权益的行为方式，在法秩序统一的视野下梳理了相关法规范，针对当前法律保护不足的问题提出保障当事人人格权请求权和侵权损害赔偿请求权的行使；明确各方主体责任，加强网络平台管理；推动网络侵权案件自诉程序转公诉程序；加强网民素质教育净化网络环境等完善建议。

关键词：网络空间；妇女权益保障；人身及人格权益

党的十八大以来，以习近平同志为核心的党中央高度重视妇女事业发展，把保障妇女权益作为坚定的国家意志。妇女权益保障被纳入法律体系建设并上升为国家发展战略规划，全面融入国家治理体系，成为我国人权保障制度建设的重要内容。互联网时代，侵害妇女人身和人格权益的传统线下违法犯罪在网络空间中得以进化，利用网络对妇女实施性侵害、性骚扰、侮辱诽谤、偷拍窥私等现象日益突出，给妇女带来了极大的身心伤害。

---

①　周小雯，中华女子学院法学院讲师，法学博士。蔡子宜，中华女子学院法学院 2019 级本科生。

《中国妇女发展纲要（2021—2030年）》新增严厉打击利用网络对妇女实施违法犯罪行为的目标，强调应当保障妇女免遭利用网络实施违法犯罪行为的侵害。新修订的妇女权益保障法将原本的第六章“人身权利”前移至第三章，并将章名修改为“人身和人格权益”，突出妇女人身和人格权益的重要地位，与民法典人格权编相呼应。可见，当前国家政策及立法均十分重视网络空间中妇女人身和人格权益的保护，但针对线下空间制定的相关法律，在打击利用网络侵害妇女人身和人格权益的行为时仍存在不足之处。本文拟在梳理利用网络侵害妇女人身和人格权益的行为方式基础上，在法秩序统一的视野下，明晰妇女人身及人格权益范围，对相关法规范文本作体系解释，为实践中治理利用网络侵害妇女人身和人格权益的行为提供合理方案。

一、利用网络侵害妇女人身和人格权益行为的主要方式

网络空间中，网络用户和网络服务提供者都可能实施侵害妇女人身及人格权益的行为，网络用户通常以作为的方式实施侵权行为，而网络服务提供者既可能构成作为形式的侵权也可能构成不作为侵权。在法秩序统一的视野下梳理侵权类型，可将网络空间中侵害妇女人身和人格权益行为的主要方式概括为以下四类。

第一，侵害名誉权。网络空间中对妇女名誉权的侵害不仅数量庞大，而且行为方式多样。在郎某、何某诽谤案中，郎某、何某捏造谷某结识快递员并多次发生不正当性关系的信息，散布至微信群聊，后该不实信息被扩散到网络平台，引发大量低俗、侮辱性评论，严重损害谷某的名誉。该案经审理认定郎某、何某构成诽谤罪。[①] 在谭某侮辱、诽谤案中，谭某得知在日本留学的江某遇害事件后，在微博发布侮辱江某及江母的漫画、文字，并捏造江

① 参见检例第137号,《中华人民共和国最高人民检察院公报》2022年第4号（总第189号）第37—39页。

某是陈某某情敌而遭杀害的事实诽谤江某。经法院审理，认定谭某的行为构成侮辱罪和诽谤罪。[①] 在殷某诉百度网人格权侵权纠纷案中，殷某发现大量涉及其身体隐私部位的裸体照片被他人上传至某网站，于是要求相关网站删除相关内容。一段时间后，殷某在百度网中发现大量涉及自身的裸体照片，同时还发现存在以“海运女”命名的词条及个人信息，大量词条存在贬损人格的词汇。经审理，法院认定百度网在提供网络服务的过程中存在过错，导致网络用户利用其网络服务侵害殷某名誉权。[②] 此外，类似的网络空间中侵犯他人名誉权的还有粉色头发女孩被网暴事件、中山大学赵某晨事件、苏州大学赵某峰事件等。

第二，侵害性羞耻心或性自主权。在网络空间中散布妇女私密图片、视频，性骚扰妇女的现象较为普遍。在杨某华强制侮辱案中，杨某华与黎某飞在某网络游戏中虚拟结婚，杨某华通过微信多次索要黎某飞裸照并如愿，后黎某飞与杨某华断绝关系，杨某华为了羞辱、报复黎某飞，在某微信群中散布黎某飞多张裸照并配有羞辱性的文字说明侮辱黎某飞。经审理，法院认定杨某华构成强制侮辱罪。[③] 在邓某强制侮辱案中，邓某因不同意与郑某分手，将其之前拍摄的郑某的裸体视频上传至某微信群，并恶意捏造被害人郑某从事卖淫服务，同时还将郑某的个人信息发布在该群，造成恶劣的社会影响。主审法院认为邓某的行为构成强制侮辱罪。[④] 在郑某微信性骚扰案件中，郑某通过微信群聊加华某为好友，经常发淫秽图片及视频骚扰华某，后华某报案，郑某被公安机关抓获后予以行政拘留。

第三，侵害隐私权。网络环境中妇女的隐私容易被泄露并广泛传播。在钱某制作、贩卖、传播淫秽物品牟利案中，钱某在多家酒店房间内安装偷拍设备偷拍旅客的性行为并将视频保存至云盘，通过非法网站、即时通

---

① 参见（2020）沪 02 刑终 672 号。

② 参见（2010）沪二中民一（民）终字第 1593 号。

③ 参见（2018）粤 03 刑 1143 号。

④ 参见（2022）粤 0513 刑初 124 号。

信软件发布贩卖信息，还以付费方式为他人实时观看旅客性行为或者下载偷拍视频提供网络链接。经审理，法院认定钱某构成制作、贩卖、传播淫秽物品牟利罪。[①] 在姚某侵犯名誉权、隐私权案中，姚某在微博发表羞辱性言论，严重贬损聂某人格，并向不特定第三人公开披露聂某的个人信息，使聂某的个人生活安宁受到外界打扰。主审法院认定姚某的行为侵犯了聂某的名誉权和隐私权。[②]

第四，侵害肖像权。例如层出不穷的女明星AI换脸术，行为人运用深度伪造技术将淫秽视频中的人脸换上明星的脸并在网络上出售。在广州地铁"裸女事件"中，造谣者用AI技术将某穿搭博主在地铁上拍摄的照片制作成虚假的淫秽照片并在网络中散布谣言，严重侵害了该博主的隐私权和名誉权。有的影楼和摄影师未经允许在网络平台中公开妇女的照片，甚至是售卖私密照。"插队婆孙"事件中，在未经许可的情况下，当事婆孙的肖像被制作成表情包，被人肉网暴，并成为商家牟利的产品。中国幸存慰安妇生活现状纪录电影《二十二》中，老人们的截图被人恶意制作成表情包在网络上出现。这些行为严重侵害了妇女的肖像权，也扰乱了网络秩序。

由于互联网具有受众广泛、传播快速、开放性强等特点，通过网络侵害妇女人身及人格权的行为所造成的影响极为广泛，由此造成的损害后果难以预测且不可逆转，极易造成妇女的"社会性死亡"。这不仅侵害了妇女的身心健康、名誉权、隐私权等合法权益，易造成妇女社会评价贬损、社会交往障碍、社会发展受挫等连锁负面效应，还会败坏网络文化风气、破坏网络安全与社会秩序，同时也不利于社会精神文明建设。为了切实保障妇女的人身及人格权益，促进妇女全面发展；净化网络空间，加强网络文明建设；稳定社会秩序，保护善良风俗，应当严厉打击利用网络侵害妇女人身及人格权益的违法犯罪行为。

---

① 参见检例第139号，《中华人民共和国最高人民检察院公报》2022年第4号（总第189号）第42—44页。

② 参见（2019）京0108民初28025号。

二、网络空间中妇女人身及人格权益的法律保护现状

（一）妇女人身及人格权益保障的立法发展

随着民法典的出台，民事权利进一步体系化。独立的人格权编成就了中国民法典独特的七编制法典体例，首开世界民事立法之先河，是世界人格权保护立法的典范，彰显了现代化人格权保护模式。[1] 民法典人格权编共 6 章、51 条，分别规定了“一般规定”“生命权、身体权和健康权”“姓名权和名称权”“肖像权”“名誉权和荣誉权”“隐私权和个人信息保护”。其中，“一般规定”是总则性规定，其他各章与民法典总则编关于具体人格权益的规定（第一百一十条、第一百一十一条）相呼应，扩展和完善了具体人格权相关规定。新修订的妇女权益保障法第三章“人身和人格权益”共 17 条，内容上涵盖妇女的人身自由、人格尊严、生命权、身体权、健康权、姓名权、肖像权、名誉权、荣誉权、隐私权和个人信息、生育自由，同时规定了实现上述权益的具体保障措施。妇女权益保障法是关于妇女权益保护的基本法律，具有基础性和纲领性，考虑到行文简洁和体系协调，并未对上述妇女人身和人格权益作具体的概念界定，可以参照民法典中相关界定来理解。

对比妇女权益保障法第三章“人身和人格权益”及民法典人格权编，有以下区别之处。第一，妇女权益保障法中的章名保留了“人身”这一概念，源于 1992 年 10 月起施行的妇女权益保障法，历经前两次修订，一直采用的是“第六章人身权利”的体例，在第三次修订时仍旧保留了“人身”这一概念。第二，妇女权益保障法第十九条、第二十条专门规定了，“妇女的人身自由不受侵犯”“妇女的人格尊严不受侵犯”。而民法典将人身自由和人格尊严视为人格权益产生的基础，以“民事主体的人格权不受侵害”这一禁止性规范达成保护人身自由和人格尊严的规范目的。第三，妇女权益保障法第三章更加关注保障妇女人身和人格权益的具体机制，而并未对具体权益作详细阐释。

（二）网络空间中妇女人身及人格权益的规范基础

在法秩序统一的视野下，“法规范的集合”及其背后的法律目的应当协调一致，以厘清妇女人身和人格权益的规范基础。尽管章名（或篇名）存在不一致，但是民法典和妇女权益保障法等其他法律的内核精神是一致的，妇女的人身自由、人格尊严当然属于民法典和妇女权益保障法一致保护的客体。如结合妇女权益保障法第二十八条、第八十二条和民法典第一千零一十八条、第一千零一十九条、第一千一百八十二条、第一千一百八十三条、第一千一百九十五条等有关规定及《最高人民法院关于审理利用信息网络侵害人身权益民事纠纷案件适用法律若干问题的规定》等其他法律规范，妇女的人格权益受法律保护，禁止通过大众传播媒介或者其他方式贬低损害妇女人格，网络用户在网络空间贬损妇女人格的，妇女有权通知网络服务提供者采取防止侵权扩大的必要措施。同时，公安、网信、广播电视等有关部门也依据各自的职权责令侵权行为人改正，并依法给予行政处罚。妇女也可以向人民法院提起侵权的民事诉讼，请求侵权损害赔偿，网络服务提供者知道或应当知道侵权事实存在但未采取必要措施的应当承担连带责任。

此外，刑法作为其他法律的保障法，毫无疑问保障妇女的人身及人格权益。如结合刑法第二百三十七条、第二百四十六条、第三百六十三条及《最高人民法院、最高人民检察院关于办理利用信息网络实施诽谤等刑事案件适用法律若干问题的解释》等有关规定，当行为人的性骚扰、侮辱诽谤、偷拍窥私等侵害行为达到入罪标准时应当由刑法介入评价。当网络服务提供者不履行安全管理义务且拒不改正致使侵权情节严重时，根据刑法第二百八十六条之一的规定也应当对网络服务提供者进行处罚。对于未达到刑事处罚标准的侵害行为，可由治安管理处罚法第四十二条进行规制。同时，网络安全法规定了网络运营者在维护网络安全和秩序方面的责任和义务，根据网络安全法第十二条、第四十七条、第六十八条、第六十九条、第七十条等有关规定，未履行管理义务的网络运营者的不作为行为尚未达到刑事处罚标准时，可依据网络安全法予以行政处罚，并将违法行为记入诚信档案，给他人造成损害的，应当承担民事责任。

由此可见，妇女权益保障法与民法典、治安管理处罚法、网络安全法、刑法等法律法规背后的法律目的是协调一致的，都致力于维护网络环境，保障妇女权益，促进妇女事业发展，这有助于构建法秩序统一的网络空间中妇女的人身及人格权益的保护体系。目前，上述法律规范在实施过程中仍存在着保护方式适用不足、网络运营者履责不足、打击力度不够等问题，为应对高发、多发的互联网侵权行为，还需要在法秩序统一的视野下进一步完善相应保护路径。

三、网络空间中妇女人身及人格权益保护的完善意见

与传统侵害妇女人身及人格权益的违法犯罪行为相比，网络中的侵权行为，具有传播速度快、传播范围广、负面影响难消除、侵害行为更隐蔽、侵害手段多变、损害后果不可逆、易诱发其他关联犯罪等特点，容易给妇女带来持久伤害，降低妇女的社会评价，一旦扩散，还将严重扰乱网络社会公共秩序，破坏公众安全感及公序良俗，造成较大社会影响。如果将人格权的效力界定为纯粹消极防御性的权利，则只有在遭受侵害后，权利人才能主张救济，这显然不利于保护人格权。[2] 因此，网络空间中妇女的人身及人格权益保护应当采取积极利用的保护进路。

（一）保障人格权请求权和侵权请求权的行使

人格权请求权指民事主体在其人格权受到侵害、妨害或者有妨害之虞时，有权向加害人或者向人民法院请求加害人承担停止侵害、排除妨害、消除危险、恢复名誉、赔礼道歉等责任，以恢复人格权的圆满状态的请求权。[3] 人格权请求权基于人格权效力而产生，因而属于绝对请求权，其行使不要求行为人存在过错，在人格权保护中发挥着积极预防的功能。人格权禁令制度正是人格权请求权的重要体现。人格权保护禁令是一种快速及时制止

网络侵害人格权机制[4]，根据民法典第九百九十七条的规定，当民事主体的人格权受到侵害时有权向人民法院申请颁发人格权保护禁令，制止行为人继续实施相关侵权行为。人格权保护禁令是制止网络空间人格权侵权的重要方式，体现着人格权效力，禁令的适用不以行为人的行为被确认违法、行为人具有过错以及损害后果的实际发生为前提，当妇女的人格权益受到侵害时即可向人民法院申请人格权保护禁令从而阻断侵权信息的传播，及时限制侵权范围，预防损害后果的扩大。依据民事诉讼法有关规定，网络侵权行为由侵权行为实施地、侵权结果发生地或被告住所地人民法院管辖，被侵权的妇女可向其住所地人民法院申请人格权保护禁令，及时制止人格权进一步受到损害。相较于人身安全保护令的实施情况，目前我国的人格权保护禁令在实践中存在适用程序模糊、适用范围模糊、审查标准不明、审理颁布期限不统一等问题，人格权保护禁令的实施情况并不理想。为了充分保障网络空间中妇女人格权益，有必要在妇女权益保障法或其他相关法律规范中进一步明确人格权保护禁令的适用标准，规范其适用程序，保障该制度的贯彻落实，平衡言论自由和人格权的保护，充分发挥人格权保护禁令的法律定位。

侵权损害赔偿请求权适用于民事侵权行为的救济，尽管同样也是一种人格权的保护方式，但该请求权的行使要求行为人主观上存在一定的过错，通常只有发生实际的损害结果时才能行使，在人格权的保护中发挥着事后救济的功能。民法典人格权独立成编表明我国在立法例上采取人格权请求权和侵权损害赔偿请求权相分离的立法模式，凸显了人格权请求权的独立地位，也说明了我国法律对人格权保护模式正由消极防御转向积极保护，这有助于预防人格权损害后果的发生和扩大，更好地保障网络空间中妇女的人格权益。比如，当网络用户发布的内容存在事实错误的，受害妇女有权要求该用户及时更正，如果行为人拒绝更正，受害妇女有权行使人格权请求权，请求法院责令侵权行为人限期更正。行为人因过错给妇女造成财产损害和严重精神损害的，被侵权妇女可行使侵权损害赔偿请求权，同时请求财产损害赔偿和精神损害赔偿，若损害后果难以确定的，根据《最高人民法院关于审理利用信息网络侵害人身权益民事纠纷案件适用法律若干问题的规定》，人民法院可以根据具体案情在50万元以下的范围内确定赔偿数额。发挥人格权请求权的事前防御和侵权损害赔偿请求权的事后救济，能够全过程保护网络空间中妇女的人格权益。此外，当行为人的网络侵权行为违反治安管理处罚法有关规定时，公安机关也可对行为人作出相应的治安处罚。当行为人的行为构成侮辱、诽谤时，被侵权妇女可向人民法院告诉，当提供证据确有困难时，人民法院可以要求公安机关提供协助。

（二）明确各方主体责任，加强网络平台管理

网络侵权行为涉及网络用户和网络服务提供者双方责任。首先，网络用户在收到人格权保护禁令及人身安全保护令时应当立即停止侵害行为，并采取排除妨碍、消除危险、消除影响、恢复名誉、赔礼道歉等措施恢复妇女的人身及人格权益，因过错侵害妇女人身及人格权益的应当承担侵权损害赔偿责任，违反治安管理处罚法的由公安机关予以治安处罚，情节严重构成犯罪的应当承担刑事责任。其次，网络服务提供者是信息内容管理的第一责任主体，在坚持正确价值取向、保障网络内容安全、维护网民合法权益等方面，具有不可替代的地位和作用。网络服务提供者负有审查网络信息的重要义务，立起“防火墙”、架起“高压线”，把信息内容管理主体责任落到实处。妇女遭遇网络谣言、网络暴力、网络性骚扰等违法犯罪行为侵害时，可向网络服务提供者举证，要求网络服务提供者提供相应保护，网络服务提供者在知道侵权信息存在后应及时采取拦截清理不良信息、删除侵权链接、禁言或封禁违规用户账号等阻断损害后果扩大的措施，不及时阻止信息传播的需要承担侵权责任。若侵权事实显而易见，即使受害人未通知网络服务提供者删除侵权链接，网络服务提供者也应当承担侵权责任，不得以不知道侵权为由抗辩。最后，除了发布信息的网络用户应当承担侵权责任外，转载信息的网络用户是否应当承担连带责任也有考量的必要。转载者在转载信息时应当尽到审查义务，对于未尽审查义务而使妇

女的名誉权、隐私权受到侵害的，妇女有权向转载者行使人格权请求权或要求侵权损害赔偿。在判断转载者是否尽到审核义务时应当考察转载者的主观恶意。转载者主观上存在故意的，或获悉转载内容存在侵权后拒绝采取必要措施的，或对于转载信息作出实质性修改的，可以认定转载者具有主观故意，一般应当承担侵权责任。[5]

（三）加强自诉转公诉的衔接，完善法律适用标准

根据法秩序统一的原则，在妇女权益保障法、民法典、行政法等前置法无法充分保障妇女的人身及人格权益时，应当由刑法介入评价。网络中侵犯妇女人身及人格权益的行为一般由侮辱罪、诽谤罪进行规制。侮辱罪、诽谤罪通常情形下属于自诉案件，但严重危害社会秩序和国家利益的，则有必要由公权力介入规制。前述提到的郎某、何某诽谤案①正是自诉转公诉的重要实践，该案在保护网络环境中妇女的人格权方面发挥了积极作用，为刑法第二百四十六条“严重危害社会秩序和国家利益”的认定提供了现实指导，为侮辱罪、诽谤罪自诉转公诉提供了现实司法方案，为惩罚网络诽谤、网络侮辱、网络性骚扰等网络犯罪行为提供了审判参考。最高人民法院、最高人民检察院《关于办理利用信息网络实施诽谤等刑事案件适用法律若干问题的解释》第三条对刑法第二百四十六条第二款“严重危害社会秩序和国家利益”进行了列举，为启动公诉程序提供了法律依据。网络空间侵犯人身及人格权的犯罪行为相较于传统侵权行为具有主体虚拟性、损害易发性、责任主体特殊性、损害后果易扩散性等特点，受害人以自诉方式救济面临诸多困境，因此有必要加强自诉与公诉的衔接，一旦犯罪行为达到公权力介入的底线，则有必要启动公诉程序，从而保护好妇女的名誉权、隐私权、肖像权等人格权，保障妇女权益保障法的实施，推动妇女事业的发展。

---

① 参见检例第137号,《中华人民共和国最高人民检察院公报》2022年第4号（总第189号）第37—39页。

除了完善网络人格权侵权自诉转公诉的衔接，还应当完善利用网络对妇女实施违法犯罪案件的法律适用标准，细化办理此类案件的程序与规则。随着互联网技术的发展，传统线下犯罪在网络空间演化为新型网络犯罪，并呈高发、多发态势。然而刑法中诽谤罪、侮辱罪等条款，及治安管理处罚法中公然侮辱、诽谤、猥亵他人等条款，都是以传统线下违法犯罪为打击对象而制定的。尽管最高人民法院、最高人民检察院出台了《关于办理利用信息网络实施诽谤等刑事案件适用法律若干问题的解释》，并发布系列网络犯罪指导性案例，但实践中办理利用网络对妇女实施违法犯罪案件的立案标准和入罪标准还不统一，证据认定规则和刑罚裁量规则还不够规范，需要进一步完善细化，为严厉打击利用网络对妇女实施违法犯罪行为提供法律依据。

（四）加强网络健康教育，营造清朗的网络空间

制止网络空间中侵害妇女人身及人格权的行为还需要加强网络健康教育，提高网民网络素养和道德修养，从源头上减少网络侵权行为的发生。2013 年 5 月 20 日，视频弹幕网站“哔哩哔哩”将注册机制从邀请码制度改为注册答题制，设置了入站考试。入站考试内容涵盖弹幕礼仪及动漫、游戏基础知识，用户注册 ID 后需通过入站考试方可使用该网站，这一准入机制及网络素养教育方式值得在网络空间普及。为了更好地营造清朗的网络空间，网络服务提供者可以建立网站使用准入考察标准，将网络发言礼仪、性别尊重、网络安全保护纳入考核内容，在网民首次使用网站时对其进行网络素养学习与考核，达到考核标准时方能使用该应用软件，若网民在后续使用过程实施了侵权行为，情节轻微危害不大的予以账号短期禁言处理，并要求其重新学习网络素养，达到一定考核标准时方可解禁账号；情节严重的予以账号永久封禁，并将其列入敏感账号名单中，在合理范围内进行监测。同时鼓励网民举报侵害妇女人身及人格权益的行为，对举报属实的网民予以适当奖励。国家互联网信息办公室

（网信办）负有维护网络环境，推动互联网信息传播法治建设等相关职能，网信办应对网络平台履行信息内容管理主体责任提出系统要求，建立严格的应用软件管理和审查机制，完善运行规则，禁止色情低俗网站流入网络传播空间，引导网络平台在严厉打击利用网络对妇女实施违法犯罪行为中发挥良好作用。通过上下联动合力，提高网民的网络素养和个人道德水平，从而预防互联网空间中侵害妇女人身及人格权益行为的发生，共同打造清朗的网络环境。

四、结论

网络空间不是法外之地。随着互联网科技的发展，网络用户的规模越来越大、网络信息传播速度更快、网络空间的开放性更强，肆意的不顾后果的评价越来越多，人肉搜索、网络暴力、黄色谣言、性骚扰等现象也更加锐化。虚拟与现实的边界正逐渐模糊，互联网的侵权行为所造成的后果直接影响着被侵权人的现实生活安宁，给被侵权人造成精神损害，甚至危及生命安全。因而充分保障当事人行使人格权请求权和侵权损害赔偿请求权，敦促网络服务提供者履行职责，推动网络空间中的侮辱罪、诽谤罪自诉转公诉，加强网民素质教育、净化网络环境是当前能够快速落实的治理之策。但本文的研究仍有局限之处，对于不特定多数人实施网络暴力乱象的治理尚无良好的解决方案。

雪崩的时候没有一片雪花是无辜的，因泳池冲突而自杀的女医生、被网暴的粉色头发女孩、校内被撞身亡小学生的母亲坠楼……现有的法律规范在应对上述不特定多数人实施的侵权行为时显得捉襟见肘，因而在今后的研究和立法工作中应当密切关注网络暴力乱象，尽快启动反网络暴力立法，提高媒体职业道德，加强网民素质教育，实行网络实名化，建立不良言论屏蔽机制，从而营造一个文明和谐的网络环境。

【参考文献】

[1] 张红 .《民法典（人格权编）》一般规定的体系构建 [J]. 武汉大学学报（哲学社会科学版），2020，73（5）：155-173.

[2] 王利明 . 人格权的属性：从消极防御到积极利用 [J]. 中外法学，2018，30（4）：845-861.

[3] 杨立新，袁雪石 . 论人格权请求权 [J]. 法学研究，2003（6）：57-75.

[4] 郑远民，陈大山 . 论利用信息网络侵害人身权益中人格权禁令的适用 [J]. 南华大学学报（社会科学版），2022，23（3）：97-105.

[5] 魏修治，阿丽耶阿卜力肯木 . 网络空间中个人信息侵权责任主体问题——以《中华人民共和国民法典》为视角 [J]. 黄河科技学院学报，2022，24（3）：67-72.

离婚妇女的财产权益保障研究

陈泽阳①

摘　要：2022 年 10 月 30 日，第十三届全国人民代表大会常务委员会第三十七次会议审议通过《中华人民共和国妇女权益保障法》。新修订的妇女权益保障法在妇女的政治权利、人身和人格权益、财产权益、文化教育权益等方面作出了完善和重要修改。在财产权益方面，法律顺应时代要求和妇女的现实需求，在原有条款的基础上，新增了公权力介入共同财产界定、离婚财产申报制度、女方享有在不动产登记簿和权属证书上以及征用补偿协议中登记姓名的权利等条款，并且对部分条款进行了完善，更好地保障了妇女特别是离婚妇女的财产权益。但是目前法律对离婚妇女财产权益方面的保障仍然存在一些问题，笔者在归纳公权力介入夫妻共同财产界定、家务劳动补偿制度等问题的基础上，提出了扩大公权力介入调查取证范围、延长家务劳动补偿时限等建议，以期更好地保护离婚妇女的财产权利，实现法律的公平正义。

关键词：离婚妇女；财产权益；家务劳动补偿制度；人力资本

一、引言

家庭是社会的细胞，和谐社会离不开和谐家庭，而和谐家庭的关键和基础则是和谐的婚姻。[1] 家庭自然而然地就成为维护妇女权益的第一道屏障。

① 陈泽阳，中华女子学院 2022 级社会工作专业（妇女维权方向）硕士研究生，主要研究方向为妇女维权。

而在当前高离婚率的背景下，夫妻关系破裂时，两性在家庭内部的利益要进行重新分配，如何保障家庭中弱者的利益不在分配中被非法侵害就显得极其重要。尽管我国通过制定妇女权益保障法或在其他法律中加入对妇女的特殊保护规定，以达到平衡两性社会性别差异和真正实现男女平等的目标，但由于历史及现实诸多因素影响，就普遍状况而言，女性在社会上、家庭中仍然处于相对弱势的地位[2]，这一点在妇女离婚时表现得更为明显。

笔者在中国裁判文书网民事案件中，选择“离婚后财产纠纷”案由，选择“基层法院”的法院层级，文书类型为“判决书”，搜索关键词“隐藏、转移”，选取了2022年全年的95份判决书进行统计，其中女性以“隐藏、转移”为理由作为原告将男方告上法院的有52份，占比为54%；男性为原告的有42份，占比为44%；1份没有性别信息。然后搜索关键词“重新分割”，对2022年的65份判决书进行分析，其中女方要求男方重新分割财产的有32份，占比为49%；男方要求的占23份，占比为41%；2份没有性别信息；其他8份与“重新分割财产”无关。其中女方要求的32份中，有14份请求诉讼成功，败诉的18份中有7份是因为证据不足而导致败诉。这些数据表明，在婚姻解除后进行财产分割时，更多的男性会出现“隐藏、转移”财产的现象，男性在财产方面仍然占据“主动”优势。也就是说在现实社会，女性在离婚时财产权益极易受到侵害。

二、离婚妇女财产权益保障概述

（一）离婚妇女财产权益的概念

所谓财产，指具有经济价值，依一定之目的而结合之权利义务之总体。[3] 在民法典中所说的财产权，指以财产利益为内容、直接体现某种物质利益的权利，如物权、债权、继承权。[4]

根据民法典等法律规定，妇女的财产权益应该包括物权、债权、知识产权中的财产权利以及继承权。而本文所研究的离婚妇女的财产权益，专指夫妻在解除婚姻关系时，女方所应分配得到的夫妻共同财产、家庭共有财产中属于其个人所有的部分，无形资产尤其是人力资本中属于妇女的利益。

（二）离婚妇女的财产范围

在离婚时，夫妻双方应该在分清个人财产、夫妻共同财产以及家庭共有财产的基础上进行财产分割。离婚妇女的财产权益得不到良好保障，就会直接影响到她们离婚后的生存状态、生活环境和子女生活质量，因此应注重保护离婚妇女的合法权益，尤其是财产权益。

1.夫妻共同财产

夫妻共同财产，是指婚姻关系存续期间法律规定的属于夫妻共同所有的财产。

我国民法典第一千零六十二条规定："夫妻在婚姻关系存续期间所得的下列财产，为夫妻的共同财产，归夫妻共同所有：（一）工资、奖金、劳务报酬；（二）生产、经营、投资的收益；（三）知识产权的收益；（四）继承或者受赠的财产，但是本法第一千零六十三条第三项规定的除外；（五）其他应当归共同所有的财产。夫妻对共同财产，有平等的处理权。"

2.家庭共有财产

家庭共有财产其实是狭义上的家庭财产，家庭共有财产指家庭成员在家庭共同生活存续期间共同创造、共同所得的共有财产。[5]家庭共有财产归属于整个家庭成员，是供全体家庭成员平等使用的财产，家庭成员被称为共有权人。家庭共有财产是以维持家庭共同生活或者生产为目的的财产，其来源主要是家庭成员在共同生活期间的共同收入，家庭成员交给家庭的财产以及家庭成员共同积累、购置、受赠的财产。[6]

民法典第二百九十九条规定："共同共有人对共有的不动产或者动产共同享有所有权。"第三百条规定："共有人按照约定管理共有的不动产或者动产；没有约定或者约定不明确的，各共有人都有管理的权利和义务。"第三百零一条规定："处分共有的不动产或者动产以及对共有的不动产或者动产作重大修缮、变更性质或者用途的，应当经占份额三分之二以上的按份共有人或者全体共同共有人同意，但是共有人之间另有约定的除外。”因此，在涉及家庭共有财产的使用和分割等问题，必须与所有家庭成员进行协商，征求同意，任何家庭成员都不能任意地处理和分割家庭共有财产。而在现实生活中，部分农村家庭，小两口儿的共同财产和公婆的财产是混在一起的，但离婚时却让妇女净身出户，没有将家庭共有财产中属于妇女的份额析出，离婚妇女没有得到夫妻共同财产中应得的财产，这就是由于家庭共有财产和夫妻共同财产相互混淆而造成侵害离婚妇女财产权益的问题。

3.个人财产

个人财产指在夫妻共有财产制中，完全属于夫妻一方所有和控制的财产。民法典第一千零六十三条规定：“下列财产为夫妻一方的个人财产：（一）一方的婚前财产；（二）一方因受到人身损害获得的赔偿或者补偿；（三）遗嘱或者赠与合同中确定只归一方的财产；（四）一方专用的生活用品；（五）其他应当归一方的财产。”民法典第二百六十六条和第二百六十七条规定，私人对其合法的收入、房屋、生活用品等不动产和动产享有所有权，并且受法律保护，禁止任何组织或者个人侵占、破坏、哄抢。

在民法典中，对于夫妻共有财产和个人财产进行了明确的概括和列举。在实际处理离婚纠纷时，应该对财产的来源和获取时间等因素进行具体分析，充分考虑各种因素，按照妇女权益保障法和民法典分割夫妻共同财产，充分维护双方的权益，尤其是离婚妇女的权益。

三、保障离婚妇女财产权利的重要性和必要性

女子林某与陈某登记结婚，婚后因性格不合经常发生争执。2003 年 3 月，二人开始分居；2003 年 5 月，二人签订财产协议，约定各自对外承担债务，收入各归所有。后陈某为扩大生产规模，向朋友先后共借款 700 万元。2012 年 3 月，陈某与林某离婚。债权人因得知陈某无力偿还债务，便将林某和陈某诉至广西壮族自治区苍梧县人民法院，要求林某共同还债。

法院审理后认为，根据《中华人民共和国婚姻法》及“婚姻法司法解释(二)”第二十四条“债权人就婚姻关系存续期间夫妻一方以个人名义所负债务主张权利的，应当按夫妻共同债务处理。但夫妻一方能够证明债权人与债务人明确约定为个人债务，或者能够证明属于婚姻法第十九条第三款规定情形的除外”的规定，上述债务发生在林某和陈某夫妻关系存续期间，属于夫妻共同债务。虽然陈某、林某提供了夫妻婚姻关系存续期间的财产约定协议，以证明双方作了夫妻共同财产的约定，但没有提供证据证实第三人已知晓该协议，该协议仅对夫妻双方有约束力，对第三人不发生效力。因此，法院最终判决陈某与林某共同偿还700万元债务。[7]

由于法院依据《最高人民法院关于适用〈中华人民共和国婚姻法〉若干问题的解释（二)》第二十四条（以下简称“二十四条”）进行判决，造成林某在离婚后背负前夫所欠下的巨额债务。

“二十四条”于2004年开始施行，虽然该条款在实行后，“假离婚、真逃债”破坏交易安全的社会现象受到一定遏制，市场经济秩序得到了保护，但在司法实践中，却严重损害妇女的财产权益，很多妇女在离婚时，莫名背负了自己并不知情的债务，破坏了妇女离婚后的正常生活。由于“二十四条”的弊端在社会上引发广泛争议，且在实践中实施效果不佳，该条款已于2021年废止。目前，对于夫妻共同债务的认定，民法典第一千零六十四条规定：“夫妻双方共同签名或者夫妻一方事后追认等共同意思表示所负的债务，以及夫妻一方在婚姻关系存续期间以个人名义为家庭日常生活需要所负的债务，属于夫妻共同债务。夫妻一方在婚姻关系存续期间以个人名义超出家庭日常生活需要所负的债务，不属于夫妻共同债务；但是，债权人能够证明该债务用于夫妻共同生活、共同生产经营或者基于夫妻双方共同意思表示的除外。”第一千零六十五条第三款规定：“夫妻对婚姻关系存续期间所得的财产约定归各自所有，夫或者妻一方对外所负的债务，相对人知道该约定的，以夫或者妻一方的个人财产清偿。”本次妇女权益保障法的修订也纠正了以往不合理的离婚法律规定，新增了对公权力介入共同财产界定、离婚财产申报制度、女方享有在不动产登记簿和权属证书上以及征用补偿协议中登记姓名的权利等条款，更好地回应离婚妇女的诉求，进一步完善法律，保护离婚妇女的财产权益。

由于很多妇女离婚时都力争未成年子女抚养权，且民法典规定“离婚后，不满两周岁的子女，以由母亲直接抚养为原则”。因此，离婚妇女财产如果得不到保障，不仅影响自己的生活，而且也影响未成年人成长。所以，保障离婚妇女财产权利非常重要，可以为妇女儿童保持体面正常的生活，促进全面发展创造稳定的物质条件。多数离异妇女还要再婚，有一定的财产基础，有助于妇女再婚家庭的幸福美满以及妇女在新家庭中与男性地位平等。

四、保障离婚妇女财产权益的制度规定

针对社会发展中离婚妇女财产权益保障中存在的问题，妇女权益保障法在此次修订中增加了一些制度性的规定，以保障妇女在离婚时财产权益不受损害。

（一）不动产登记簿和权属证书、征用补偿协议中的姓名登记制度

根据民法典关于夫妻共同财产的相关规定，夫妻双方在结婚过程中取得的所有财产，均应归为夫妻共有。在司法实践中，如何给只登记在一方名下的财产定性，是离婚纠纷中争议的关键，也是法院对其认定时的困难之处。妇女权益保障法第六十六条第二款规定：“对夫妻共同所有的不动产以及可以联名登记的动产，女方有权要求在权属证书上记载其姓名；认为记载的权利人、标的物、权利比例等事项有错误的，有权依法申请更正登记或者异议登记，有关机构应当按照其申请依法办理相应登记手续。”该法条为女方保护自己的不动产和可联名登记的动产提供了明确的法律根据，也极大降低了法院认定夫妻共同财产的难度，为离婚纠纷中共同财产确定范围打下了基础。

农村离婚妇女是离婚妇女中的特殊群体，因其在财产权益方面包括在农村集体经济中的财产权益。在现实生活中，农村离婚妇女的土地财产权益经

常受到侵害，会出现外嫁女离异时，在婆家、娘家两头都无地的现象，出现村规民约违反法律原则、离婚妇女丧失征地补偿费的分配权等各种现象，具有复杂和多样的特征。在宅基地使用权方面，有的村规民约会规定离婚妇女不能单独立户分配宅基地，严重违反了男女平等的分配原则，侵害了农村离婚妇女的合法权益。

妇女权益保障法第五十五条规定："妇女在农村集体经济组织成员身份确认、土地承包经营、集体经济组织收益分配、土地征收补偿安置或者征用补偿以及宅基地使用等方面，享有与男子平等的权利。申请农村土地承包经营权、宅基地使用权等不动产登记，应当在不动产登记簿和权属证书上将享有权利的妇女等家庭成员全部列明。征收补偿安置或者征用补偿协议应当将享有相关权益的妇女列入，并记载权益内容。"第五十六条第一款规定："村民自治章程、村规民约，村民会议、村民代表会议的决定以及其他涉及村民利益事项的决定，不得以妇女未婚、结婚、离婚、丧偶、户无男性等为由，侵害妇女在农村集体经济组织中的各项权益。"该条款规定了农村妇女在土地承包经营权等方面享有与男子平等的权利，并且在相关证书和协议中有被登载的权利。明确规定村规民约、村民会议等不能以离婚为理由，侵害妇女在农村集体经济中的财产权益，切实保障妇女离婚后的正常生活。

（二）离婚妇女家务劳动补偿制度

随着社会观念的转变以及经济社会的发展，更多的男性开始承担家务，实现自己的父职，"男主外，女主内"的传统思想禁锢松动，但总体上还是女性更多地承担着照顾老人、子女和家务劳动的重任。家务劳动虽然不能直接创造经济价值，但可以节约家庭的支出成本，间接地为家庭作出贡献。而为了承担起这个责任，女性放弃了能够更好地获取经济来源的机会和渠道，因此在离婚时对承担家务、育儿、赡养重任的妇女给予补偿是合情合理的，这是对在家庭中进行家务、育儿、照顾老人等作出贡献一方的价值肯定，让在婚姻中付出更多来维持家庭关系的一方，在离婚时能够得到相应的经济救济和精神宽慰。

妇女权益保障法第六十八条第二款明确规定："女方因抚育子女、照料老人、协助男方工作等负担较多义务的，有权在离婚时要求男方予以补偿。补偿办法由双方协议确定；协议不成的，可以向人民法院提起诉讼。"家务劳动补偿制度其实是在2001年修订后的婚姻法中增设的①，虽然过去二十余年，但仍可在现行法律中看到其身影，体现了法律的公正原则和保护的功能，也体现出民法典中"按照照顾子女、女方"的判决原则。

妇女权益保障法第六十八条第二款的规定是对民法典第一千零八十八条的具体情况化，清晰地说明女方可以要求给予补偿，是在男女平等原则的基础上对女性的特殊保护，并且沿用民法典的思路，取消了分别财产制的限制，扩宽了该制度的适用范围，这样明确的规定有利于妇女在婚姻关系解除后得到更多的经济保障，也是对其为家庭付出的认可和慰藉。

（三）离婚夫妻共同财产申报制度

实际生活中，虽然女性在职场中的薪酬逐步提高，但男性平均薪酬仍然高于女性。2020年，城镇就业女性的均薪为6847元，而2020年城镇就业男性均薪为9024元，男性薪酬优势为31.8%。[8]受传统习俗影响，大多数家庭的财产权利仍然掌握在男方手中，女方实际可控制的财产很少。单从房产方面来说，国家统计局与全国妇联联合进行的第四期中国妇女社会地位调查数据显示，2020年已婚女性自己名下有房产的占18.8%，与配偶联名拥有房产的占39.9%。[9]女性手中拥有的家庭财产比男性要少。一些离婚案件表明，在离婚时受到夫妻共同财产制的影响，部分男性就会想尽一切办法隐藏或者转移共同财产，为分割更多的财产，严重损害女方的财产权益。一部分隐瞒

---

① 《中华人民共和国婚姻法》（2001年修正）第四十条规定："夫妻书面约定婚姻关系存续期间所得的财产归各自所有，一方因抚育子女、照料老人、协助另一方工作等付出较多义务的，离婚时有权向另一方请求补偿，另一方应当予以补偿。"

和隐藏行为就是，一方在取得财产时恶意地进行隐瞒，并在离婚协议中不写清双方的存款数额或者具体财产情况。一部分转移行为就是，转移房产和股权给第三人，在离婚后再由第三人进行返还。并且还存在伪造夫妻共同债务试图吞并夫妻共同财产的情况。

妇女权益保障法第六十七条第二款规定："离婚诉讼期间，夫妻双方均有向人民法院申报全部夫妻共同财产的义务。一方隐藏、转移、变卖、损毁、挥霍夫妻共同财产，或者伪造夫妻共同债务企图侵占另一方财产的，在离婚分割夫妻共同财产时，对该方可以少分或者不分财产。"该法条要求夫妻必须向法院如实申报其全部的夫妻共同财产，并且明确对恶意企图减少夫妻共同财产行为进行惩罚的决心，处罚那些严重侵犯离婚妇女财产权益的行为，保障妇女的合法权益。

（四）公权力介入调查取证制度

通过上文的描述和分析，在生活中，女方控制家庭财产的家庭很少，女方对于男方名下但实际为夫妻共同的财产不知情的现象很严重。在婚姻破碎时，女方很难掌握、了解个人和夫妻共同的真实财产状况，并且由于自身资源有限等原因，依靠她们自己的能力很难去自行查明。在过去很长一段时间，离婚妇女的这个问题很难解决，妇女的财产权益受损，使本就处于弱势地位的妇女财产权益陷入更大危机。因此，如何帮助妇女对共同财产进行调查就成为保障其财产权益的重点。本次修订的妇女权益保障法第六十七条第一款规定："离婚诉讼期间，夫妻一方申请查询登记在对方名下财产状况且确因客观原因不能自行收集的，人民法院应当进行调查取证，有关部门和单位应当予以协助。"该条款是本次修订的亮点之一，对维护和保障离婚妇女的财产权益具有重要的价值意义。该条款的制定，让公权力进入到案件的调查中，运用国家机关的力量帮助女方达到对彼此所掌握的财产情况都知情的目的，完善了离婚财产的查询制度，为后续妥当地分割财产打下了坚实的基础。公权力的介入调查显示了国家对于保障妇女财产权益的重视，增强了离婚妇女维护自身权益的信心和决心。并且由于公权力的介入，男方会害怕造成不利于自己的情况和后果，其威慑力能够让掌握更多财产的男方履行主动报告的义务，女方的婚姻财产权益更可能得到保障。

2023 年 1 月 1 日，湖南省衡阳市人民法院发布了《离婚案件当事人夫妻共同财产申报令》，这是该新条款正式实施之后的首份《夫妻共同财产申报令》，是该制度顺利落地的良好开局，督促人民法院能依法公正处理夫妻共同财产分割问题。

五、离婚妇女财产权益保障存在的问题

虽然我国已经对妇女权益保障法等相关法律进行了多次修订和完善，但在保障离婚妇女财产权益方面仍然存在漏洞和不足之处。

（一）公权力介入调查取证范围有限

上文提到公权力介入共同财产的认定是本次修订的亮点，但是此新条款也并非完美。首先，对该条款进行解读时，会发现申请查询登记的财产只能是在对方名下，因此可以理解为申请公权力介入查询时，只能够申请查询“登记在对方名下”的财产，按照这个思路，如果男方将财产转移到第三人名下时，就不符合本条款规定的情况，法院调查不到转移至第三人名下的财产，因此在现实中可能会出现漏洞。对于男方掌握着财政大权的家庭，男方可能运用这种手段逃脱法院对共同财产的追查，其性质甚至比不依法报告自己财产的行为更加恶劣。

其次，没有解决自行取证的相关问题。在我国“谁主张谁举证”的诉讼制度下，要求主张权利的一方提供初步的财产线索，负举证责任，法院才可以批准。但在有些家庭中，由于女方不了解男方真实的财产状况，男方在故意隐瞒的情况下，女方更难掌握财产线索，因此在进行离婚诉讼时，请求法院发布《夫妻共同财产申报令》去调查男方名下的财产是保障自身财产权益的良好方法，越来越多的人会希望法院进行取证调查。但由于法院审判业务

的繁重，势必不可能去接受所有的财产查询申请，虽然法院的调查取证会更具威慑力，但如果不作出相应的回应或者女方自行取证成为难题，那么其实际效果就会大打折扣，也会让公众对法院、法律失去信心。

（二）家务劳动补偿请求权的时效期限短

虽然对妇女家务劳动进行肯定并且有补偿机制，但是妇女权益保障法和民法典所规定的补偿请求权的期限仅限于“离婚时”，在离婚之前和离婚之后无权提出，这对家庭照料、家务劳动者行使权利设置了严苛的条件限制。因此在婚姻存续期间可能会产生两种情况：一是夫妻双方都会对家务劳动置之不顾、不管不问；二是一方在家庭中劳动、育儿、赡养老人，另一方则利用这个时间去提升自己，获得学历和职称等。后者离婚后也不能提出补偿请求的话，也属对请求人未保护到位。现实生活中，相当一部分妇女由于法律意识不足、文化水平不高等因素，可能并不知道这些方面的规定，也可能因为其他客观原因未能在离婚时及时提出。这对请求补偿的一方非常不利。因此有必要延长请求补偿的时间，将其控制在一定的范围内，可以使请求一方在离婚之后的一段时间也能够提出，维护他们的权益。

（三）夫妻共同财产中人力资本价值被忽略

我国对于夫妻共同财产的界定采用列举和概括的方式，虽不断完善，但仍难免存在缺陷，尤其是缺乏对人力资本的认定。人力资本指工作机会、劳动技能等能够带来经济收益的能力，是无形财产。[10]

在这个无形资产，尤其是人力资本日益重要的社会，在离婚财产分割中忽略以人力资本为核心的无形资产，显然不符合社会发展的现实情况。男方在婚后，可以继续进行学习以提高学历，可以全身心投入工作，获得大量的工作经验，提高工作能力，从而使自己的人力资本大幅度提高，获得更好的能力、学位、职称、薪资等；而女方在此期间，由于将大量时间投入照顾子女和老人、进行家务劳动等家庭事务，牺牲了自己提升人力资本的机会。在这种情况下，当婚姻关系破裂时，女方为另一方提高人力资本而做的牺牲，并没有获得相应的补偿。人力资本作为无形财产，并不是现实的“物品”，但确实对持有人将来的收入和生活有影响。因此，否认在婚姻存续期间取得的人力资本等无形资产作为夫妻共同财产，实际就变相否定一方对另一方、家人和家庭的无私奉献。如果不将人力资本等无形资产放进可分割财产的范围，离婚就变成了对离婚妇女的人力资本投入的否定和剥削，那必然是对离婚妇女的不公平对待。

六、完善离婚妇女财产权益保护的建议

（一）扩大公权力介入调查取证范围

首先，应该将隐藏、转移、变卖等其他恶意行为也纳入申请调查取证的情况中，让这些恶意的、严重损害妇女财产权益的行为能够得到公权力的调查取证。如果男方不主动报告自己的财产和恶意转移的财产，一旦被法院调查发现，他们要承担相应的惩罚和后果。这样会减少男方冒风险转移藏匿财产现象，促使男方主动自觉地报告自己名下的财产，离婚妇女的财产权益就能更好地得到保障。其次，完善自行取证的流程制度，可建立先行试验区，吸收先行试验地区的经验，明确自行调查取证的条件，比如出具能证明身份和夫妻身份的证件等，相关机构单位也应该配合协助。最后，健全相关部门和单位配合查询的制度，继续细化其义务，按照妇女权益保障法第八十四条的规定，对未依法履行职责的相关主管人员进行相应的处罚，完善相关的处罚措施，能更加充分地发挥该法条的作用，实现保障离婚财产权益的目标。

（二）延长家务补偿请求时限

结合上文对于家务劳动补偿请求时效的讨论，笔者认为有必要适当放宽家务劳动补偿请求权的限制，不应继续采用“离婚时”这个非常“准确”的

时间点，让妇女能够在离婚之后继续维护自身合法权益。例如，有些妇女不知道离婚时可以提出家务劳动补偿请求，延长时限后，妇女在离婚后一段时间内可以再次起诉，要求男方给予家务劳动补偿。对于婚姻关系破裂的女性而言，由于心绪不宁或者法律知识不足等，她们提出家务补偿请求需要一定的时间，可能会忽略在离婚诉讼当时就提出家务补偿，但在离婚后一段时间内才会想起，并且更加理性地去主张该权利。因此于情于理，应该扩大家务补偿请求权的时间范围，给予更多补偿请求的时间。

（三）将人力资本纳入财产分割和补偿的范围

重视人力资本等无形财产，将其能够产生的预期利益纳入夫妻共同财产的范围，在离婚时进行分配，或者进入离婚补偿机制的讨论当中。但是由于其是一种期待性的利益，现实并不具备可分割条件，故笔者认为可将其看作离婚财产分割的参照要素之一。对因人力资本而产生的预期收益进行分配时，首先要充分评估一方的付出对另一方的预期收益的影响，并且在此基础上，在对一方因人力资本而产生的预期收益进行分割的同时，对另一方所减少的人力资本进行适当的补偿。

而对于人力资本的评估，要综合去考虑付出方的牺牲情况和另一方的收入情况。在一方因另一方的牺牲而获得的成就、地位以及职称、学历等已经开始转化为有形的物质财富，如在已经因一方的牺牲而获得文凭、职业技能等人力资本情况下，获得薪资和职位的提升，则可以用基于付出方的牺牲而使另一方增加的收入乘以一定的比例，来计算补偿数额。之所以乘以一定的比例，是因为另一方收入和职位的提升既有付出方多承担家务的原因，也有其自身努力和自身素质的因素。

如果一方因另一方的牺牲而获得的成就、地位以及职称、学历没有转化为有形的物质财富，可以允许在双方协商的基础上设立一个下限，即对没有转化为有形的物质财富的预期收益的估算和评估不得低于另一方作出的牺牲。比如因一方在家务劳动和照顾子女老人方面的付出使对方获得了硕士学位，而对方在该学历还没有真正转化成有形的物质财富时就提出离婚，则离婚时对该学历的预期收益的估算不能低于一方为其获得该学历而支付的学费、资料费等费用。

七、结束语

在现代社会，女性对社会的进步和人类文明的延续发挥着巨大的推动作用。尊重女性和维护女性的合法权益是一个社会文明的象征。财产是一个人社会生活的基础和底线，在自由结婚和自由离婚的当下，我们不仅要保证离婚自由，更要兼顾离婚时夫妻双方的利益保护，在坚持男女平等原则的同时，也要坚持对弱势群体的特殊保护，保障离婚妇女的合法财产权益不受侵犯，促进她的个人发展。妇女权益保障法已经在保护妇女财产权益方面取得了很大的立法进展，未来在家务劳动补偿、公权力介入调查取证和人力资本的认定方面还有继续完善的空间。随着妇女法治意识的不断提升，以及保障妇女权益的法律体系日臻完善，相信妇女在离婚后，也能在法律的保护下，维持自己及抚养子女的基本的生活品质，独立自主地继续个人的全面发展。

【参考文献】

[1] 张荣丽，刘永廷 . 家庭与法律 [M]. 武汉：武汉大学出版社，2021：39.

[2] 宋秀岩 . 新时期中国妇女社会地位调查研究：下卷 [M]. 北京：中国妇女出版社，2013：933.

[3] 梁慧星 . 民法总论 [M]. 北京：法律出版社，2001：56.

[4] 李明舜，林建军 . 妇女法学 [M]. 北京：法律出版社，2015：124.

[5] 魏振瀛 . 民法：第五版 [M]. 北京：北京大学出版社、高等教育出版社，2013：304.

[6] 魏振瀛 . 民法：第六版 [M]. 北京：北京大学出版社、高等教育出版社，2016：281.

[7] 夫妻分居签订财产协议　对第三人无效仍需共同还债 [EB/OL].（2013-01-28）[2023-04-15].https：//www.pkulaw.com/pal/a3ecfd5d734f711d8b9dfe4ad9c4c9d93749687776884161bdfb.html?way=listView.

[8] BOSS直聘. 2021中国职场性别薪酬差异报告[EB/OL].（2021-03-08）[2023-04-15]. https：//mp.weixin.qq.com/s/uZey7W3q18edZLOQ8vhXnQ.

[9] 第四期中国妇女社会地位调查主要数据[N/OL]. 中国妇女报，（2021-12-27）[2023-04-15]. http://paper.cnwomen.com.cn/html/2021-12/27/nw.D110000zgfnb_20211227_1-4.htm.

[10] 夏吟兰. 在国际人权框架下审视中国离婚财产分割方法[J]. 环球法律评论，2005（1）：45-49.

受虐妇女杀夫案件诉讼程序若干问题与对策研究

张荣丽①

摘　要：受虐妇女杀夫案件是家庭暴力的产物，也是故意杀人案件中非常特殊的一类。以往的研究多集中在这类案件涉及的实体法问题，较少涉及案件诉讼程序中的问题。本文对受虐妇女杀夫案件诉讼中暴露出的程序问题展开研究，梳理归纳出侦查阶段取证不全面、不充分，审查起诉阶段对案件事实的审查欠深入，审判阶段审理程序不一、辩护有效性不高以及司法人员普遍缺乏反家庭暴力培训等问题，提出检察机关提前介入侦查、指导取证、开展审前社会调查、提升指控犯罪的准确性、申请有专门知识的人出庭、开展培训等对策建议，期望相关建议能促进受虐妇女杀夫案件诉讼程序的完善，使得受虐妇女杀夫案件的审理结果实现政治效果、社会效果、法律效果相统一。

关键词：家庭暴力；受虐妇女杀夫案件；情势危急；特别规定

作为家庭暴力案件中特殊的一类，受虐妇女杀夫（或者男友、前夫）案件数量淹没在故意伤害和故意杀人犯罪数据中，每年实际发生的数字不得而知。据统计，在四川省成都女子监狱的女性故意杀人犯罪中，因遭受家庭暴力而杀害丈夫的占比约34%，超过三成[1]；在陕西省女子监狱，以暴制暴的女犯，甚至占该监狱全部因婚姻家庭矛盾引发暴力犯罪的女犯人数的

---

① 张荣丽，中华女子学院法学院副教授，硕士研究生导师。

95.32%[2]。数据说明，在一些地区，受虐妇女杀夫犯罪在妇女严重暴力犯罪中占比最高。学界对受虐妇女杀夫案件的关注和研究已有多年，一些著名刑法学专家也关注和研究这个议题，例如，屈学武研究员的《死罪、死刑与期待可能性——基于受虐女性杀人命案的法理分析》(2005 年)，赵秉志教授、原佳丽的《对女性“以暴制暴”行为的刑法学思考——基于家庭暴力视野下的思考》(2015 年)，张明楷教授的《受虐妇女反杀案的出罪事由》(2022 年)，陈兴良教授的《家庭暴力的正当防卫》(2022 年) 等。有些研究已经较为深入，例如邢红枚博士的专著《家庭暴力受虐妇女杀夫犯罪问题研究》等。总的来看，目前的研究成果多集中在实体法领域，程序法领域的研究以证据为主，其他问题涉及不多。尽管最高人民法院、最高人民检察院、公安部、司法部于 2015 年 3 月印发了《关于依法办理家庭暴力犯罪案件的意见》，从实体法及程序法角度规范家庭暴力案件的办理，但从笔者长期关注和研究家庭暴力问题来看，收集到的案例及参与专家研讨的案例表明受虐妇女杀夫案件的处置程序仍存在需要解决的深层次问题。本文是对受虐妇女杀夫案件诉讼程序问题的一个初步探讨，期望更多专家学者对受虐妇女杀夫案件诉讼程序问题开展研究，促进这类案件诉讼程序上的完善，使得受虐妇女杀夫犯罪的追诉过程更加符合程序正义的要求。

一、受虐妇女杀夫案件概述

(一) 受虐妇女杀夫案件的含义及分类

本文的研究对象是受虐妇女杀夫案件。所谓受虐妇女杀夫案件，指已婚或者同居状态下的妇女不堪忍受丈夫（或者男友、前夫）暴力虐待，为保全自己或者子女、亲友的生命，以暴力方式致男方受伤或者死亡的案件。这类案件大致可以分为两类：一类是在暴力发生过程中，女方出于防卫目的反抗暴力，造成男方死伤结果，被司法机关认定行为构成犯罪依法予以追究的；第二类是在家庭暴力开始前或者结束后，女方出于恐惧暴力再次发生的心理，为彻底摆脱男方暴力侵害，剥夺男方生命或者损害其健康，被司法机关追究刑事责任的。受虐妇女杀夫被认定正当防卫的，不在讨论之列。

（二）受虐妇女杀夫案件的若干特征

1.犯罪起因于严重的家庭暴力

笔者收集到的数十个受虐妇女杀夫案例，女方几乎都有几年、十几年、几十年遭受男方家庭暴力[①]的背景。有的施暴人对暴力行为不加掩饰，但也有些人的暴力行为十分隐蔽，外人难以察觉。长期遭受男方的暴力虐待，妇女会形成恐惧、自卑、自闭、无助、绝望等特殊心理，同时也积累了“受暴经验”，她们对暴力的开始、发展和结局有一定的准确预判。妇女的杀夫行为与其长期受虐存在法律上的因果关系：长期受虐是前因，杀夫是不堪虐待、以暴制暴以求自保的结果。所以，受虐妇女杀夫案件中的女性具有加害人和受害人的双重身份：既是杀夫案中的加害人，也是家庭暴力的受害人。

2.案发前面临“情势危急”

所谓“情势危急”，指受虐妇女正在经历的家庭暴力，严重程度前所未有，男方的暴力行为直接威胁到女方本人或者其子女、亲友的生命安全，女方此时孤立无援。长期遭受暴力的经历使得女方坚信：如果不能立刻设法制止男方的暴力行为，须臾间自己或者子女、亲友将会付出生命代价。例如，一份判决书这样描述妇女面临的危急局面：“赵勇同李春霞吃晚饭时再次无故辱骂、殴打李春霞，并扬言今天要杀死李春霞且能让别人以为李春霞是跳楼自杀。当晚 21 时许，李春霞心生恐惧、生活无望，产生了先杀死赵勇的念头。”[②]

---

① 我国反家庭暴力法第二条将“家庭暴力”界定为：家庭成员之间以殴打、捆绑、残害、限制人身自由以及经常性谩骂、恐吓等方式实施的身体、精神等侵害行为。本文中的“家庭暴力”采取国际社会对其的定义，除身体暴力和精神暴力等侵害行为外，还包括性暴力和经济控制两种家庭暴力形式。

② 引自山东省济南市槐荫区人民法院刑事判决书，（2019）鲁 0104 刑初 72 号。

3.摆脱家庭暴力的各种努力均告失败

面对长期的家庭暴力，多数妇女尝试过一种或者多种方法摆脱暴力生活，例如，寻求妇联组织、村（区）民居委会和亲友调解，与男方分居、离家出走，提出离婚，报警、提起诉讼等。但是各种自力救济、社会救济、公力救济手段均告失败，男方暴力行为依旧周而复始，而挣扎努力无果的现实使得施暴人更加肆无忌惮，也促生了女方“永远无法摆脱他”的绝望情绪。

4.犯罪对象为特定人

受虐妇女杀夫犯罪只针对特定人，即长期对妇女实施家庭暴力的丈夫或者男友、前夫，且多数妇女杀夫是由于“情势危急”，行为带有强烈的自卫成分。她们犯罪后绝大多数人立即自首①，其中一些妇女对被害人还有施救行为，因此这类妇女基本没有社会危害性。

受虐妇女杀夫案件上述特征决定了这类案件是故意杀人犯罪中较为特殊的一类，适用普通刑事案件的诉讼程序难以查明犯罪事实和犯罪原因，例如，没有专门的社会调查，司法人员就很难了解家庭暴力的长期性、严重性以及妇女为摆脱暴力所做的种种努力。一些妇女杀夫手段残忍就被司法人员解读为社会危险性高，被适用逮捕等严厉的强制措施。所以，应当考虑在受虐妇女杀夫案件诉讼过程中增加一些特别规定，使得司法机关能够更好地履行各自职能，查明犯罪、指控犯罪、惩罚犯罪，保障无罪的人不受刑事追究。

二、受虐妇女杀夫案件诉讼程序中存在的问题

在笔者收集的数十个案例中，八成多妇女在杀夫后自首，外逃或者掩盖犯罪事实真相的案件很少。因此，受虐妇女杀夫案件一般不需要进行调查或者经过短暂调查即可由公安机关以涉嫌故意杀人罪或者故意伤害

---

① 笔者收集的数十个案例中，发生在21世纪初到2020年的案件共有26起，在这26起案件中，妇女作案后自首、坦白交代的有22起，占比为84%。

罪为由立案。受虐妇女杀夫案件程序问题主要集中在侦查、提起公诉和审判阶段。

（一）侦查阶段涉家庭暴力证据收集不全面、不充分

刑事诉讼法第一百一十五条规定："公安机关对已经立案的刑事案件，应当进行侦查，收集、调取犯罪嫌疑人有罪或者无罪、罪轻或者罪重的证据材料。"这里强调的是公安机关收集证据要全面，这样才能为检察机关和审判机关正确起诉、公正裁判打下了坚实的证据基础。但在有些受虐妇女杀夫案件中，公安机关仅关注案发现场与犯罪有关的证据，讯问犯罪嫌疑人也集中在案发当天的冲突起因和杀人的过程，对犯罪嫌疑人反映的涉家庭暴力证据收集不全面、不充分，导致有些能认定正当防卫、做无罪处理或者不起诉的案件，被定罪处罚；有些应认定为故意伤害的案件，被认定为故意杀人；有些可以轻刑、缓刑、缓期执行的案件，被判处了较重的刑罚。四川省资阳市女工李彦杀夫案就是一个典型。案发后，李彦提供了日记、报警记录、医院诊断证明、到妇联的投诉记录、相关证人、自己的供述等材料证明自己遭受丈夫谭某实施的严重家庭暴力。但这些涉家庭暴力证据的真实可靠性在侦查和起诉阶段没有核实清楚，导致李彦提供的上述材料没有发挥证明家庭暴力存在的作用。丈夫实施严重家庭暴力无法认定为犯罪诱因，一审法院判处李彦死刑立即执行，剥夺政治权利终身；李彦上诉后，二审法院维持原判。直到死刑复核阶段，该案被最高人民法院发回重审，后才被四川省高级人民法院依法改判。① 反思该案的一波三折，与对被告人，也就是家庭暴力受害人提供的涉家庭暴力证据重视不够有关。

---

① 李彦案件在死刑复核阶段，最高人民法院复核后以案件部分事实不清，证据尚不够确实、充分为由，发回四川省高级人民法院重审。四川省高级人民法院依法另行组成合议庭重审，于 2014 年 11 月 14 日公开审理了本案，最终确认本案系家庭纠纷引起，李彦的丈夫谭某对本案的引发存在一定过错，李彦归案后如实供述其犯罪事实，对李彦判处死刑，可不立即执行。原判认定事实和定罪正确，审判程序合法，但量刑不当，依法改判李彦死刑，缓期二年执行，剥夺政治权利终身。

（二）审查起诉阶段对案件的审查不够全面和深入

依照刑事诉讼法规定，检察机关在审查起诉阶段，必须查明犯罪事实、情节是否清楚，证据是否确实、充分，犯罪性质和罪名的认定是否正确。审查判断证据是诉讼过程中一项非常重要的活动，是证明案件事实的决定性步骤。犯罪嫌疑人的供述中提及的长期遭受被害人家庭暴力的线索，检察机关应作为审查起诉阶段审查的重点，应依法查明涉家庭暴力证据是否属实、施暴严重程度、案发时是否面临情势危急等，以判定妇女的杀夫行为属于正当防卫还是故意犯罪、是杀夫还是伤夫、被害人的家庭暴力行为是否为本案犯罪诱因等涉及定罪量刑的案件事实。然而，一些受虐妇女杀夫案件的判决书中显示，检察机关将家庭暴力称为“家庭纠纷”“家庭琐事”“日常琐事”，对公安机关移送案卷中记录的家庭暴力线索重视不够，既没有自行侦查，也没有退回公安机关补充侦查。检察机关对案件的审查缺乏全面和深入，其结果必然会影响检方起诉罪名和量刑建议的准确性。

（三）审判阶段存在的问题

1. 审理程序不一

第一，有专门知识的人出庭率不高。2012 年刑事诉讼法修正，增加了有专门知识的人出庭的规定。笔者收集的案例中，在 2012 年之后判决的有 15 个，判决书中明确提到有家庭暴力专门知识的人（家庭暴力问题专家）出庭的案件有 4 例[①]，占比只有 27%，不到三成。如果多数受虐妇女杀夫案

---

① 1. 姚某香杀夫案：参见浙江省温州市中级人民法院刑事判决书，（2015）浙温刑初字第 4 号。

2. 果某娟杀夫案：参见云南省楚雄彝族自治州中级人民法院刑事判决书，（2016）云 23 刑初 15 号。

3. 张某如杀夫案：参见云南省楚雄彝族自治州中级人民法院刑事附带民事判决书，（2015）楚中刑初字第 114 号。

4. 王某斌杀父案：参见云南省楚雄彝族自治州中级人民法院刑事判决书，（2016）云 23 刑初 82 号。

件的审理没有专家出庭，审判人员也没有经过反家庭暴力培训，难免导致一些杀夫案件的裁判结果偏离公正轨道，落入偏见窠臼。第二，有些涉及性暴力的案件仍旧公开审理。几乎所有家庭暴力受害妇女都遭受过施暴人的婚内强奸、性虐待，妇女杀夫原因中也多有不堪忍受性虐待的因素。涉及性暴力的案件属于隐私案件，依法应不公开审理，或者至少部分庭审程序是不公开的。但司法实践中只有少部分受虐妇女杀夫案件庭审中设计了不公开审理环节，绝大多数案件作为一般杀人案件公开审理的，性暴力这部分隐私内容要么不提，要么在庭审中一带而过。

2.二审程序的纠错功能未能有效发挥

我国刑事诉讼法规定的审级制度是两审终审制，因此二审程序是刑事案件的终审程序。二审程序的最重要功能是纠正一审法院的错误判决和裁定。然而，在笔者收集到的几十个案例中，只有极个别案件的判决通过二审程序得以纠正。以调研中采访的曾杏蓉案件为例，曾杏蓉腹部被丈夫拿刀捅了几刀，为保全性命，她也拿刀捅回去，两个人都被送医院抢救，最后曾杏蓉的丈夫没被抢救过来，她自己被抢救活了。案发前，曾杏蓉长期遭受家庭暴力，案发时处于“情势危急”状态，多年的“受暴经验”让她判定：如果不立即反抗，自己或子女的生命将无法保全。因此，其反抗行为符合正当防卫规定。但是，曾杏蓉被一审法院判处无期徒刑。她提出上诉后，二审法院维持原判。收集到的案例情况表明，二审程序的纠错功能在一些受虐妇女杀夫案件中没有充分发挥出来。

3.辩护的有效性不高

在受虐妇女杀夫案件中，被告人遭受被害人的家庭暴力是辩护人重要的抗辩理由，再结合这类案件中常见的被告人自首、施救等情节，一起构成受虐妇女杀夫的核心辩护理由。但是，在司法实践中辩护意见较少被法院采纳，辩护有效性不高。辩护有效性不高的原因主要有三点。一是辩护人对辩护理由缺乏专业的解析。例如，暴力循环理论和后天无助感、行为人面临“情势危急”状况等，辩护意见整体上因专业性不足而流于泛泛，难以引起法庭的重视。二是辩护人申请有专门知识的人出庭不多。如果法庭无法从专业角度理解家庭暴力发生、发展的规律，就难以认可辩护人提出的“家暴诱因论”“特殊心理论”，增加了法庭采纳辩护意见的难度。三是类案提交不足。此前多数辩护人律师仍旧把受虐妇女杀夫案件视为一般的故意杀人或者故意伤害案件，提交类案意识不强，这就使得要求无罪、轻罪判决的辩护观点缺乏必要的前例佐证。

（四）其他共性问题

其一，涉家庭暴力案件目前缺乏专门的诉讼程序规范。受虐妇女杀夫案件不仅在审判过程中存在程序不一的情况，其他诉讼阶段也存在。例如，办案人员是否需要有专门的资质（是否接受过反家庭暴力培训）、杀夫案件是否必须引入有专业知识的人出庭、办案人员的性别组成、是否应设置分段庭审（不公开审理性暴力和公开审理案件其他部分）、杀夫妇女是否必须在诉讼中及服刑（缓刑）期间接受心理辅导等，这些目前均无明确具体规定。

其二，司法人员对家庭暴力的认识不一致。例如，有的将家庭暴力视为家庭纠纷、家庭矛盾，弱化了家庭暴力的危险程度；有的认为家庭暴力是普通问题，没有意识到这一问题的专业性。认识不一，就会产生同案不同判，审前强制措施和判决刑罚都偏重等问题。因此，受虐妇女杀夫案件公正处理的重要前提是控、辩、裁三方对家庭暴力有共同的认识。由于辩方常以家庭暴力作为抗辩理由，他们为履行好辩护责任，在开庭前会向专家请教或者召开专门的案情研讨会，还可以申请有专门知识的人出庭辅助。相比之下，公检法机关办案人员对涉家庭暴力专业知识有培训的普遍需求。

三、完善受虐妇女杀夫案件诉讼程序的建议

西新英格兰大学刑事司法与社会学系名誉教授丹尼丝·欣德斯基·戈塞林认为，家庭关系给人类造成的苦难比历史上所有战争所造成的苦难加起来还要多。看不到尽头的苦难迫使一些妇女采用以暴制暴的方式结束苦难，这

苦难应当被看见。从一些受虐妇女杀夫案件发生后，群众自发为妇女求情，呼吁法院轻判能看出，受虐妇女杀夫案件确实是故意杀人案件中特殊的一类，应审慎对待。上述程序问题的存在，提醒我们要以不同于一般杀人案件的视角看待受虐妇女杀夫案件，同时应考虑在这类案件的诉讼中适当增加一些特别规定，以保证受虐妇女杀夫案件能够通过正义的程序获得正义的结果。

（一）以“加害人—受害人”双重视角构建杀夫案件证据体系

犯罪嫌疑人、被告人的供述辩解是一种常见证据，“基于趋利避害的普遍心理，真正的犯罪人在诉讼过程中往往设法掩盖事实真相，或者编造谎言，企图蒙混过关”。因此，犯罪嫌疑人、被告人供述辩解“虚假的可能性较大”[3]，这是司法界的共识。受虐妇女杀夫案件的特殊性在于杀夫妇女具备“加害人—受害人”的双重特质，因此，看待杀夫妇女的供述辩解，应该加入受害人的视角。2008 年，最高人民法院应用法学研究所编写的《涉及家庭暴力婚姻案件审理指南》第四十一条指出：一般情况下，受害人①陈述的可信度高于加害人。笔者认为，如果没有特别有力的证据证明杀夫妇女做虚假交代，那些男方公开施暴，邻里皆知，妇女在案发前反复报警或者向社区、亲友求助，杀夫后投案自首的案件，侦查机关可以在侦查阶段审查犯罪嫌疑人、被告人品质及一贯表现，如果其一贯表现良好，则应在倾向于作为家庭暴力受害人的杀夫妇女供述辩解为真的基础上构建杀夫案件的证据体系。这样一个证据体系可以帮助公安机关查明犯罪起因，厘清杀夫行为是正当防卫、故意伤害还是故意杀人，被害人是否应承担部分法律责任，进而在给检察机关的起诉意见书中提出合理的建议。

（二）检察院提前介入指导侦查机关取证

根据刑事诉讼法第八十七条的规定：必要的时候，人民检察院可以派人参加公安机关对于重大案件的讨论。故意杀人犯罪属于严重的刑事犯

---

① 这里指家庭暴力受害人。

罪，妇女杀人到底什么原因导致、行为是否构成正当防卫、对妇女的家庭暴力是否存在、家庭暴力是否为杀人犯罪诱因，这些对定罪量刑都有决定性意义。因此，受虐妇女杀夫案件应当作为重大案件对待，检察机关可以提前介入侦查，指导公安机关的取证工作。例如，指导侦查机关查询犯罪嫌疑人有无报警记录、诊疗记录、伤害结果鉴定、家庭暴力公安告诫书、家庭暴力受害人申请的人身安全保护令、证人证言、施暴人不再施暴的保证书、手机微信或者电话语音等证明家庭暴力的证据，有无报警电话、呼救、子女及现场人员的证言、与被害人搏斗中的受伤痕迹等证明其实施正当防卫的证据等。检察机关指导侦查机关收集这些证据，为查明犯罪事实，搞清犯罪原因、厘清被告人与被害人各自应承担的法律责任打下了坚实的证据基础。

（三）以审前社会调查提升检方指控犯罪的准确性

在诉讼中引入调查制度是我国司法改革的一个亮点，2012 年修订后的刑事诉讼法在“未成年人刑事案件诉讼程序”中规定了审前社会调查制度。2016 年，最高人民法院下发《最高人民法院关于开展家事审判方式和工作机制改革试点工作的意见》，要求探索引入家事调查员制度。受虐妇女杀夫案件与未成年人犯罪案件、家事案件一样，案发都与复杂的家庭生活有关，因此，社会调查制度也同样适用于受虐妇女杀夫案件。建议将适用于未成年人犯罪案件的审前社会调查制度扩大至家庭暴力、虐待、遗弃等与婚姻家庭密切相关的刑事案件，由检察机关委托独立第三方（如司法社工、家事调查员）开展社会调查，通过调查，就家庭暴力是否存在、程度如何，婚姻家庭关系，犯罪嫌疑人和被害人的社会评价，犯罪原因、犯罪前后的表现等形成文字报告。检察机关依据社会调查结果，再结合侦查机关查明的案件事实，在全面了解案件全貌的前提下，准确确定起诉罪名并提出合理的量刑建议。

（四）以制度建设、人员培训提升裁判的统一和公正

审理程序不一、二审缺乏纠错能力、同案不同判等问题，从根本上说，是制度建设滞后、办案人员对家庭暴力缺乏共识造成的。这些问题要通过加强制度建设、对办案人员进行专门培训加以解决。

1.制定涉家庭暴力案件的诉讼程序规范

在我国台湾地区的家庭暴力防治法出台后，台湾警政和司法部门相继制定《法院办理家庭暴力案件应行注意事项》《检察机关办理家庭暴力案件注意事项》《行政机关执行保护令及处理家庭暴力案件办法》，还有规范公检法机关保护令申请审批工作的《紧急保护令声请及联系作业程序》等家庭暴力案件处置规范，内容详尽、要求明确、专人专办、程序清晰。建议在汲取其他地区、国家家庭暴力案件处置程序制度建设经验基础上，根据刑法、刑事诉讼法、妇女权益保障法、反家庭暴力法等法律的规定，结合我国反家庭暴力的实践探索成果，由公检法司等机关联合制定规范性法律文件，明确涉家庭暴力案件处置原则，突出具有中国特色的人民陪审制，增加特别规定。例如，对严重家庭暴力案件要求必须有审前社会调查，有了解家庭暴力知识的专家出庭；对办案人员要有接受过专门培训的资质要求；固定办案人员，实现专人专办；办案组织中要求至少有一名女性；等等。通过制度建设，保证司法机关在受理家庭暴力案件时能准确适用实体法和程序法，解决存在于诉讼程序中的一些共性问题，提升涉家庭暴力案件处置的规范性，较好地在情理和法理之间把握平衡，以程序正义促结果公正。

2.在公检法内部开展涉家庭案件实务培训

美国在1994年制定了《反对针对妇女的暴力法案》（*The Violence Against Women Act*，VAWA），这是美国联邦政府最重要的反对针对妇女家庭暴力的法律。法案实施一年后的1995年，美国成立了反对针对妇女暴力办公室，负责法案的执行和联邦拨付反家庭暴力资金的分配以及反家庭暴力政策研究。反对针对妇女暴力办公室管理着四个主要的基金项目，其中的第一

个基金就是“警官和检察官服务培训基金”[4]，有专项经费保障，可以确保各州的警察和检察人员得到专业的反家庭暴力培训，确保司法人员处置涉家庭暴力案件时保持一致的理念。同样，我国反家庭暴力试点地区的探索经验也表明，由接受过反家庭暴力培训的司法人员办理涉家庭暴力案件，无论是家庭暴力案件的处置理念还是处置结果，都明显好于那些未经培训的人员。澄清对于家庭暴力认识上的误区、纠正观念的谬误，培训是重要甚至是唯一的途径。

（五）以申请专家出庭、提交类案等方式提升辩护有效性

1.申请有反家庭暴力专门知识的专家出庭

刑事诉讼法在2012年修改时增加了有专门知识的人（专家）出庭的规定，专家就案件的专门性问题出具的报告，法庭可以作为证据使用①。2016年3月18日，云南省楚雄彝族自治州中级人民法院开庭审理了一起受虐妇女杀夫案件，被告人张某长期遭受丈夫家庭暴力，将其杀死。这是反家庭暴力法施行以来，该法院审理的首例涉家庭暴力刑事案件，也是云南省首例在庭审中引入“有专门知识的人”出庭的案件[5]，笔者旁听了该案的庭审。专家出庭后，详细地向合议庭及公诉人、辩护人解释了受虐妇女的特殊心理及家庭暴力案件的发生发展特点，帮助法庭全面了解案件，公正裁判。笔者了解的几起有专门知识的人出庭的受虐妇女杀夫案件，审判结果确实体现出政治效果、社会效果和法律效果的有机统一。因此，凡受虐妇女杀夫案件，辩护人应当申请由有反家庭暴力专门知识的人出庭，把与家庭暴力有关的专业问题向法庭解释清楚。借助专家力量，提升辩护有效性。

2.向法庭提交受虐妇女杀夫案件类案

在受虐妇女杀夫案件审理过程中，向法庭提交类案是辩方维护被告人合

---

① 2021年，最高人民法院公布的《最高人民法院关于适用〈中华人民共和国刑事诉讼法〉的解释》中规定：“因无鉴定机构，或者根据法律、司法解释的规定，指派、聘请有专门知识的人就案件的专门性问题出具的报告，可以作为证据使用。”

法权益、支持自己辩护主张的重要方式。[①] 由于在辩护人提交类案后，承办法官要在审理报告中对类案检索情况予以说明，或者制作专门的类案检索报告，且类案检索报告随案归入副卷。因此，辩护人提交类案时要说明案件重要信息，包括判决书发文法院、文书号、指导性案例的编号、发布时间，待决案件在基本案情和法律适用方面与检索到的指导性案例有哪些相似之处等。辩方提供类案可以到中国裁判文书网或者在最高法最高检发布的指导性案例、典型案例中查询。目前，辩方提交轻刑的类案较为充分，困难是做无罪辩护时，难以查找和提供公安机关撤销案件的决定、检察机关不起诉的决定、法院的无罪判决。因此，建议公检法三机关建立撤销案件、不起诉及无罪判决案件数据库，便于有需要者查询。

3.向法院提供“群众签名材料”

笔者收集的受虐妇女杀夫案例中，很多妇女在杀夫前都经历了长期的“酷刑”般的暴力虐待和折磨，有些施暴人酗酒、吸毒、赌博、横行乡里，是当地出名的“恶霸”。虽然中国人传统上不愿意介入他人家务事，但是受虐妇女杀夫案件发生后，却常有民众出于对家庭暴力受害人的巨大同情而自愿集体签署“证明材料”或者“请愿书”，希望法庭判决杀夫的妇女无罪或者从轻发落。“一般民众基于朴素的法感情，都希望不要追究其刑事责任。……因为受虐妇女在杀害施虐者前，几乎处于完全没有自由与安全的状态。”[6] 建议辩护人在侦查终结前、审查起诉阶段、庭前会议中，可将群众对杀夫妇女个人品行、对杀夫行为的评价形成书面意见，连同群众签名材料一起提交司法机关。虽然这些材料并不符合法定的证据表现形式，但有助于司法机关全面考察杀夫个案的案发背景、犯罪原因、社会危害性等。在中国现实的法

① 2021年，最高人民法院印发的《最高人民法院统一法律适用工作实施办法》中提出，重大、疑难、复杂、敏感的案件；涉及群体性纠纷或者引发社会广泛关注，可能影响社会稳定的案件；或者审理过程中公诉机关、当事人及其辩护人、诉讼代理人提交指导性案例或者最高人民法院生效类案裁判支持其主张的案件，承办法官应当进行类案检索。

治环境中，辩护人提交这类材料对提升辩护的有效性仍具有一定价值。

四、结束语

受虐妇女杀夫案件诉讼程序若干问题的存在，既影响实体法的实施，使得一些符合正当防卫规定，可以出罪的案件被纳入刑事诉讼；不理会家庭暴力的前因，一味重判杀夫妇女这类严重家庭暴力的受害人，也影响程序法独立价值的实现，受虐妇女犯罪被判重罪、死罪，有悖公众对法律寄予的保护妇孺、惩恶扬善、善恶有报的期待，从综合和长远角度看，不利于社会稳定。因此，需要在诉讼程序中增加一些发现案件事实真相及适应受虐妇女杀夫案件特点的特别规定，例如审前社会调查、专人专办、办案人员具备资质、规定办案组织性别构成等，借助这些特别规定，揭示掩藏在杀夫犯罪表象后面的妇女遭受的长期严重家庭暴力，在查明案件事实、还原案发当时情形、厘清是非、分清责任的前提下公正裁判。执法过程贴近社会，更有温度，才能让人民群众在每一个司法案件中感受到公平正义。

【参考文献】

[1] 邢红枚 . 家庭暴力受虐妇女杀夫犯罪问题研究 [M]. 北京：法律出版社，2011：104.

[2] 陈敏 . 涉家庭暴力案件审理技能 [M]. 北京：人民法院出版社，2013：54.

[3] 陈光中 . 刑事诉讼法：第七版 [M]. 北京：北京大学出版社、高等教育出版社，2019：224.

[4] 郭瑞香 . 美国《针对妇女暴力法案》专门机构和专项基金 [J]. 妇女研究论丛，2014（5）60-62.

[5] 杨之辉 . 女子遭受家暴杀夫获刑 8 年　律师呼吁关注受虐妇女 [EB/OL].（2016-05-13）[2023-04-15].https：//www.chinanews.com/sh/2016/05-13/7869507.shtml.

[6] 张明楷 . 受虐妇女反杀案的出罪事由 [J]. 法学评论，2022，40（2）：13-27.

农村集体经济组织成员权研究

邢国威[①]

摘　要：深入挖掘“增人不增地”的效率与公平内涵，其内在的原理是通过明晰产权，促进产权机制在农村发展中发挥作用，其并非没有兼顾公平。以家庭既得的土地承包经营权为基础，作为集体经济组织管理财产的投票权和利益分配比例。在不涉及稀释原有成员在集体经济组织内的财产利益的情况下，集体经济组织成员时间标准、户籍标准、义务标准和程序标准将不存在争议的基础，争议自然得以解决。成员权具体包括身份权、表决权、知情权、建议权、监督权、救济权，集体成员身份不需要集体表决，解决了成员权不明的问题。

关键词：成员权；“增人不增地”；产权明晰；投票权和利益分配比例

一、引言

（一）问题

农村集体经济组织成员权又称集体成员权。我国民法典第二百六十一

① 邢国威，中华女子学院讲师，法学博士，主要研究方向为经济法、妇女权益保障。

条[①]间接承认了集体经济组织成员权，但该条对成员权的规定并不明确，尤其第三项在实践中争议较大。一些地方立法效力层次较低，不仅立法质量低，比如没有区分集体经济组织与村，而且合法性存疑。农村集体经济组织成员权问题极大地影响了出嫁女在集体经济组织内的权利，近些年发生的出嫁女起诉村民组织的相关纠纷近800起、判决驳回的近500起。这在一定程度上说明，集体经济组织成员权立法现状导致集体经济组织与成员间纠纷频发，村民与集体经济组织之间的纠纷难以通过司法途径进行救济，集体经济组织不能较好地组织集体经济发展。

（二）研究现状

为解决这一问题，相关学者做了不少的研究。就成员权这一基本概念而言，谢怀栻认为，成员权是成员对团体享有的各种权利的总体，不是个人法上的权利，而是团体法上的权利。[1] 梁慧星、张建等认为，成员间不必须具有亲属关系，因此成员权虽具有身份属性，但不属于人身权。成员个人不可以通过向集体请求给付实现权利。可见，成员权是一种不同于人身权和财产权的独立的民事权利[2-3]，这一观点已成通说。从我国民法典第二百七十一条[②]业主共同管理权利的规定和公司法第四条[③]及其他大量的股东权利的规

---

① 民法典第二百六十一条规定："农民集体所有的不动产和动产，属于本集体成员集体所有。

"下列事项应当依照法定程序经本集体成员决定：

"(一) 土地承包方案以及将土地发包给本集体以外的组织或者个人承包；

"(二) 个别土地承包经营权人之间承包地的调整；

"(三) 土地补偿费等费用的使用、分配办法；

"(四) 集体出资的企业的所有权变动等事项；

"(五) 法律规定的其他事项。"

② 民法典第二百七十一条规定："业主对建筑物内的住宅、经营性用房等专有部分享有所有权，对专有部分以外的共有部分享有共有和共同管理的权利。"

③ 公司法第四条第二款规定："公司股东对公司依法享有资产收益、参与重大决策和选择管理者等权利。"

定中可以看出，虽然立法上并没有直接采用成员权这一特定概念，但也不是新内容。只是对于不同组织的成员权具体包括哪些权利，并不是一致的。因此，对于集体经济组织的成员权内容应进一步研究。对集体经济组织成员权研究最初以“分配”为前提展开，土地承包经营权分配以完善农村妇女土地权益保障机制为核心，通过消除土地承包经营权配置当中的男女不平等，强化权益保障机制，来补足妇女的土地权益缺失。[4-8] 这个方向上的研究，最终将矛头对准了土地承包关系长期稳定的“增人不增地”政策。[9-13] 有学者就认为，“增人不增地”的政策目标突破了无地农民的心理容忍底线，是对农村土地承包的集体经济组织成员权的一种悖逆，架空了村集体作为土地所有权主体享有的对土地平均占有进行适当调剂的权力。[14]

另一个矛盾焦点集中在分配已经收到的土地补偿费问题引发的集体经济组织成员权资格问题上。《最高人民法院关于审理涉及农村土地承包纠纷案件适用法律问题的解释》第二十四条规定：“农村集体经济组织或者村民委员会、村民小组，可以依照法律规定的民主议定程序，决定在本集体经济组织内部分配已经收到的土地补偿费。征地补偿安置方案确定时已经具有本集体经济组织成员资格的人，请求支付相应份额的，应予支持。但已报全国人大常委会、国务院备案的地方性法规、自治条例和单行条例、地方政府规章对土地补偿费在农村集体经济组织内部的分配办法另有规定的除外。”集体经济组织成员权资格作为争议焦点，主要形成了时间标准、户籍标准、义务标准和程序标准[15]，但是争议的核心仍然在于认定为集体经济组织成员会稀释其他成员的利益。随着通过股份合作制改造农村集体土地经营组织模式越来越普遍，集体经济组织成员是否可以随时重新分配股份份额[16] 又逐渐成为新的争议焦点，矛盾点仍然在“分配”。通过股份合作制改造农村集体土地经营组织模式，在现有家庭承包的土地基础上认定集体经济组织成员及塑造集体经济组织成员投票权利反对重新按照成员人数投票。稀释既得利益阵营内部虽争议不小，但是共同的心声无非是弱化“增人不增地”带来的公平感缺失。维护既得利益阵营显然难以达成理论上的完满和正当性的自足，但似乎大势所趋。笔者认为，仍需要深入挖掘“增人不增地”的效率与公平内涵以统领以上全部问题，作为解决问题的路径。

二、效率与公平的考量

随着农村社会保障体系的不断完善，承包地的保障功能逐步减弱，就应突出体现其财产性，尤其在生产资料的配置上应当重点采用市场化的方式。从1984年开始至今，土地承包期限长期不变就成为党和政府在各种文件中追求和张扬的目标，土地承包经营责任制基于“长期稳定”①的政策，“增人不增地，减人不减地”②。农村土地承包法第十六条第二款规定“农户内家庭成员依法平等享有承包土地的各项权益”，使得农户内集体经济组织成员享有承包土地的各项权益，既不依赖继承人身份，也无男女差异，实现了土地承包经营权益男女性别上的平等。由于这一制度是在户内运行，体现户内集

---

① 1984年1月1日中发〔1984〕1号文件《中共中央关于一九八四年农村工作的通知》提出：“土地承包期一般应在十五年以上。生产周期长的和开发性的项目，如果树、林木、荒山、荒地等，承包期应当更长一些。”根据这一文件精神，全国各地农村陆续将土地承包期确定为15年。1993年，中共中央、国务院印发《关于当前农业和农村经济发展的若干政策措施》更是明确指出：“在原定耕地承包期到期之后，再延长30年不变。”党的十五届三中全会通过的《中共中央关于农业和农村工作若干重大问题的决定》也强调，稳定农村土地承包关系，保持农村稳定，“是党的农村政策的基石，决不能动摇。要坚定不移地贯彻土地承包期再延长三十年的政策，同时要抓紧制定确保农村土地承包关系长期稳定的法律法规，赋予农民长期而有保障的土地使用权”。2008年，党的十七届三中全会通过的《中共中央关于推进农村改革发展若干重大问题的决定》明确指出了“现有土地承包关系要保持稳定并长久不变”。习近平总书记在党的十九大报告中指出：“保持土地承包关系稳定并长久不变，第二轮土地承包到期后再延长三十年。”2018年12月29日新修订的农村土地承包法第一条明确规定：“保持农村土地承包关系稳定并长久不变”。中共中央、国务院2019年11月26日印发《关于保持土地承包关系稳定并长久不变的意见》，提出要从稳定土地承包关系、第二轮土地承包到期后再延长三十年、健全农村土地承包相关法律政策、继续提倡“增人不增地、减人不减地”以及建立健全土地承包权依法自愿有偿转让机制等方面着手，稳妥推进土地承包关系“长久不变”的实施。

② 1995年3月28日，国务院批转农业部《关于稳定和完善土地承包关系的意见》，同意农业部对各地延长土地承包期、“增人不增地，减人不减地”。

体经济组织成员之间公平、公正，因此并不妨碍土地承包经营权的稳定和市场配置承包地资源，顺应了承包地资源配置的市场化发展道路。

承包地作为财产在初始分配时是以集体经济组织成员人数平均化分配，是公平、公正的，承包地资源配置市场化也是公平、公正的。应当认识到的是，“增人不增地，减人不减地”并非没有兼顾公平。首先，由于农村土地的集体经济组织集体所有权形成时尚未确立市场经济体制，在我国广袤的农村，土地所有权划分不可能完全平均和公平。其次，“分配”农村土地所产生的集体经济组织内平均是有限的：一个集体经济组织内承包地自然禀赋不一，成员间农地难以达到真正平均，而集体经济组织之间的差异就更大。而且，分配是周期性的，两次分地期间迁移的外嫁女承包地权益仍然得不到保护。分配方式引起的承包地产权关系不稳定，降低农地利用效率，与农地资源市场化配置机制相冲突。最后，外嫁女承包地权益问题与婆家人之间的承包地差距，是男女两性之间的不平等，通过在集体经济组织内分配来保护外嫁女承包地权益，是将问题扩大了。它能使分地前外嫁女失地问题得到阶段性的部分解决，但又将户与户之间的承包地不平均问题牵扯其中，难与农地资源市场化配置的高效机制相协调，并使研究陷入质疑“增人不增地”这一更复杂的问题之中。

集体所有制并不一定要平均化。[17] 土地承包经营责任制基于“长期稳定”的政策，其内在的原理是通过明晰产权，促进产权机制在农村发展中发挥作用。既往研究从农地经济效率的角度已经说明了农村土地产权稳定的重要意义。[18-27] 奠定了制度经济学基础的科斯定理，自诞生以来就被认为是通过产权明晰来解决外部性问题，从而提高资源配置效率并被主流经济学所接受。赋予农民土地财产权，推进农地资本化将有效弱化农户对农地生产性收入的依赖，有利于实现增加农民收入、保护农民土地权益、促进农地流转等多重政策性目标的兼容。[23] 如果土地承包经营权不“长期稳定”，在分配土地补偿费时，在以股份合作制促进农村规模化生产的过程中，借机平均化，仍然会导致产权不明晰。反过来说，稳定固化的利益关系才是明晰的产权机制。既然明晰的产权机制与公平利益比较，是对所有集体经济组织成员比较有利的方面，就应当将产权明晰的制度坚持贯彻始终。具体而言，以家庭既得的土地承包经营权为基础，作为集体经济组织管理财产的投票权和利益分配比例。

广大农民普遍充分接受“增人不增地，减人不减地”的政策，我国农村集体经济组织中农民利益已经固化或者相对固定化已成现实[28]，并排斥与这一政策不协调的安排。这种固化是充分接受“增人不增地，减人不减地”的政策的体现，以及大部分农村集体经济组织成员固守与“增人不增地，减人不减地”的政策协调的自治标准，是明晰的产权制度的一部分。与这一政策不协调统一的安排会让他们缺乏安全感，他们内在渴望明确、统一的产权明晰的制度安排。农村集体经济组织中利益固化不能简单看作既得利益者的自利性保护，而应当看作对产权明晰的产权制度的固守，应当认识到这反映出产权明晰制度合乎人性之处。

三、成员权主体

成员权主体即集体经济组织成员。应当说，就集体经济组织成员资格无争议者而言，成员权主体是成员权的前提。如果集体经济组织成员资格存在争议，而且争议的实质是成员权及成员财产权利的内容，就需要从集体经济组织制度出发考察需要怎样设置成员资格和成员权利（成员权及成员财产权）。集体经济组织成员资格存在争议的焦点，如果加入集体经济组织会稀释原有成员在集体经济组织内的财产利益，原有成员将抵触加入者获得集体经济组织成员资格，由此发生了集体经济组织成员资格认定问题。从“长期稳定”“增人不增地，减人不减地”的产权明晰政策出发，以家庭既得的土地承包经营权为基础，作为集体经济组织管理财产的投票权和利益分配比例，加入集体经济组织不会稀释原有成员在集体经济组织内的财产利益，集体经济组织成员资格将不存在争议。新加入的集体经济组织成员，只在家庭内稀释财产利益，与原集体经济组织成员存在共同农业生产活动（对未成年人而言应从可能性角度考虑）的亲属，只要保持集体经济组织成员身份的唯一性，都可以成为集体经济组织成员。不涉及稀释原有成员在集体经济组织内的财产利益的情况下，时间标准、户籍标准、义务标准和程序标准将没有存在争议的基础。

鉴于此，下文关于成员权的论述，在以家庭既得的土地承包经营权为基础，作为集体经济组织管理财产的投票权和利益分配比例的前提下，满足主体需要即可。

四、成员权内容

成员权具体包括身份权、表决权、知情权、建议权、监督权、救济权。张佑、周俊强认为，成员权包括对集体财产的使用权和请求权。笔者认同这一观点。成员权是成员对团体享有的权利，本文所探讨的成员权，正是基于对集体而言才具有价值，如果指向成员身份享有的相对集体言之外的权利，不是专门针对集体而言的，本研究的问题就不存在，也就没有研究必要了。因此，成员权就排除了对集体财产的权利，包括使用权和请求权。具体而言，成员权包括征地补偿款分配请求权和其他财产的分配请求权、身份权、身份确认请求权、集体财产管理表决权、知情权、监督权以及上述权利救济权等。成员权不能简单解释为成员的权利或成员享有的和团体相关的权利。如果说成员通过集体经济组织形成的决定与成员签订合同或者以决定的形式直接赋予成员一定的权利，如土地承包经营权，是成员的权利或成员享有的和团体相关的权利，那么这个权利应当首先经过集体经济组织的决定。没有集体经济组织的决定，不应当存在成员向集体享有请求给付或使用的可能，否则将导致作为集体经济组织存在核心价值的集体土地所有权财产价值灭损的威胁。正是从这个意义上，成员权是独立于财产权、人身权之外的一个独立的权利类型。不包括农村土地承包经营权、土地经营权、宅基地使用权，但包括财产分配请求权所属的集体所有土地承包、租赁及宅基地使用请求权等。对农村土地的承包权，是集体成员享有的，集体赋予的成员对集体所有土地的身份性或资格性权利。成员享有承包权，需要先经集体决定，只是因为法律规定或集体决定没有赋予集体成员以外的人享有此权利。因此，农村土地承包建议权属于成员权，承包权与成员权相关而不属于成员权。下面，对身份权、建议权、监督权、表决权、知情权、救济权逐一分解。

成员身份权，是集体成员享有的要求集体对具备成员身份的人统一对待的权利。女性成员与男性成员同样享有这一权利，家庭成员与家庭成员代表同样享有这一权利，因此，在集体成员登记制度下，集体成员有权利要求登记。

在身份权的基础上，为了集体管理的需要，法律直接规定了成员不需要集体决定就拥有建议权和监督权。它虽然和身份相关，但是已经具有了身份之外的特别意义，是独立于身份权之外的成员权利。与之类似的还有知情权和救济权，成员有权在一定程度上了解集体的财产状况，经营和管理状况。成员权受到侵犯，成员有权要求救济保障权利落实。知情权和救济权应当和公司等一般团体的知情权范围相当。

成员享有的财产管理和人员管理等决定建议权，当集体作出决定之后，成员方享有分配取得权、承包权等权利，一些集体经济组织管理人员才具有管理职责。对集体管理决定而言，最重要的莫过于表决权。表决权可以分为实体性表决权和程序性表决权。实体性表决权又可以分为财产性表决权和身份性表决权。程序性表决权分为对大会会议程序表决、对破产程序表决、对表决程序表决等，一般应按照少数服从多数原则。财产性表决包括分配表决、承包表决、入股表决、出租或出让经营权表决、集体建设用地使用权出让表决、放弃所有权或所有权置换表决、经营策略表决等。一般范围内表决只要过半数即可，但是根本性事务，比如放弃所有权，需要多数甚至全部通过。身份性表决，是对团体内管理者或代表者身份的表决，一般应当是过半数通过。

就集体表决土地补偿费等费用的分配办法，首先集体成员身份不需要集体表决，集体只赋予其机构根据法定资格确认的职责，例如原有成员与新成员的亲属关系证明等，确认与否可以通过法定程序根据法定资格裁判。其次，成员建议决定分配（或不分配）或机构决定分配（或不分配）后表决过程中成员享有平等的表决权。表决后成员享有取得分配权进而享有分配的财产。最后，也是最重要的，无论是集体还是成员都无权制定或要求制定违反以家庭既得的土地承包经营权为基础作为集体经济组织管理财产的投票权和利益分配比例的前提的分配办法，这样才能确保成员不建议集体表决成员资格或身份。

同样地，承包表决、入股表决、出租或出让经营权表决、集体建设用地使用权出让表决、放弃所有权或所有权置换表决、经营策略表决，无论是集体还是成员都无权制定或要求制定违反以家庭既得的土地承包经营权为基础，作为集体经济组织管理财产的投票权和利益分配比例的前提的办法或方案。

五、结论

本文是从无性别差异的逻辑上论证成员权，这更能凸显出嫁女成员权的正当性。成员权的设置，从“长期稳定”“增人不增地，减人不减地”的产权明晰政策出发，以家庭既得的土地承包经营权为基础，作为集体经济组织管理财产的投票权和利益分配比例，解决了成员权不明的问题，能为出嫁女成员权的保障提供支持。只是，成员财产权作为成员权之外的成员权利是个与成员权设置紧密相关的课题，更关系着集体财产如何有效管理的具体制度设置，不在本研究之列，需要单独深入研究。

【参考文献】

[1] 谢怀栻．论民事权利体系 [J]. 法学研究，1996（2）：67-76.

[2] 梁慧星．民法总论：第 4 版 [M]. 北京：法律出版社，2011.

[3] 张健．农村集体经济组织成员权的构造与救济 [J]. 河北科技师范学院学报（社会科学版），2022，21（4）：74-82.

[4] 商春荣，张岳恒．当前我国农村妇女土地权利保障机制研究 [J]. 华中农业大学学报

（社会科学版），2010（2）：95-100.

[5] 张笑寒.农村土地家庭承包制度的性别视角反思[J].江西财经大学学报，2013（2）：86-92.

[6] 周应江.身份界定与民间法调适——因婚姻而流动的农村妇女实现土地权益面临的两个法律难题[J].中华女子学院学报，2005（4）：19-24.

[7] 周应江.村民自治规范与农村妇女土地权益的保障[J].中华女子学院学报，2011，23（4）：24-30.

[8] 张笑寒.村民自治背景下农村妇女土地权益流失问题研究[J].中国土地科学，2012，26（6）：10-14+34.

[9] 吴洪芹.关于在城镇化进程中农村妇女土地权益的调查与思考[J].中国妇运，2014（8）：30-33.

[10] 李慧.浅析农村妇女土地权益实现的制约因素[J].黑龙江教育学院学报，2006（4）：142-143.

[11] 陈小君.农村土地法律制度研究——田野调查解读[M].北京：中国政法大学出版社，2004：360.

[12] 朱玲.土地分配：中国实现性别平等了吗[J].中国国情国力，2000（5）：20.

[13] 高飞.农村妇女土地权益保护的困境与对策探析[J].中国土地科学，2009，23（10）：47-51.

[14] 陈发桂.土地承包期“长久不变”对无地农民的影响[J].四川行政学院学报，2010（2）：70-73.

[15] 黄晶.王敬源.农村集体经济组织成员资格认定问题研究[J].法制与社会，2017（31）：90-93.

[16] 刘珉婧，段雯玥，吴翠婷.乡村振兴战略下农村集体经济组织成员权的优化路径——以特别法人制度的构建为切入点[J].现代农业研究，2022，28（8）：32-34.

[17] 刘元胜，于千舒.坚持和完善农村土地集体所有制这个制度优势[J].红旗文稿，2017（23）：21-23.

[18] 黄宗智.华北的小农经济与社会变迁[M].北京：中华书局，2000：221.

[19] 黄宗智.长江三角洲小农家庭与乡村发展[M].北京：中华书局，2000：106-109.

[20] 张五常.经济解释[M].北京：商务印书馆，2000：75.

[21] 周其仁 . 产权与制度变迁 [M]. 北京：北京大学出版社，2004：72-81.

[22] 叶剑平，蒋妍，罗伊 · 普罗斯特曼，朱可亮，丰雷，李平 .2005 年中国农村土地使用权调查研究——17 省调查结果及政策建议 [J]. 管理世界，2006（7）：77-84.

[23] 钟文晶，罗必良 . 禀赋效应、产权强度与农地流转抑制——基于广东省的实证分析 [J]. 农业经济问题，2013，34（3）：6-16+110.

[24] 贺雪峰 . 地权的逻辑 [M]. 北京：中国政法大学出版社，2010：83.

[25] 王振坡，梅林，詹卉 . 产权、市场及其绩效：我国农村土地制度变革探讨 [J]. 农业经济问题，2015，36（4）：44-50+111.

[26] 张红宇 . 中国农地调整与使用权流转：几点评论 [J]. 管理世界，2002（5）：76-87.

[27] 杜明义 . 中国农地产权制度变迁的新制度经济学分析 [J]. 康定民族师范高等专科学校学报，2007（1）：24-27.

[28] 孙宪忠 . 以集体成员权为基础推动农村集体经济组织立法 [J]. 中国集体经济，2022（10）：6-8.

妇女权益保障法对农村妇女土地权益的保护研究

杨卓黎①

摘　要：农村妇女土地权益保护是妇女权益保护中最令人关切的问题之一。我国已经构建了一套较为完善的土地法律体系，但农村妇女土地权益在宅基地、土地承包经营权、集体经济组织土地收益分配等方面仍然面临许多挑战。这主要是受传统父权社会文化影响，家户确权模式遮蔽了妇女权益、村民自治具有任意性等原因造成的。本次最新修订的妇女权益保障法增加了不少保护妇女土地及相关权益的规定，其中主要包括保护妇女各项权益的总体性规定、妇女土地权益保障的特别规定、村民自治不得侵害妇女各项权益的规定、女方有权在夫妻共同财产登记中显名的规定、农村妇女在权益受到侵害时的具体救济规定、农村妇女权益受到侵害时的公益诉讼规定等。为了更好地贯彻实施妇女权益保障法，保护农村妇女土地权益，我国还应当从建立公正的集体经济组织成员资格确定机制、调整农村土地承包经营权的分配制度、压实乡镇人民政府与妇联组织的监督主体责任、持续弘扬男女平等价值观、营造尊重女性权益的社会氛围等方面继续完善。

关键词：妇女；土地权益；妇女权益保障法

---

①　杨卓黎，中华女子学院法学院讲师，主要研究方向为民商法。

土地是农民赖以生存的基础生产资料，关系到农民的基本生存，因此土地政策也是各国立法和施政的重中之重。新中国成立以来，党和政府坚持群众路线，关心基层农民的土地权益，农民在几次土地改革过程中获得利益，生活水准有了质的飞跃。随着我国依法治国的不断贯彻和法治化进程的加深，人民运用法律武器维护自己合法权益的意识也在不断提高，行政、司法部门和各级妇联组织等单位对于女性权益的保护也在逐渐完善。具体到农村妇女，土地上的权益尤为重要，几乎成为农村妇女权益保护问题中最令人关切的问题之一。

一、当前我国农村妇女土地权益保护存在的问题

男女平等是我国的基本国策，获得了从“政府的承诺”到“立法的确认”，再到“执政党意志”的全方位“认证”，党和国家一直主张坚持保护妇女土地权益，并且一直在法规与政策方面进行探索。我国现在已经制定了许多土地法律法规，民法典中的物权编、农村土地承包法等法律构成了一套较为完善的土地管理法律体系。妇女权益保障法更是从妇女权益的视角确立并加深了对农村妇女土地权益的保护。总的来说，我国农村妇女土地权益保护的情况整体向好。但是在许多实际的案例中，无论是在家庭户内还是户外，农村妇女在土地权益方面，仍时常遭遇侵害的问题。[1] 我国农村妇女土地权益的保护仍然面临许多挑战。具体而言有以下几方面。

在宅基地使用权方面。宅基地给男不给女，几乎成为普遍现象，原本“一户一宅”的规定几乎发展为“一男一宅”。至 2018 年，全国妇联委托农业部农研中心在固定观察点所做的抽样调查显示，有 80.2% 的女性在宅基地使用权证上没有登记姓名。在我国北方，这种情况更为严重，没有登记姓名的女性数量高达 99%。[2] 妇女在宅基地分配方面，可能存在难以独立为户申请、男性无条件获得而女性需有偿才能获得等情形，按照从夫居的传统，妇女在婚前婚后属于不同的家庭，在婚姻关系中属于流动的一方，所以女性在离婚后容易成为失去宅基地的一方。[3] 或者是在丧偶等情况出现时，女性也

有可能丧失宅基地使用权。除此之外，宅基地权利遭受家庭内侵害的情形也时有出现，女性在自己的原生家庭难以获得宅基地权利，成年外嫁或者外出打工求学之后，宅基地可能被兄弟霸占。

在土地承包经营权方面，虽然我国农村土地承包法强调农村土地承包，妇女与男子享有平等的权利。承包中应当保护妇女的合法权益，任何组织和个人不得剥夺、侵害妇女应当享有的土地承包经营权。但这种法律上有权利、事实上会遭遇权利受损的状态一直未得到有效改善。[4] 目前，我国正处于第二轮土地承包经营权承包期当中，根据《中共中央　国务院关于保持土地承包关系稳定并长久不变的意见》的相关规定，我国仍继续提倡“增人不增地、减人不减地”的原则，保障土地承包经营权分配的稳定。这就导致实践中，若妇女嫁入夫家生活，难以获得新增土地承包经营权，在经济上完全依附于夫家。抑或在妇女离婚、丧偶时，被排斥在夫家的集体经济组织成员之外，原土地承包经营权仍由婆家掌握并主导，土地承包经营具有整体性，无法折价或拍卖，妇女难以从中获取应有的财产利益，严重影响其生活的自主性和独立性。除此之外，有的妇女外嫁之后，尽管户口仍在老家，但原生家庭所在地的集体经济组织可能会忽视妇女的土地承包经营权，将其强行收回。

在集体经济组织土地收益分配方面，农村妇女的权益也时常遭到忽视和侵害。随着经济的腾飞，农村土地的性质由以前的保障性逐渐向收益性转变，除了基础性的宅基地与土地承包经营权，妇女还可能享有自留地使用权、集体建设用地使用权、地役权等土地权利，这些权利均可能带来额外收益。近年来，我国的城市化进程加快，在保障耕地的前提下，许多农村土地被征用或租用，转为商业或工业用地，土地性质的转换带来了巨大的经济效益，这一现象在大城市周边尤为明显。在这种利益的诱使之下，集体经济组织有时任意剥夺出嫁、离婚、丧偶抑或大龄未嫁妇女的集体土地收益分配权，在征地拆迁拨款、土地分红等方面，侵害妇女利益。而妇女在原生家庭内，也存在娘家兄弟以姐妹已出嫁或者迟早要嫁出去为由，私自霸占女性集体产权收益份额等现象。

二、造成以上问题的原因分析

（一）传统父权社会文化的影响

我国虽然早已由落后的封建社会步入社会主义社会，但几千年以来形成的传统封建文化在各方面仍然影响着我国的社会运行。这些传统文化，也切切实实地对妇女权益产生了深远影响。父权制指以男性掌握权力为基础的社会组织结构，是一个以权力、支配、等级和竞争为特征的体系，以男性权力为中心，限制女性平等获得政治、经济、文化等资源。我国虽已在建设男女平等社会方面取得了巨大进步，但父权文化的影子仍然笼罩着社会的各方面。尤其在农村，父权文化的影响仍随处可见。

首先，在中国封建传统文化中，男人承担着家族延续的重要责任，也通常被视为家庭的主人。这种家族观念在农村地区仍然具有很强的影响力，导致很多家庭对于妇女权益的保护意识比较薄弱。有些家庭的传统规矩是，家族财产只能由儿子继承，女儿不能继承财产。这种观念带来的后果就是，女性在结婚、离婚、丧偶等情况下，很难得到土地权益的公正分配，有时甚至会被剥夺土地权益。其次，中国封建传统文化中普遍存在着男尊女卑的思想，女性在社会地位和人身自由等方面长期受到限制。这种封建思想对妇女的土地权益保护带来了诸多不利影响。在封建社会，土地被看作男性继承祖先遗业和祖先精神的象征，女性在土地上的权益常常被忽视或被剥夺，导致女性的土地财产得不到充分保护。最后，封建观念认为男性是一家之主，“从夫居”成为农村的婚俗习惯，妇女嫁给男性要从原生家庭脱离，与丈夫共同生活。原生家庭通常不会把土地财产分给女儿，在血缘制度中只有儿子才能承担家族传承的责任，妻子成为夫家的附庸，妻子的土地权益被包含于夫家的家庭共同财产当中。若丈夫去世，妻子离开婆家寻求新生活，通常都不得不放弃原有的夫妻共有土地权益。加之中国封建传统文化对女性的婚姻模式、生育等方面的限制，女性对土地权益的保护权利也在一定程度上受限。

（二）家户确权模式遮蔽妇女权益

在中国，以血缘关系为基础的家户长期居于主导地位，是整个社会的基本组成单位，也是中国传统社会的“细胞”。由此形成中国数千年的家户经营传统，有利于调动农业生产积极性，也创造了灿烂的中国农业文明。[5] 曾经，我国试图向苏联学习，用公社体制代替家户制度。但实践证明，公社制度这种外来的组织形式生产效率并不如预期。公社化运动过后，家户制度重回历史舞台，家户经营根植于我国的文化土壤，展现出强大的生命力。民法典第三百三十条延续了双层经营体制与土地承包经营制度，农村集体经济组织实行家庭承包经营为基础、统分结合的双层经营体制，其中的农村承包经营户，沿袭自我国传统的家户制度。

但是这种“家户”，也存在自身的弊端。家户制传统强调集体主义观念，个体成员的权益容易被遮蔽在家户整体利益和家长制权威之下。[6] 女性的个人权益在这种家户制度之下，更容易被隐蔽和忽略。以宅基地为例。根据相关法律规定，集体经济组织的成员均有权申请宅基地。但是在实践中，一般能够申请宅基地的主体是家户。整个宅基地使用权制度也是以户为出发点设计的，家户的主宰者往往都是男性，无论外在形式和法律名义均是如此。[7] 以土地承包经营权为例，其财产属性界定不清，在“增人不增地、减人不减地”的原则下，土地承包经营权在性质上到底属于家庭成员共同财产还是夫妻共同财产，值得疑问。土地承包经营权通常跟男方家庭绑定，在土地确权登记之时，通常仅登记男性户主作为权利主体，妇女较少出现在登记主体，若将土地承包经营权看作家庭共有财产，离婚时是否能进行分割在实践中存在不同理解。具体到分割方式，民法典第三百零四条规定了共有物分割的方式，但无论是实物分割还是折价变价拍卖，这几类分割模式并不能很好地适用在土地承包经营权之上。土地承包经营权作为一种用益物权，在其之上的收入往往并非一次性的，而是具有持续性、期间性等特点，这与妇女离婚的时刻性存在冲突。[8]

（三）村民自治具有任意性

伴随着我国农村土地改革的不断深入，村民自治、乡规民约等基层自治制度，在国家公权力难以触及的行政末梢发挥着强大的作用。建立在血缘与宗族之上的人情与封建文化残余礼俗在农村社会中，依旧被当作行为准则，影响着村民自治的决策，甚至在某种程度上超越了立法部门制定的法律效力。

根据村民委员会组织法第二十四条的相关规定，土地承包经营方案、宅基地的使用方案，征地补偿费的使用、分配方案等涉及村民利益的事项，经村民会议讨论决定方可办理。这意味着土地权益的分配，很大程度属于村民自治的范围。尽管存在民法典、农村土地承包法等专门法律，以及村民委员会组织法中也强调了村民自治章程、村规民约以及村民会议或者村民代表会议的决定不得与宪法、法律、法规和国家的政策相抵触，不得有侵犯村民的人身权利、民主权利和合法财产权利的内容，但由于利益的捆绑、熟人社会的牵绊，村民委员会在制定相关决策时，极有可能出现决策结果忽视女性权益的情形。例如，受传统父权思维影响，许多农村仍然广泛存在“嫁出去的女儿等于泼出去的水”的观念，任意侵犯外嫁女的土地权益。当遇到外地女性嫁入本村时，可能由于本村原居民的抱团，抗拒外来人分享利益，集体收益部分对其不分或者少分，侵犯嫁入女性的土地权益。而由于法律意识淡薄和高昂的救济成本，大部分农村妇女遇到不公对待时，也不得不选择忍气吞声无奈接受。现实中，一些农村妇女为了保留自己在娘家的集体土地权益，充分发挥民间智慧，通过招赘等方式，以此来保留其在原居住地的集体土地权益，防止因为嫁入外地而丧失本来的土地权益。在我国经济发达的长三角地区，甚至还出现了“两头婚”的模式，结婚既不男娶女嫁，也不女招男入赘，小夫妻成家后依旧不脱离双方各自原生家庭，通常夫妻一起在男方家或女方家交替居住，或者夫妻单独居住。夫妻结婚之后，仍然各自保留原来的集体经济组织成员身份，享受原有的利益。但以上这些模式，对于传统婚姻模式存在一定冲击，均可能存在着各自的法律、社会等系统性风险，难以在根本上消除农村妇女的土地权益被侵害问题，其附带效应还有待时间检验。

三、妇女权益保障法对于农村妇女土地权益保障的立法进步

本次最新修订的妇女权益保障法增加了不少保护妇女土地及相关权益的规定，说明立法者已经注意到了实践中存在的各种妇女土地权益受侵害的问题，通过立法回应了妇女权益保护中土地权益保护问题，体现出党和国家利用立法手段保障农村妇女生存和发展基本权利的决心。具体而言，妇女权益保障法对于农村妇女土地权益保障立法有如下一些进步。

（一）新增保护妇女各项权益的总体性规定

第二条第二款新规定："国家采取必要措施，促进男女平等，消除对妇女一切形式的歧视，禁止排斥、限制妇女依法享有和行使各项权益。"此项当然也包括禁止排斥、限制妇女依法享有和行使土地权益，为保护妇女土地权益提供了总体性指引。

（二）新增妇女土地权益保障的特别规定

第五十五条是针对妇女土地权益保障作出的特别规定："妇女在农村集体经济组织成员身份确认、土地承包经营、集体经济组织收益分配、土地征收补偿安置或者征用补偿以及宅基地使用等方面，享有与男子平等的权利。申请农村土地承包经营权、宅基地使用权等不动产登记，应当在不动产登记簿和权属证书上将享有权利的妇女等家庭成员全部列明。征收补偿安置或者征用补偿协议应当将享有相关权益的妇女列入，并记载权益内容。"此条具体回应了农村妇女土地权益保护的多个"痛点"。

首先，强调了妇女在农村集体经济组织中成员身份确认的重要性。农村集体经济组织，是我国公有制为主体经济体系的重要一环，立法者总结历史

经验，认识到土地对于农民的重要性，制度订立之初，是为了保障“耕者有其田”，防止农民因丧失耕地而沦为被剥削者。成员资格认定在表面上为成员身份界定的问题，实质上是一种利益分配。[9] 取得集体经济组织成员的资格，是分配集体经济组织权利的前提，关系到农村土地权利的确认。只有准确认定集体经济组织成员资格，才能更好地发展集体经济、保障农民利益。中共中央、国务院 2016 年颁布的《关于稳步推进农村集体产权制度改革的意见》明确指出：“依据有关法律法规，按照尊重历史、兼顾现实、程序规范、群众认可的原则，统筹考虑户籍关系、农村土地承包关系、对集体积累的贡献等因素，协调平衡各方利益，做好农村集体经济组织成员身份确认工作，解决成员边界不清的问题。”具体到农村妇女的土地权益保护，其在集体经济组织当中的成员资格认定是绕不开的问题。从目前的实践来看，我国现行的制度框架下，集体经济组织成员资格认定主要由村民会议自治决定，但囿于基层的法律意识淡薄以及封建传统文化的影响，加之私利的诱导，集体经济组织资格认定缺乏统一的程序与标准，妇女在集体经济组织资格认定过程中时常遭遇不公。妇女权益保障法第五十五条的规定，对于纠正这类不公平的现象，防止村民自治权限肆意扩张侵害妇女土地权益，能够起到重要作用。

其次，强调了妇女在不动产登记簿和权属证书，征收补偿安置或者征用补偿协议中列明的问题。民法典物权编第二百一十七条规定：“不动产权属证书是权利人享有该不动产物权的证明。不动产权属证书记载的事项，应当与不动产登记簿一致；记载不一致的，除有证据证明不动产登记簿确有错误外，以不动产登记簿为准。”由此可知，不动产登记簿和权属证书在法律意义上的重要性，是判断权益归属的重要标准。农村妇女作为集体经济组织的成员，理应享有相关土地承包经营权、宅基地使用权等权利。但正如前文分析，受封建的父权思想影响，我国的家户确权模式遮蔽了妇女作为一个独立个体的权益。在农村土地权利上制作不动产登记簿和权属证书之时，作为集体经济组织成员的妇女常因婚嫁导致身份变动或是其他原因，在相关权益登记时“被遗忘”或“被忽略”，使得其相应权益无法得到保障。我国现行的《不动产登记暂行条例》等均未明确土地承包经营权、宅基地使用权等权利的共有登记规则，而新修订的妇女权益保障法通过增加“应当在不动产登记簿和权属证书上将享有权利的妇女等家庭成员全部列明”的规定，有助于从根本上保障农村妇女的前述合法土地权益。

（三）新增村民自治不得侵害妇女各项权益的规定

第五十六条规定：“村民自治章程、村规民约，村民会议、村民代表会议的决定以及其他涉及村民利益事项的决定，不得以妇女未婚、结婚、离婚、丧偶、户无男性等为由，侵害妇女在农村集体经济组织中的各项权益。因结婚男方到女方住所落户的，男方和子女享有与所在地农村集体经济组织成员平等的权益。”

此条直接回应了前述村民自治具有任意性，在农村基层村规乡约大于国法的问题。根据实践经验，通过列举式立法，强调在农村基层决策集体经济组织权益分配时，不得以妇女未婚、结婚、离婚、丧偶、户无男性等理由侵害妇女权益，更根据现实中出现的男性入赘女性家庭的情况，强调了男方和子女享有与女方所在地农村集体经济组织成员平等的权益。另外，此条规定也为集体经济组织成员的资格认定提供了指引，确认了以户籍作为标准识别集体经济组织成员资格的重要性。无论是女方嫁入男方集体，还是男方入赘女方集体，均要积极参考户籍的情况。基于此条的规定，无论男女，只要具备集体经济组织所在地的农业户籍，原则上可以认定其拥有该集体经济组织成员的资格，应当享有组织内部的相关土地权益。

（四）新增女方有权在夫妻共同财产登记中显名的规定

第六十六条第二款规定：“对夫妻共同所有的不动产以及可以联名登记的动产，女方有权要求在权属证书上记载其姓名；认为记载的权利人、标的物、权利比例等事项有错误的，有权依法申请更正登记或者异议登记，有关机构应当按照其申请依法办理相应登记手续。”

此条为女性在涉及夫妻共有的集体经济组织土地权益权属证明中显名提供了法律依据，使得女性个体权益能够在夫妻共有时得到彰显，有利于女性在婚姻关系中取得独立经济地位，也为可能发生的离婚分产纠纷提前厘清夫妻共有财产权属与比例，保障女性在婚姻中的土地权益。

（五）新增农村妇女在权益受到侵害时的具体救济规定

第七十五条规定：“妇女在农村集体经济组织成员身份确认等方面权益受到侵害的，可以申请乡镇人民政府等进行协调，或者向人民法院起诉。乡镇人民政府应当对村民自治章程、村规民约，村民会议、村民代表会议的决定以及其他涉及村民利益事项的决定进行指导，对其中违反法律、法规和国家政策规定，侵害妇女合法权益的内容责令改正；受侵害妇女向农村土地承包仲裁机构申请仲裁或者向人民法院起诉的，农村土地承包仲裁机构或者人民法院应当依法受理。”

此条明确了乡镇人民政府负有对村民自治章程、村规民约以及涉及村民利益事项的决定进行指导与监督的责任，化解了村民自治违法成本低、无人监管的尴尬，为土地权益受侵害妇女寻求救济指明了方向和道路。

（六）新增农村妇女权益受到侵害时的公益诉讼规定

第七十七条第一款规定：“侵害妇女合法权益，导致社会公共利益受损的，检察机关可以发出检察建议；有下列情形之一的，检察机关可以依法提起公益诉讼：（一）确认农村妇女集体经济组织成员身份时侵害妇女权益或者侵害妇女享有的农村土地承包和集体收益、土地征收征用补偿分配权益和宅基地使用权益；……”

此条明确了农村妇女土地权益受损的几种具体情形出现时，检察机关可以提起公益诉讼。为维护农村妇女土地权益开辟了特殊的诉讼途径，积极发挥检察机关的公益诉讼作用，将保护农村妇女土地权益上升到公益高度，提起全社会的关心，震慑非法侵害农村妇女土地权益行为。

四、落实及完善建议

通过对法条的逐一分析，现行妇女权益保障法正视我国目前农村妇女维护土地权益的困境，将对农村妇女土地权益的保护上升到了前所未有的高度，通过一系列法律规定，为土地权益遭受侵害的农村妇女建立起了一套较为完整的保护制度，在一定程度上能够缓解农村妇女土地权益受侵害后救济手段稀缺、成本高昂等难题，但其具体实施效果仍有待时间检验。为了更好地贯彻实施妇女权益保障法，还可以在如下方面进行完善，以真正落实保护农村妇女土地权益。

首先，建立公正的集体经济组织成员资格确定机制。目前，我国主要采用的还是自治确认的路径，将集体经济组织成员资格的确认下放到村民基层进行自治管理，这主要是因为我国幅员辽阔，各地文化风俗、发展水平不一，难以形成一套统一的法定标准对集体经济组织成员资格进行确认。除此之外，集体经济组织成员本质是一种身份，这种身份的获得或放弃，原则上应当尊重当事人意思自治，由当事人与集体经济组织之间互相协商处理，公权力不宜在此进行太多干涉。有学者明确指出，集体资格的认定属于意思自治的范畴，立法应最大程度尊重集体自治。[10]但也有学者认为，寄希望于通过地方立法和村民自治彻底解决成员资格认定之难题不切实际，最为有效的方式就是以国家立法确定统一的成员资格认定标准。[11]事实上，学术界对于集体经济组织成员资格的认定一直存在不同看法，自治确认和法定确认都有着庞大的支持市场且均有各自的支持理由。这一争议也蔓延到了司法领域，有学者通过对司法案例进行数据分析，总结实践中存在被诉对象混乱、受案范围认定存分歧、成员资格认定依据杂乱等问题。[12]尽管现行的妇女权益保障法新增了村民自治不得侵害妇女的各项权益的规定，但在集体经济组织成员资格的认定问题上，仍需要在立法及司法上进一步统一认识，尽快确立一套客观、公正的资格认定程序与标准，才能在解决这类问题之上做到有法可依、有据可行，减少妇女土地权益因为集体经济组织成员资格的认定而受损的现象。

实践证明，囿于基层的法治意识与知识水平，采取自治确认的路径时常导致“多数人对少数人的暴政”，农村妇女的集体经济组织成员权遭任意践踏的现象屡禁不止，甚至发展到了见怪不怪的程度。为了社会的稳定和公平正义，公权力机关有必要在此发挥出应有的作用，积极建立起法定确认的标准。例如，通过国家层面的立法建立起以户籍确认的一般原则，防止农村妇女出现离开娘家集体，进不去夫家集体，“两头空”的情形，户籍在哪儿，集体经济组织成员资格原则上就应当在哪儿。另外，再由地方统筹参考是否与本集体具有长期固定的生产生活关系、是否依赖集体经济组织土地权益作为唯一生活保障，兼顾对集体积累的贡献等因素进行综合考量。

其次，调整农村土地承包经营权的分配制度。根据农村土地承包法的相关规定，承包期内，妇女结婚，在新居住地未取得承包地的，发包方不得收回其原承包地；妇女离婚或者丧偶，仍在原居住地生活或者不在原居住地生活但在新居住地未取得承包地的，发包方不得收回其原承包地。然而，实践中，若女方嫁入夫家，仍保留原生家庭的土地经营权，操作起来十分困难，女性结婚后难以回到原生家庭的集体经济组织内进行农业生产，而夫家的集体经济组织通常也不乐意吸纳其成为成员，哪怕是给予其集体经济组织成员资格，也受“增人不增地”的原则影响，不会获得新增的土地承包经营权。此种情形下，外嫁妇女成为实质上丧失土地经营权的人。我国农村土地二轮承包一般是从 1997 年或者 1998 年开始，已经持续了近 30 年。然而这 30 年也是我国发展最为迅速、变革最为明显的 30 年。现在，土地承包经营权可以通过出租、入股或者其他方式向他人进行流转，受让方通过流转取得的土地经营权，经承包方书面同意并向发包方备案，可以向金融机构融资担保。土地承包经营权由设立最初的保障“耕者有其田”，增添了越来越多的金融、经济属性。随着城市化水平的加深，越来越多的农民走入城市生产生活，农村人口变动巨大，承包期开始时的分配方案逐渐脱离现实的需求，“增人不增地、减人不减地”等原则已经展现出了强大的违和性，亟待根据人口的流动动态调整，而非几十年一成不变。

再次，压实乡镇人民政府与妇联组织的监督主体责任。我国村民委员会组织法第二十七条规定了村民会议可以制定和修改村民自治章程、村规民约，并报乡、民族乡、镇的人民政府备案。妇女权益保障法也已经明确提出了乡镇人民政府对村民自治章程、村规民约，村民会议、村民代表会议的决定负有指导责任。为了更好地方便实践，乡镇人民政府可以承担起村民自治内容和程序合法性的审核主体责任，在村民自治章程、村规民约备案过程中，乡镇人民政府要主动对其内容和程序的合法性进行审核，若发现违法要及时进行指导并要求改正，以此才能从根本上保障妇女土地权益不遭受村民自治章程、村规民约的规范性、系统性歧视。在涉及妇女土地权益分配决定时，也可以要求乡镇一级妇联全程介入监督，真正做到代表妇女参与民主管理、民主监督，在村民会议决策过程中保障妇女合法权益，使妇女土地权益保障由事后救济逐渐转化为事前预防和事中监督。

最后，继续弘扬男女平等价值观，营造尊重女性权益的社会氛围。目前，我国针对妇女土地权益保护的法律和制度已经逐步完善，为了使这些法律制度更好地落实和运行，国家还要不遗余力地通过教育和宣导等手段，大力弘扬社会主义核心价值观，特别是弘扬当中的平等理念，增强大众的男女平等意识，抛弃传统封建残余观念，让男女平等的意识自然地践行于社会运转当中，营造尊重妇女权益社会氛围。例如，可以通过在农村基层加强教育与普法工作，认真宣讲民法典、妇女权益保障法等相关法律，引导村民知法、懂法、守法、用法，特别是针对农村妇女，基层妇联要发挥起“娘家人”的作用，与法院配合，做好普法工作，提高对于妇女权益保护的认知和法律意识，提升农村妇女的维权能力，为农村妇女维护自身合法权益增强底气，打通妇女土地权益受侵害后的行政与司法救济途径，进而增强妇女权益保障法保护的力度和效果，做到真正保障农村妇女土地权益。

【参考文献】

[1] 曲相霏．农村土地财产权益男女平等保障机制探讨 [J]. 法学，2019（9）：91-104.

[2] 人民日报．宅基地确权不能“男女有别”[EB/OL].（2019-11-04）[2023-04-15]. https：//baijiahao.baidu.com/s?id=1649262342803386790&wfr=spider&for=pc.

[3] 刘宏森，巩前文．农村妇女宅基地权益保护研究 [J]. 农村经营管理，2022（4）：18-20.

[4] 王竹青．论农村妇女土地权益法律保障的体系化构建[J]. 妇女研究论丛，2017（3）：49-57.

[5] 徐勇．中国家户制传统与农村发展道路——以俄国、印度的村社传统为参照 [J]. 中国社会科学，2013（8）：102-123+206-207.

[6] 李伟．家户制传统在民法典中的呈现与转型 [J]. 政法论丛，2020（6）：148-158.

[7] 耿卓．家户视角下的妇女土地权利保护 [J]. 法学，2016（1）：115-124.

[8] 朱睿妮，刘阳阳．离婚妇女土地承包经营权分割的法律困境与出路 [J]. 青岛农业大学学报（社会科学版），2019，31（3）：67-72.

[9] 温程鸿．论农村集体经济组织成员资格的认定 [J]. 民商法争鸣，2019（2）：57-70.

[10] 房绍坤，路鹏宇．论农民成员资格认定的应然司法逻辑 [J]. 山东大学学报（哲学社会科学版），2022（6）：22-36.

[11] 高飞．农村集体经济组织成员资格认定的立法抉择 [J]. 苏州大学学报（哲学社会科学版），2019，40（2）：37-45+191.

[12] 丁宇峰．农村集体经济组织成员资格的司法判定路径 [J]. 东南大学学报（哲学社会科学版），2023，25（1）：68-75+147.

我国人身安全保护令制度的确立、发展及展望

刘春玲[①]

摘　要：我国自2016年3月1日开始实施的反家庭暴力法用专章规定了人身安全保护令制度，实施8余年的实践表明，其在预防家庭暴力发生和再次发生方面发挥了积极的作用，但同时也暴露出立法存在的一些不足。本文将从制度起源、发展角度，对人身安全保护令制度进行介绍，并在比较的基础上，对我国人身安全保护令制度的未来进行展望，主要就人身安全保护令的救济措施增加和保护令的分类进行了展望。

关键词：人身安全保护令；家庭暴力；救济措施；分类

家庭暴力是发生在家庭成员之间以及家庭内部的暴力行为，是一个具有历史性、世界性、普遍性的社会问题。家庭暴力不仅是发生在家庭内部纯属私领域自治范畴的“家务事”，更是造成对人权的侵犯、对社会秩序以及社会公共利益的破坏，因此，需要国家公权力的积极介入。认识到家庭暴力的本质后，20世纪中晚期，一些国家开始探索通过立法对家庭暴力进行预防、干预和处理，在这样的背景下，家庭暴力保护令制度首先在美国应运而生，成为行之有效的预防家庭暴力的最重要措施之一，并迅速对世界上其他国家

---

① 刘春玲，中华女子学院法学院副教授，法学博士，主要研究方向为民事诉讼法、性骚扰防治以及家庭暴力民事保护令制度。

和地区相关制度的确立产生了直接和深远的影响。家庭暴力保护令指为防止家庭暴力，保护家庭暴力受害人及其他家庭成员的人身和财产安全，法官根据申请人的申请，依法签发的要求家庭暴力施暴人完成一定行为或者禁止其实施一定行为的命令。家庭暴力保护令是一项具有事先防范功能的制度，以预防家庭暴力为主要目的。我国自 2016 年 3 月 1 日开始实施反家庭暴力法，用专章规定了人身安全保护令制度[①]，实施8余年的实践表明，其在预防家庭暴力发生和再次发生方面发挥了积极的作用，但同时也暴露出立法存在的一些不足。本文回顾了保护令制度的起源和发展，并通过比较借鉴，就我国人身安全保护令制度的未来发展提出设想。

一、人身安全保护令制度的确立

2016 年 3 月 1 日开始实施的反家庭暴力法是我国第一部针对家庭暴力的专门立法。反家庭暴力法以改变和创造历史的态度，打通了公权力干预家庭暴力的渠道，打破了“法不入家门”的传统禁锢，使家庭不再是法外之地，不再是隔离于社会的“孤岛”。反家庭暴力法的出台和实施不仅是中国法治建设进程中的一件大事，也是中国人权保障立法史上的一件大事，具有重大的历史意义。反家庭暴力法在第四章对人身安全保护令制度进行了专门规定。人身安全保护令制度被称为反家庭暴力法中的最大亮点之一。

（一）准备阶段

我国反家庭暴力法中确立的人身安全保护令制度是一个舶来品[②]。它是在借鉴域外民事保护令的相关规定，并结合中国国情确立的一项制度。回顾我国人身安全保护令制度的确立，得益于三个方面的充足准备。

---

① 我国反家庭暴力法中没有采用其他国家和地区所使用的“民事保护令”一词，而采用“人身安全保护令”的表述，但从制度本质和目的上看，两者没有区别。

② 1976 年，美国宾夕法尼亚州的《宾夕法尼亚禁止虐待法案》（*The Pennsylvania Protection from Abuse Act*）首先规定了民事保护令制度，允许家庭暴力受害人通过申请获得民事保护令，以防止家庭暴力施暴人继续施暴，保护受害人的安全。

1.理论及观念准备

1995 年，北京召开第四次世界妇女大会之后，家庭暴力问题以及如何防范、解决家庭暴力问题逐渐进入学者的研究视野。以反对家庭暴力为主题的学术研究、学术活动日渐活跃、频繁。这些学术研究和学术活动深化了对反对家庭暴力问题的研究，为人身安全保护令制度的确立提供了理论方面的准备。

同样是在 1995 年北京第四次世界妇女大会以后，在学界以及司法实践的推动下，在媒体的宣传之下，家庭暴力问题日益受到社会公众的关注，家庭暴力的危害性日益为社会公众所了解，国家应当通过立法全面规定预防家庭暴力、救助家庭暴力受害者、惩戒家庭暴力施暴者、矫治施暴者等措施的观念得到公众普遍认可。2008 年 3 月，最高人民法院应用法学研究所发布的《涉及家庭暴力婚姻案件审理指南》（以下简称《指南》）试行后，人身安全保护裁定接连出炉，在防止家庭暴力发生、保护受害人安全方面产生了积极的效果。学界、实务界的共识，以及社会大众的理解、认同为民事保护令制度的确立提供了观念支撑，通过立法确立民事保护令制度具有深厚的社会基础，符合社会大众的心理预期。

2.制度准备及借鉴

（1）制度准备。受 1995 年在北京召开的第四次世界妇女大会的驱动，家庭暴力逐步成为妇女维权的热点问题，在社会各界的推动下，我国有关家庭暴力的相关立法工作开始一步步展开。2001 年修订婚姻法、2005 年修订妇女权益保障法、2007 年修订未成年人保护法、2008 年修订残疾人权益保障法，以及 2012 年修正老年人权益保障法都对“禁止家庭暴力”作出了原则性的规定。我国宪法关于保障人权、公民人身自由和人格尊严不受侵犯以及禁止虐待老年人、妇女和儿童的相关规定，以及上述法律中禁止家庭暴力的原则性规定，为通过立法确立防范家庭暴力发生的民事保护令制度提供了法律依据。

2008年7月31日，全国妇联联合中央宣传部、最高人民检察院、公安部、民政部、司法部、卫生部制定并下发了《关于预防和制止家庭暴力的若干意见》（以下简称《意见》）。《意见》是一个集中、专门规定防治家庭暴力的较为系统的、涵盖了防治家庭暴力诸多内容的规范性文件。《意见》中明确提出：预防和制止家庭暴力应贯彻预防为主，标本兼治、综合治理的方针，要求对家庭暴力构建起事前预防、事中干预和事后救助的工作格局。《意见》为通过立法确立具有事前预防性功能的民事保护令提供了政策指引和依据。

2008年3月发布的《指南》在第三章中对“人身安全保护裁定”制度的内容进行了较为全面的说明。《指南》确立的人身安全保护裁定制度，是在借鉴英、美、法等国家民事保护令制度的基础上，创造性地适用了我国民事诉讼法关于裁定的规定，为法院签发人身安全保护裁定找到了法律依据。《指南》关于人身安全保护裁定的规定，涉及了人身安全保护令制度的主要内容，可以说已经构建起了人身安全保护令制度的雏形，为我国人身安全保护令制度的构建提供了极有价值的制度准备。另外，一些试点法院所属的省高级法院依据《指南》制定并通过了一些适用于地方法院的规则或细则，这些规则或细则对人身安全保护裁定进行了更具可操作性的规定，这也为人身安全保护令制度的构建提供了制度准备。

（2）制度借鉴。家庭暴力民事保护令制度首创于英美法系国家。因在防范家庭暴力方面具有积极作用和效果，民事保护令制度被很多国家，包括大陆法系国家借鉴并写进自己国家的法律。民事保护令制度自20世纪70年代创立至今，已有近50年的实践。各国在实践中，不断修正、改革、完善民事保护令制度。比如，扩大民事保护令的适用范围，强调对民事保护令的严格执行以保障其功能的充分发挥，强调依据正当程序要求关注对民事保护令被申请人权益的平衡保护等。关于民事保护令的立法规定，为我国确立人身安全保护令制度提供了宝贵的借鉴。

3.实践准备

2008年3月，最高人民法院应用法学研究所发布的《指南》中关于“人身安全保护裁定”的规定，为我国民事保护令制度的构建提供了制度内容的准备。与此同时，人身安全保护裁定的实践，为我国人身安全保护令制度的构建提供了实践方面的准备。

《指南》针对涉家庭暴力婚姻案件审理过程中普遍存在的受害人人身安全受威胁、精神受控制以及典型的“分手暴力”现象，确立了人身安全保护裁定制度。依据《指南》的规定，人身安全保护裁定是一种民事强制措施，是人民法院为了保护家庭暴力受害人及其子女和特定亲属的人身安全、确保民事诉讼程序的正常进行而作出的裁定。人身安全保护裁定的直接法律依据是2007年民事诉讼法第一百四十条第一款第十一项的规定。①

《指南》发布之初，最高人民法院应用法学研究所在全国选取了9个基层法院作为试点法院。《指南》不具有法律的效力，不能作为法官裁判案件的法律依据，但是可以为法官审理涉家庭暴力案件提供参考性指南。法官可以在具体案例中根据不同情况，在判决书的说理部分引用《指南》的规定，作为论证的依据。随着实践的推进，试点法院逐渐增多。同时，试点法院还进行了积极的制度创新，主要表现为：突破《指南》限制，将人身安全保护裁定扩大适用于收养、继承和赡养纠纷案件中；增加保护令的救济措施，除了“禁止施暴令”，还出现了“远离令”；明确了人身安全保护裁定代为申请制度；针对家庭暴力案件取证难的问题，强调法院依职权调查取证；重视人身安全保护裁定的执行等。自2008年8月6日江苏省无锡市崇安区人民法院发出全国第一份人身安全保护裁定之后，人身安全保护裁定接连出鞘，有效保护了受害人的人身安全。

---

① 现已修正。2024年1月1日施行的最新版民事诉讼法中此项内容变为第一百五十七条第一款第十一项：其他需要裁定解决的事项。

各地法院依据《指南》对人身安全保护裁定的适用所进行的探索和创造性实践，积累了丰富的经验，这为我国确立人身安全保护令制度的确立提供了强有力的实践支撑。同时，人身安全保护裁定的实践，也进一步推动了人们关于家庭暴力的观念转变。

（二）正式确立

在《指南》人身安全保护裁定制度的基础上，结合我国部分地区人民法院人身安全保护裁定试点经验，借鉴境外关于家庭暴力民事保护令制度的成熟规定，2015 年 12 月 27 日通过的反家庭暴力法在第四章用十个条文对“人身安全保护令”制度的实体和程序内容进行了系统规定，并在第五章“法律责任”中用一个条文对违反人身安全保护令的责任进行了规定。

1.赋予当事人等申请人身安全保护令的权利

当事人因遭受家庭暴力或者面临家庭暴力的现实危险，有权向人民法院申请人身安全保护令，并确立了当事人无法申请时的代为申请制度。

2.明确申请人身安全保护令的形式

为便利申请人申请，法律规定人身安全保护令可以书面申请，也可以口头申请。

3.明确人身安全保护令申请的管辖法院

人身安全保护令案件由申请人或者被申请人居住地、家庭暴力发生地的基层人民法院管辖，申请人可以根据自己的情况，选择其中一个法院提出申请。

4.明确法院对人身安全保护令申请的处理形式

反家庭暴力法第二十六条规定，人身安全保护令由人民法院以裁定形式作出。

5.明确法院作出人身安全保护令的条件

法院作出人身安全保护令的条件包括：（1）有明确的被申请人；（2）有具体的请求；（3）有遭受家庭暴力或者面临家庭暴力现实危险的情形。

6.明确了法院作出人身安全保护令裁定的期限

人民法院受理人身安全保护令申请后，应当在七十二小时内作出人身安全保护令或者驳回申请；情况紧急的，应当在二十四小时内作出，以为受害人提供及时保护。

7.规定了人身安全保护令的救济内容

反家庭暴力法结合家庭暴力的主要形式以及受害人的多元需求，具体列举规定了禁止令、迁出令的救济措施，同时概括规定法院可以根据个案具体情况作出保护受害人人身安全的其他措施。

8.规定了人身安全保护令的有效期及撤销、变更和延长等制度

人身安全保护令的有效期不超过六个月，自作出之日起生效，并可以根据申请人的申请撤销、变更或者延长。

9.规定了对人身安全保护令裁定不服的救济措施

申请人对驳回申请不服或者被申请人对人身安全保护令不服的，可以通过向作出裁定的人民法院申请复议进行救济。对人民法院依法作出的人身安全保护令裁定申请复议的，复议期间不停止人身安全保护令的执行。

10.规定了人身安全保护令的执行机关

我国反家庭暴力法确立了人身安全保护令由人民法院执行，公安机关以及居民委员会、村民委员会等应当协助执行的制度。

11.规定了违反保护令的责任

人身安全保护令由国家强制力保障执行，被申请人违反人身安全保护令，将依法承担相应的责任，包括罚款、司法拘留以至刑事责任等。[1]

二、人身安全保护令制度的发展

人身安全保护令制度是随着我国反家庭暴力法的出台首次在立法上确立的，是反家庭暴力法中的一个核心内容，具有非常重要的地位和作用。人身安全保护令制度的目的可以区分为两个层面。第一个层面，人身安全保护令制度的直接目的是在具体案件中，保护令制度所期望达到的目标或结果。就

此而言，人身安全保护令制度的目的是为防止家庭暴力的发生，保护受害人的合法权益。换言之，人身安全保护令制度的直接目的，并不是要对家庭暴力施暴者施以惩罚，而是着重对家庭暴力的受害者予以妥善保护。保护令制度的直接目的决定了它具有其他家庭暴力干预制度不具有的优越性。家庭暴力的损害后果往往非常严重，有些甚至可能是无法修复的。因此，对于家庭暴力事件，“防”是本，“惩”是标。人身安全保护令制度作为一种事前的防范措施，相较于事后的救济措施，由于避免家庭暴力发生，从而起到避免损害发生的作用。对于很多的家庭暴力受害人而言，惩治施暴者并不是他们的唯一意愿，他们的首要意愿是希望暴力不再发生，这也是其第一层目的。而人身安全保护令的首要目标就是保护受害人，而非惩罚加害人。因此，人身安全保护令因其更契合家庭暴力受害人的主观需要而更容易被家庭暴力受害人选择适用。

人身安全保护令制度第二个层面，也是其最终目的，与一个国家的家庭暴力防治法的整体目标相一致，那就是减少直至消除家庭暴力。

反家庭暴力法施行 8 年来，人身安全保护令制度在防范家庭暴力方面发挥了重要作用，取得了积极的效果。2016 年以来，各级人民法院共签发人身安全保护令 1.5 万余份，签发率由 2016 年的 52.0% 提升至 2022 年的 77.6%，人身安全保护令的适用越来越广泛，逐渐成为家庭暴力受害人可用、会用、有用的自卫武器[2]，有效预防和制止了家庭暴力的发生或者再次发生。

这些年来，国家也非常重视人身安全保护令制度作用的发挥。围绕人身安全保护令制度的目的，通过发布政策文件、颁布司法解释，以及修改相关立法对人身安全保护令制度进行完善。

（一）多部门联合发布政策文件对人身安全保护令制度持续完善

2022 年 3 月，最高人民法院会同全国妇联、公安部等六部门共同发布了《关于加强人身安全保护令制度贯彻实施的意见》（以下简称《意见》），对家庭暴力的发现机制、证据收集机制以及执行联动机制等作了进一步细化和完善。明确提出人民法院应当建立人身安全保护令案件受理“绿色通道”，强化公安机关固定证据和法院依职权调查取证职责[3]30，扩大了人身安全保护令协助执行主体范围和明确具体的协助执行职责，一定程度上缓解了举证难和执行难的问题。

（二）最高人民法院发布的司法解释对人身安全保护令制度的完善

2022年7月15日，最高人民法院发布《关于办理人身安全保护令案件适用法律若干问题的规定》（以下简称《规定》），专门进行相关问题的司法解释，以解决人身安全保护令案件中的法律适用难点问题。《规定》以统一人身安全保护令案件的法律适用标准、明晰裁判规则为宗旨，重点就以下几个方面的内容进行了强调和完善。

1.重申了人身安全保护令案件的独立性

从世界范围看，家庭暴力保护令制度确立初期，法律要求受虐妇女必须首先启动离婚诉讼程序之后才能申请保护令。这样的规定大大限制了保护令的适用，对于实践中遭受配偶暴力的受害者，如果不想离婚，只希望暴力停止，还有没有婚姻关系的暴力受害者（如同居关系暴力受害者），就会因不愿或无法提起离婚诉讼而不能申请保护令。保护令需要依附离婚程序提起的规定，大大限缩了保护令的适用范围和作用的发挥。随着保护令制度的发展，各国基本确立了保护令案件的程序独立性，申请人可以单独直接提起保护令申请，不需要依附于任何民事或刑事程序。

2.《规定》补充规定了家庭暴力的形式

《规定》将家庭成员之间以冻饿或者经常性侮辱、诽谤、威胁、跟踪、骚扰等方式实施的身体或者精神侵害行为，纳入“家庭暴力”范畴，遭受上述形式暴力的家庭成员，可以向法院申请人身安全保护令。

3.扩大了代为申请人身安全保护令的情形以及代为申请的主体范围

实践中，家庭暴力的受害人可能因为种种原因无法亲自申请人身安全保护令，这时就产生了需要有其他主体代为申请的现实必要性。所谓代为申请，指当事人本人不能亲自申请人身安全保护令的时候，其他人或组织可以代替当事人向法院申请人身安全保护令。《规定》补充了反家庭暴力法规定的可以代为申请的情形，明确当事人因年老、残疾、重病等原因无法申请人身安全保护令的，可以由他人或组织代为申请。相应地，《规定》增加了可以代为申请人身安全保护令的主体。结合审判实践，根据相关部门的职责内容，将民政部门、残联、依法设立的老年人组织、救助管理机构等纳入可以代为申请人身安全保护令的主体范围。目的是充分调动全社会的力量，进一步织牢织密对该类人员的保护网，合力保障其人身健康和生命安全。

4.明确人身安全保护令案件可以采纳的11种证据以及适用的证明标准

众所周知，家庭暴力往往发生在家庭内部，具有隐蔽性，少有目击证人；另外，家庭暴力往往发生突然，受害人来不及固定证据。所以，家庭暴力案件存在收集证据难和举证难的现实问题。如何有效收集和提供符合要求的证据，决定着申请人能否顺利获得保护令。实践中，很多当事人申请保护令时，因“证据不足”而被驳回，如此，限制了人身安全保护令作用的发挥。人民法院可以根据哪些证据作出人身安全保护令，是审判实践中亟待明确的。为了解决人身安全保护令申请中举证难的问题，《规定》第六条明确了保护令申请案件中可以采纳的证据形式和范围，以及证明标准。人身安全保护令案件中可以采纳的证据包括：（1）当事人的陈述；（2）公安机关出具的家庭暴力告诫书、行政处罚决定书；（3）公安机关的出警记录、讯问笔录、询问笔录、接警记录、报警回执等；（4）被申请人曾出具的悔过书或者保证书等；（5）记录家庭暴力发生或者解决过程等的视听资料；（6）被申请人与申请人或者其近亲属之间的电话录音、短信、即时通讯信息、电子邮件等；（7）医疗机构的诊疗记录；（8）申请人或者被申请人所在单位、民政部门、村（居）委会、妇联、残联、未成年人保护组织、依法设立的老年人组织、救助管理机构、反家暴社会公益机构等单位收到投诉、反映或者求助的记录；（9）未成年子女提供的与其年龄、智力相适应的证言或者亲友、邻居等其他证人证言；(10) 伤情鉴定意见；(11) 其他能够证明申请人遭受家庭暴力或者面临家庭暴力现实危险的证据。《规定》根据家庭暴力发生的特点，总结实践经验，对保护令申请案件可以采纳的证据形式的列举，为家庭暴力受害人留存、收集证据提供了清晰的指引。

关于人身安全保护令案件的证明标准，《规定》出台前，实践中基本沿用我国民事诉讼法中确立的“高度盖然性”的证明标准，这无疑增加了保护令申请的难度。《规定》在第六条中确立了保护令申请案件适用“较大可能性”的证明标准，即“优势盖然性”标准，在这个标准下，人民法院根据相关证据，认为申请人遭受家庭暴力或者面临家庭暴力现实危险的事实存在较大可能性的，即可以依法作出人身安全保护令。这一规定，突破了我国民事诉讼法关于证明标准的一般性规定，降低了保护令申请案件的证明标准，符合保护令申请案件的特点，有利于缓解保护令申请案件中证明难的问题，具有积极的意义。有学者提出，可以根据保护令的具体措施的不同设置不同的证明标准，比如作出迁出令时可采用略高于优势盖然性的证明标准。[3]

此外，为解决保护令申请案件中收集证据难和证明难的问题，《规定》依据我国民事诉讼法的相关规定，重申了法院在保护令申请案件中依申请调查取证和主动依职权调查取证的职责。

5.丰富了人身安全保护令的救济措施

反家庭暴力法第二十九条规定，人身安全保护令可以包括下列措施：(1) 禁止被申请人实施家庭暴力；(2) 禁止被申请人骚扰、跟踪、接触申请人及其相关近亲属；(3) 责令被申请人迁出申请人住所；(4) 保护申请人人身安全的其他措施。《规定》第十条补充规定：反家庭暴力法第二十九条第四项规定的“保护申请人人身安全的其他措施”可以包括下列措施：(1) 禁止被申请人以电话、短信、即时通讯工具、电子邮件等方式侮辱、诽谤、威胁申请人及其相关近亲属；(2) 禁止被申请人在申请人及其相关近亲属的住所、学校、工作单位等经常出入场所的一定范围内从事可能影响申请人及其相关近亲属正常生活、学习、工作的活动。

6.强化了违反人身安全保护令的责任

《规定》第十二条明确，被申请人违反人身安全保护令，符合《中华人民共和国刑法》第三百一十三条规定的，以拒不执行判决、裁定罪定罪处罚；同时构成其他犯罪的，依照刑法有关规定处理。强化家庭暴力保护令的执行，是各国实践中通行的做法。保护令的有效执行，是其作用发挥的关键。

（三）妇女权益保障法对人身安全保护令制度的完善

根据我国反家庭暴力法的规定，人身安全保护令申请人的范围限于家庭成员或家庭成员以外共同生活的人。《规定》将“家庭成员以外共同生活的人”解释为“一般包括共同生活的儿媳、女婿、公婆、岳父母以及其他有监护、扶养、寄养等关系的人”。这一解释，将恋爱关系者以及前配偶，不管同居与否，均排除在人身安全保护令申请主体范围之外。实践中，以交友求爱为名，纠缠、骚扰妇女，在求爱不成、终止恋爱关系或者离婚后，男方基于泄愤、报复或求复合等动机，对妇女进行跟踪、缠扰，甚至泄露、传播妇女隐私和个人信息的事件时有发生，这些行为同家庭暴力一样，往往具有反复性，给受害妇女造成严重、持久的身心伤害。因终止恋爱关系或离婚后侵犯妇女人身和人格权益的事件，通常被称为“分手暴力”。有资料显示，恋爱中、婚姻中的暴力不会因为终止恋爱关系或者离婚而自然消失，“分手暴力”反而会因为分手的刺激而升级。如何保护恋爱中的妇女，以及终止恋爱关系和离婚后的妇女的人身、人格等合法权益，是需要立法作出明确规定的现实问题。

2022 年，《中华人民共和国妇女权益保障法》修订，新增加一个与人身安全保护令相关的条款。该法第二十九条规定，禁止以恋爱、交友为由或者在终止恋爱关系、离婚之后，纠缠、骚扰妇女，泄露、传播妇女隐私和个人信息。妇女遭受上述侵害或者面临上述侵害现实危险的，可以向人民法院申请人身安全保护令。这一条是关于赋权恋爱关系中的妇女以及“分手”后的妇女遭受缠扰侵害或者面临遭受缠扰侵害现实危险时可以申请人身安全保护令的规定。本款规定回应了遭受上述侵害的妇女需要保护的现实问题，突破了反家庭暴力法关于申请人身安全保护令主体范围的规定，弥补了反家庭暴力法没有将以恋爱、交友为由或者在终止恋爱关系、离婚之后发生的缠扰行为纳入可以申请人身安全保护令主体范围的不足，为妇女采取防卫措施保护自身安全和权益提供了法律依据，拓宽了受害妇女维权以及救济的途径，具有积极的现实意义。

三、对人身安全保护令制度未来的展望

反家庭暴力法施行 8 年有余，实践表明，人身安全保护令制度作为我国反家庭暴力法确立的核心制度，在实践中防范家庭暴力方面发挥了重要作用。但实践同时表明，人身安全保护令在制度上以及实施中还存在一些不完善的地方，制约了人身安全保护令作用的有效发挥。本文重点从制度层面就保护令的救济措施以及保护令的分类及不同种类保护令的程序设置提出完善建议。

（一）增加保护令的救济措施

域外民事保护令制度针对家庭暴力受害人的多元需求，规定可以为受害人提供广泛的、有针对性的救济，而且可以由法官根据个案被害人需要保护的具体情况而依职权妥适裁量，不受申请人申请的限制。[4] 我国人身安全保护令的救济措施多是行为禁令，虽然也有一些迁出令的案例，但由于担心涉及实体权利的处分而引发新的争议，法官适用得非常少。家庭暴力受害人的需求往往呈现多样性，保护令的救济措施应当围绕受害人的需求设定，以满足受害人的多样需求，充分实现保护令的制度目的。未来可以考虑从以下几个方面完善和增加我国人身安全保护令的救济措施。

1.禁止被申请人就被害人居住的不动产进行处分

反家庭暴力法规定了保护令救济措施可以包含责令被申请人迁出申请人所在的住所，但该住所可能是被申请人所有或者以被申请人的名义承租，如果被申请人擅自出卖、出租自己所有的房屋或解除申请人所住房子的租约，

将对申请人及其同住亲属的生活造成不利影响，也会将申请人置于再次遭受暴力的风险之中。所以，增加法院在认为必要时，可以在保护令中限制被申请人就申请人居住的房子进行处分是必要的。

2.依据最有利于未成年子女的原则，暂时确定未成年子女的监护人

家庭暴力不可避免会对未成年子女的身心健康造成影响。为避免未成年子女遭受家庭暴力或者目睹家庭暴力，法院在作出的保护令中，暂时对遭受或目睹家庭暴力的未成年子女的监护作出妥适安排，必要时应听取有表达意愿能力未成年人的意见，以符合未成年人利益保护原则。

3.依据最有利于未成年子女的原则确定被申请人对未成年子女的探望时间、地点及方式，必要时，可以禁止被申请人探望其未成年子女

探望未成年子女是父母的权利，但为了避免被申请人借探望之机再次实施家庭暴力，法院可以在保护令中就探望的时间、地点和方式作出安排，比如在第三方监督之下进行探望等。如果探望子女不利于申请人或者未成年子女人身安全的，法院也可以禁止被申请人探望其未成年子女。

4.责令被申请人支付申请人住所之租金或被害人及其未成年子女要的生活费

我国民法典明确规定了夫妻之间相互扶养的义务以及父母对未成年子女的抚养义务。家庭暴力受害人往往经济上存在困难，对被申请人存在经济上的依赖关系。法院可以在保护令中责令被申请人依法向申请人及其未成年子女支付扶养费和抚养费，以保障申请人及其未成年子女正常生活的必要。

5.责令被申请人进行心理和行为矫治

家庭暴力具有反复发生的特征，在保护令措施中增加责令被申请人进行必要的心理和行为矫治，有利于从根本上消除其暴力行为。

6.禁止被申请人查阅受害人及受其暂时监护之未成年子女户籍、学籍等相关信息

为避免家庭暴力再次发生，将申请人及受其暂时监护的未成年子女的户籍或学籍信息予以保密，禁止被申请人进行查询非常有必要。

（二）对保护令进行分类规定[1]

关于保护令的种类，域外通行的做法是根据家庭暴力受害人需要保护的紧急程度不同，将保护令分为紧急保护令和通常保护令，并对不同保护令的程序规则、救济内容以及有效期限进行设定。这种分类的出发点是给予申请人提供保护的同时，亦满足程序争议的要求。

紧急保护令通常是在家庭暴力受害人有遭受暴力的急迫危险，需要立即提供保护的情况下签发的，其目的是为给处于遭受家庭暴力急迫危险之中的人提供及时保护，以避免暴力行为的发生，或者避免暴力侵害后果的扩大。因为处理的情况紧急，紧急保护令的申请和签发程序不可能要求过于严格，否则，程序的烦琐将导致受害人不能及时获得保护令的保护而遭受暴力的侵害。程序上，紧急保护令依据受害人的单方申请而签发，不需要向被申请人送达申请人的申请，也不需要举行完整的庭审。在证明标准方面，紧急保护令的签发不要求申请人提供充分的证据证明暴力的存在和暴力即将发生，通常只要求申请人承担释明责任，提供初步的证据，说明已经发生的暴力情况、企图实施的暴力或者暴力威胁的情况。因为情况紧急，法律一般要求法庭尽快审核，通常申请人在提交申请的当天即可以获得暂时性保护令。紧急保护令因为案件情况紧急，所以申请和签发的程序相对简便、快捷，以满足为受害人提供及时保护的需要。但因为是根据一方当事人的申请而签发的，基于保护受害人的安全以及对被申请人利益平衡保护的需要，紧急保护令的期限往往很短，一般会持续到法庭确定的关于通常保护令的庭审之日，而且救济的内容往往限于保护受害人人身安全的范围。

由于家庭暴力案件通常具有紧急性，受害人申请民事保护令时，通常要进行两个步骤，首先请求法院依据其单方的申请签发一份紧急保护令，以为其提供及时的保护。法庭签发紧急保护令后，应当确定举行完整庭审的日期和时间。法庭确定完整庭审的日期和时间后，应当向被申请人送达告知申请人的申请、紧急保护令以及举行完整庭审的日期和时间。在确定的开庭审理日，要进行证据的展示、进行证明并达到法定的证明标准要求等。由法院根据庭审查明的情况，决定是否签发一份期间更长的民事保护令。法庭在庭审结束后签发的民事保护令，即被称为通常保护令。当然，申请人也可以直接向法庭申请一份通常保护令。通常保护令的签发，遵守了正当程序的要求，给予了被申请人参与庭审表达意见的机会，因而，有效期限往往比较长，可以是几个月，甚至几年，而且通常保护令提供的救济内容也非常广泛，除了通常的禁止被申请人对受害人实施暴力外，还可以确定孩子监护权、配偶赡养、损失赔偿等方面的内容。

我国的反家庭暴力法并未明确规定人身安全保护令种类，但从第二十八条规定的法院核发保护令的时间看，似乎包含了紧急保护令和通常保护令两类。但并未对紧急保护令和通常保护令的申请和签发程序、期限以及救济措施作出区别规定。借鉴域外对民事保护令分类的规定，将人身安全保护令分为紧急保护令和通常保护令，并对不同种类保护令分别设置不同的程序规则、救济内容和期限，既能满足对家庭暴力受害人提供及时保护的实践需要，同时也能满足程序正义的要求，具有现实合理性、制度的科学性和正当性。

【参考文献】

[1] 刘春玲 . 家庭暴力民事保护令制度 [M]. 北京：法律出版社，2019.

[2] 黄晓薇 . 国务院关于反家庭暴力工作情况的报告 [EB/OL].（2023-09-04）[2024-06-25]. http://www.cnwomen.com.cn/2023/09/04/99280838.html.

[3] 肖建国，丁金钰 . 人身安全保护令中的证据问题研究 [J]. 法律适用，2022（7）：22-23.

[4] 林建军 . 人身安全保护令的性质与内容 [J]. 法律适用，2022（7）：34-42.

我国学校预防性骚扰工作制度研究

——兼评妇女权益保障法的相关规定

钟秋祺①

摘　要：2022 年修订后的妇女权益保障法在一定程度上明确了性骚扰的定义，列举了性骚扰的多种形式，强调了学校要加强对学生的保护，规范了预防性骚扰的工作机制，增设了预防和制止性骚扰的具体措施，明确了各主体应当承担的法律责任。虽然我国不断完善性骚扰防治工作的法律与机制，但是校园里的性骚扰现象仍旧时有发生，难以杜绝。本文在对妇女权益保障法中校园性骚扰防治相关规定进行评价的基础上，提出借鉴域外性骚扰防治工作经验、加强预防教育制度建设、加强调查处置机制建设、提高管理处置效率、增加监管设施投入等防治校园性骚扰的具体措施。期望本研究为学校开展防治性骚扰工作提供有价值的参考。

关键词：校园性骚扰；防治措施；工作制度

现实生活中，一些人，尤其是妇女儿童遭遇过性骚扰，校园性骚扰也属于常见性骚扰种类之一。由于校园性骚扰更具特殊性，难免引起社会关注。例如，2017 年 12 月，南昌大学原副院长周斌性侵女学生事件被曝[1]；2018

① 钟秋祺，中华女子学院 2022 级社会工作专业（妇女维权方向）硕士研究生。

年 1 月，北京航空航天大学原教授、长江学者陈小武性骚扰女学生事件也被曝光[2]。相比于大学校园，发生在中小学的性骚扰，由于学生年龄及师生之间权力的不平等因素的影响，可能更加难于发现。并且，随着互联网的发展，新型的性骚扰、性侵害形式出现。2022 年 10 月 28 日，最高人民检察院发布的开展未成年人检察工作情况报告指出，近五年来，侵害未成年人的犯罪率持续上升，“隔空猥亵”侵犯未成年案件高发频发。2023 年 3 月 1 日，最高人民检察院在“深化未成年人综合司法保护”新闻发布会上透露，近五年来，检察机关共起诉侵害未成年人犯罪 29 万人，年均上升 3.6%。其中，起诉强奸、猥亵儿童等性侵未成年人犯罪 13.1 万人，此类犯罪已成为侵害未成年人的最突出犯罪。[3] 校园性骚扰与其他场域的性骚扰相比，有其自身的特点。从小学到大学，从校内到校外，任何在校人员都有可能成为校园性骚扰事件的受害者。校园性骚扰侵害着受害者的权益，骚扰着受害人的心理健康，对受害者造成直接与潜在的伤害；校园性骚扰侵害着校园的安全空间、破坏校园育人功能的发挥，为校园文化建设带去了严重威胁；校园性骚扰破坏着社会的环境氛围、对社会协调发展造成潜在危机，不利于社会的稳定运行。鉴于校园性骚扰的多层次危害性，本文将以妇女权益保障法对校园性骚扰防治工作提出新的要求为契机，借鉴域外性骚扰防治的工作经验，提出防治校园性骚扰的具体措施。

一、我国法律关于校园性骚扰问题的相关规定

随着我国防治校园性骚扰法律规定的不断完善，一定程度上填补了性骚扰定义的空白，列举了性骚扰的多种形式，强调学校要加强对学生的保护，完善预防性骚扰的工作机制，对性骚扰的具体防治工作提出了更多细致的要求，明确各主体应当承担的法律责任。条款的增加与形式的具体化，让性骚扰事件的处理有了更加详细与具体的法律依据。

（一）一定程度上明确了性骚扰定义

性骚扰在法律上目前并未有明确具体的统一概念。1992 年通过的妇女权益保障法并未对性骚扰作出法律规定，在 2005 年 12 月 1 日修订的妇女权益保障法中明确规定“禁止对妇女实施性骚扰”，中国立法史上第一次清晰的明令禁止性骚扰行为，但未形成明确的性骚扰法律概念的界定。2020 年，民法典将防治性骚扰问题纳入“人格权编”，从立法层面明确了性骚扰的法律概念，规定了单位在性骚扰防治工作中的责任，同时将性骚扰保护对象的范围从“妇女”扩展为“他人”，实现了性骚扰防治的去性别化①。2023 年，为消除工作场所性骚扰，依法保障女职工权益，营造安全健康舒心的工作环境，人社部、国家卫健委、最高检、全国总工会等六部门联合发布的《消除工作场所性骚扰制度（参考文本）》中对性骚扰作出明确定义，即“违反他人意愿，以语言、表情、动作、文字、图像、视频、语音、链接或其他任何方式使他人产生与性有关联想的不适感的行为，无论行为实施者是否具有骚扰或其他任何不当目的或意图”。性骚扰定义的不断完善，标志着我国已基本形成了相对确定的性骚扰法律概念，并为性骚扰的执法实践和司法实践提供了基本法律依据。[4]

随着校园性骚扰事件的频频曝光，执法者在执法和司法实践过程中逐渐发现性骚扰的定义已无法完全适用于校园这个特定场所，于是，一些学者对校园性骚扰的定义展开了研究。有学者认为，校园性骚扰与一般意义上的性骚扰并无本质上的差别，只是性骚扰行为发生在校园这个特定空间。但也有学者认为校园性骚扰并非简单的“校园＋性骚扰”的组合，窦武和谭智雄强调，并非在校园内发生的性骚扰才算性骚扰，在校外发生的，只要行为人或受害者其中一方为校园的主体，都应为校园性骚扰，与

---

① 民法典第一千零一十条规定：“违背他人意愿，以言语、文字、图像、肢体行为等方式对他人实施性骚扰的，受害人有权依法请求行为人承担民事责任。机关、企业、学校等单位应当采取合理的预防、受理投诉、调查处置等措施，防止和制止利用职权、从属关系等实施性骚扰。”

事件发生地点无关。[5] 任海涛和孙冠豪从法学视角对校园性骚扰进行了界定，认为校园性骚扰是指在“校园关系”中强势方出于追求性刺激的目的，对弱势方实施的带有“性”意味之行为。[6] 吴秀雪则认为校园性骚扰是在校园生活中，能够产生支配关系的双方中出现的违背受害者意愿的，并以文字、语言、图片、动作等方式表现出的和性相关的骚扰行为。[7] 由此可见，校园性骚扰可以发生在任何校园主体之间，与事件发生的地点无关，并且主体之间的权力关系不平等。笔者因研究需要，在本文中对校园性骚扰作出以下定义：“校园性骚扰是指行为人违背学生意愿，以语言、表情、动作、文字、图像、视频、语音、链接或其他任何方式实施的与性有关的使他人产生不适感的行为，无论行为人是否具有骚扰或其他任何不当目的或意图。行为人既包括教职员工、学校的外聘人员，也包括学校学生。校园性骚扰行为既可以发生在校内，也可以发生在校外。”

（二）列举了性骚扰的多种形式

2020 年民法典颁布以前，我国性骚扰立法仍处于初级阶段。[4] 在责任主体、举证责任与规则、救济方式等问题的解决上仍存在现实问题，特别是对于受害者投诉后，有关单位如何开展救济工作、如何弥补受害者的损害，以及哪个部门负责处理投诉等具体问题都缺乏详细规定。民法典的颁布，明确规定了雇主义务、法律救济和举证责任等，使得我国性骚扰立法在近 30 年的发展历程中正逐步走向成熟。[4]

2022 年最新修订的妇女权益保障法，列举了性骚扰的形式包括言语、文字、图像和肢体行为，规定了学校应当建立有效预防和科学处置性侵害、性骚扰的工作制度，规范了用人单位防治性骚扰的责任和具体措施，明确了各行为主体应当承担的法律责任。妇女权益保障法的实施，为性骚扰防治工作的开展提供更多的法律依据和保障，使得我国性骚扰的立法更加完善。

在现实生活中，不仅异性之间能够发生性骚扰行为，同性之间也可能发生。将女性作为性骚扰受害者其实是对女性的固定思维和刻板印象造成的，这其实也是一种对女性的变相歧视。[8] 因妇女权益保障法是针对维护妇女权益而制定的，因此提法仍然是“禁止违背妇女意愿”。

（三）强调学校要加强对学生的保护

未成年人保护法第四十条要求学校建立预防性侵害、性骚扰未成年人工作制度。学校应当依法上报性侵害、性骚扰未成年人等违法犯罪行为，并要求对未成年人开展适龄的性教育，以增强未成年人的自我保护意识和能力。同时对遭受性侵害、性骚扰的未成年人，学校要及时采取相关的保护措施。由于女学生较其他行为主体更加容易受到侵害，处在弱势地位，因此，妇女权益保障法关于校园性骚扰的防治工作，以保护女学生的权益为主，提出保障女学生的人身安全和身心健康发展的措施要求。本文跳出妇女权益保障法的受害主体限制，从民法典对受害主体去性别化的观点出发，将校园性骚扰的受害主体范围由女学生扩大至学生，以学生作为受害者的角度谈预防性骚扰问题。

（四）完善预防性骚扰的工作机制

1.规范了预防性骚扰的工作制度

为了进一步加强和提高校园预防处置性骚扰事件的能力与效率，妇女权益保障法要求学校建立有效预防和科学处置性侵害、性骚扰的工作制度。并且试图建立起家庭、校园、社会协同的防治机制，要求学校强制向公安机关、教育行政部门上报对性侵害、性骚扰女学生的违法犯罪行为，对受害未成年女学生应及时通知其父母或其他监护人，注重保护遭受性侵害、性骚扰女学生的隐私及个人信息。建立专门的性骚扰防治工作制度，能够明确相关部门的工作目标，规范工作人员的工作程序与工作行为，提高学校在防治校园性骚扰事件上的工作质量、办事效率和服务质量。

2.增设了预防和制止性骚扰的具体措施

除完善校园性骚扰防治工作的工作制度外，妇女权益保障法还增设了预防和制止性骚扰的具体措施，为防治性骚扰提供了具有针对性的解决方法和途径。要求用人单位制定专门的规章制度，建立专门的负责机构，挖掘合理的调查处置程序，形成专门的性骚扰防治机制；并且要在单位开展预防和制止性骚扰的教育培训活动，完善单位的安全保卫措施，通过设置投诉电话、信箱等方式畅通投诉渠道；当性骚扰事件发生后，要在保护当事人隐私和个人信息的前提下及时处置纠纷，全力支持、协助受害妇女依法维权，必要时为受害妇女提供心理疏导。

3.明确了各主体应当承担的法律责任

责任主体是法律责任构成的必要条件，妇女权益保障法明确了性骚扰事件的法律责任追究主体，设定了公安机关、学校及用人单位等的法律责任，强化了国家机关、学校和用人单位的法律责任追究机制，各责任主体都有义务防止性骚扰事件的发生。对妇女实施性骚扰的，公安机关应当对其进行批评教育或者出具告诫书。如若学校和用人单位未能采取必要的措施预防和制止性骚扰，造成妇女权益受到侵害或者社会影响恶劣的，都需承担相应的法律责任。明确各主体在性骚扰事件当中应承担的法律责任，可以保护责任主体的合法权益，实现法律的功能，维持社会的秩序，促进社会的发展。

二、我国当前校园预防性骚扰工作制度的现状与不足

我国性骚扰工作的防治机制正在不断完善，但我国学校在预防性骚扰方面的教育、查处机制、处置效率、监管设施等方面仍存在诸多不足。首先，预防性骚扰教育的缺失使得学生的自我保护意识和能力较弱，加上害怕隐私暴露，受害者在遭遇性骚扰事件后往往保持沉默，出现不敢维权的现象。其次，由于当前我国防治性骚扰的法律法规还未十分完善，国家尚未健全更加专业的性骚扰调查处置机制，学校也未建立校园性骚扰防治的专门机构，使

得学校在处理校园性骚扰事件上不够专业，处理性骚扰事件的效率较低。最后，监管保障设施服务不到位，存在监管盲区，导致性骚扰受害者取证困难、性骚扰行为人存在侥幸心理等情况时有发生。

（一）学校关于预防性骚扰的教育缺失

我国多数学校都没有开设正确认识和处理防范性骚扰的课程，对学生进行“性”相关知识的教育很少，使得学生在这些方面的自我保护意识和能力较弱，很多人常常出现对性骚扰“不明所以”的情况，认为性骚扰不是什么大事，觉得性骚扰是个人的正常生理需求，对性骚扰认知的缺乏一定程度上助推了性骚扰的发生。[9] 有研究表明，受害者普遍存在不愿谈论性骚扰遭遇的现象，将“性”当成很隐私的话题，或者将遭遇性骚扰事件视为羞耻丢人的事件，秉持着“大事化小，小事化了”的态度保持沉默。[10] 因此，习惯沉默成了较多遭遇性骚扰事件受害者的处理方法。这一问题随着新修订的未成年人保护法①和妇女权益保障法②中要求学校开展适龄性教育的规定有所改善，但是学校普遍落实性教育是一个长期且漫长的过程，当下预防性骚扰教育缺失问题仍旧较为突出。

（二）学校普遍未建立性骚扰调查处置机制

有研究表明，性骚扰事件受害者在遭遇性骚扰事件后选择沉默的原因之一在于“学校没有明确地告诉我可以找谁去说这件事”。[10] 学生面对性骚扰时并不清楚应向学校具体哪一个部门进行申诉。[11] 校园未广泛建立起校园性骚扰的专门反映部门，各大校园官网上没有找到可以直接投诉、反映、

---

① 未成年人保护法第四十条规定：“学校、幼儿园应当对未成年人开展适合其年龄的性教育，提高未成年人防范性侵害、性骚扰的自我保护意识和能力。对遭受性侵害、性骚扰的未成年人，学校、幼儿园应当及时采取相关的保护措施。”

② 妇女权益保障法第二十四条规定：“学校应当根据女学生的年龄阶段，进行生理卫生、心理健康和自我保护教育，在教育、管理、设施等方面采取措施，提高其防范性侵害、性骚扰的自我保护意识和能力，保障女学生的人身安全和身心健康发展。”

上报遭遇性骚扰事件的渠道与途径，性骚扰受害者投诉无门等现象依旧存在。由此可见，虽然民法典、未成年人保护法、妇女权益保障法等相关法律已经相继提出校园性骚扰防治的相关要求，但是国家并未从制度上建立性骚扰事件的专门处理部门与调查处置机制，政府未能为校园建立专门的性骚扰防治机构提供有效经验借鉴与实际保障，因而我国当前对校园防治性骚扰的法律法规及政策仍存在较大完善空间。相较中小学而言，一些高校已经开始探索建立性骚扰的预防和处置机制，而在中小学这类机制建设几近空白。

（三）学校管理部门处置性骚扰事件效率低下

目前我国校园受理性骚扰事件的机构主要是学生工作机构：学生处、学生工作委员会、团委和其他相关部门，部门工作人员并不具备专业的知识与能力。[11] 由此导致学校对性骚扰事件的处置效率低下。例如，2014 年曝光的厦门大学原人文学院历史系教授吴春明诱奸女学生的事件①和 2014 年发生的湖北省咸宁市通山县某小学老师邓某猥亵儿童事件②。从以上案例都可看出，学校管理部门处置校园性骚扰事件的效率并不高，导致处理周期过长，在调查结果判定之前，涉事行为人生活不受影响，气焰依旧嚣张。事情迟迟得不到解决，这不仅会使受害者的情绪难以得到缓解，同时也会让受害者感到愤怒与失望，加大受害者的心理恐惧感、耻辱感、无力感。学校管理部门处置性骚扰事件效率低下，对受害者的心理伤害将无限扩大。

---

① 2014 年 6 月 23 日事件开始之初学校并未重视与处理，一直到 7 月 10 日事件在网上发酵后，厦门大学才于 7 月 11 日终止了吴春明在历史系教授委员会的履职，7 月 12 日通过官方微博发表声明称展开调查，整个调查过程长达三个月。

② 邓某于 2014 年被家长举报猥亵儿童后，当地教育局与学校并未及时深入调查该事件，仅将该老师调离原岗位。2020 年，邓某利用职务便利再度犯案。2022 年，法院才向该县教育局发出司法建议书。

（四）学校存在监管盲区

性骚扰的发生具有隐蔽性，有研究表明，学校性骚扰常发生的地点包括校园内隐蔽之处、老师办公室和校园外。[12] 由于校园内部工作人员较易掌握摄像头的安置情况，性骚扰者可以轻易避开摄像头，使得性骚扰事件取证难、受害者维权难。例如，2019 年 6 月，中央美术学院原教授姚舜熙因猥亵女学生、违反政治纪律等事由被 9 名学生联名举报，但其性骚扰女学生事件，公安机关因证据不足未能立案，学校也仅能对姚舜熙违反的政治纪律等事件进行处理。因此，在办公室等没有摄像头的地方实施性骚扰，受害者想要留存证据的难度加大，公安机关会因证据不足而无法立案，受害者只能因证据不足无法起诉。校园存在的监管盲区使学校始终存在一些安全隐患。

三、校园预防性骚扰工作制度借鉴

（一）台湾地区——注重性骚扰防治立法，推行校园性骚扰预防教育

我国台湾地区先后颁布多部涉及校园性别平等的法律文件。台湾地区刑法对性侵害的对象、形式作出论述；性侵害犯罪防治法规定了机构设立、资料库建设、宣传教育、应对措施等性侵害犯罪防治的具体实施办法；性别平等教育法则在对性别平等教育、性侵害、性骚扰、校园性侵害或性骚扰事件等作出相关界定的基础上，重点对学习环境、课程、教材、教学、校园性侵害或性骚扰的防治办法等予以充分表述；《校园性侵害性骚扰或性霸凌防治准则》则提出针对校园性相关事件的防治教育、改善校园危险空间、处理机制、救济方法等多方面的实施办法。[13] 这些法律文件的颁布不仅保障了性骚扰受害主体的合法权益，还让学校落实校园性骚扰防治工作有了法律依据。

台湾地区各级主管机关在校园性骚扰教育工作中落实法律中的各项规定，推动性骚扰防治课程、培训、教学等相关工作的开展。其一，台湾地区

各级主管机关要求学校为校园性骚扰的受害者提供咨询服务，对相关人员开展有关性骚扰防治的教育、培训和宣传，推动家庭和社会在校园性骚扰防治中的教育工作。例如，教职员工与学生必须每年定期接受性骚扰防治的教育；广泛开设性别研究相关课程，同时将此类课程设为必修课、计入学分。其二，台湾地区各级主管机关要求学校必须保障校园环境安全，为师生创造一个安全的空间。例如，学校应制定校园性骚扰防治规划，为学生提供安全的宿舍、卫浴设备、校车等校园空间与设施；定期汇报规划实施情况、举办校园空间安全检视说明会，公开检视成果及相关记录，以及校园危险空间的改善进度；绘制校园危险地图，告知性骚扰等事件可能发生的高危地区与曾经发生过性侵害、性骚扰或性霸凌事件的危险空间。

（二）美国——从立法、司法、行政全方位为校园性骚扰调查处置机制奠定基础

美国联邦系统从立法、司法、行政层面对校园性骚扰的防治工作作出了规定，为校园性骚扰防治机制的法律和政策制定奠定了基础。

1972 年颁布的教育法（修正案）是美国学校性骚扰防治义务最早的法律渊源。后续陆续出台了学生知情权和校园安全法、校园性侵犯受害者权利法案、反对对妇女施暴法、校园性暴力法案等，美国从立法层面不断完善了性骚扰防治的法律依据。作为判例法国家的美国以遵循先例为原则，法院的判决也具有法律效力。1977 年，耶鲁大学某教授卷入的性骚扰案件使得美国教育法（修正案）第九章禁止性别歧视行为，成为处理校园性骚扰案的直接法律依据。1992 年，通过对克里斯汀 · 富兰克林诉格威内特县公立学校一案的裁定，美国最高法院首次确定了受到性骚扰的学生可以根据第九章要求学校进行经济赔偿，确定了学校在性骚扰事件中应当采取的措施及应当承担的法律责任。[14] 美国性骚扰防治工作从司法层面得到发展。1997 年，美国教育部民权办公室根据美国教育法（修正案）第九章的授权发表了一份关于第九章的指导性文件《性骚扰指南：学生遭受学校雇

员、学生或第三方的骚扰》，强调学校要消除教育项目和活动中基于性别的歧视，要求学校必须建立申诉程序，保证投诉与维权渠道畅通。美国教育部同时提出并出台更加具体的相关指南和政策性文件，为学校工作提供指引，使美国教育法（修正案）第九章在现实案件中更具操作性。[14] 美国性骚扰防治工作从行政层面得到巩固。

（三）日本——建立高效解决校园性骚扰的部门处置程序规制

日本院校在实践过程中摸索出一套可以高效解决校园性骚扰的解决程序，主要包括成立专门组织机构和构建专门救济程序。

日本根据学校特色在学校和院系分别设置性骚扰防治专门机构，当发生性骚扰事件后，学校与学院将同时进行调查，共同处理案件，并根据案件的不同程度进行合理的处置。同时，设置了“投诉—调查—调解—相应措施”的一般救济程序。[7] 投诉机构受理受害人的投诉，并将投诉信息整理、转交调查机构。之后，调查机构在调查阶段判断投诉是否有调解的可能性，如果存在调解的可能性，则将投诉交由调解委员会进行调解；如若不存在调解的可能性，则继续由调查机构深入调查，且在调查完成后向部门负责人提交结果报告，为受害者提供可采纳的救济建议。

（四）英国——科学制定工作程序，健全保护举措与环境保障

英国认为校园性骚扰事件的防治主体是学校，学校应为学生提供安全的学习环境、向家长做安全宣传，且当校园性骚扰事件发生时，要主动处理而不能逃避。

英国教育部发布的《确保儿童在教育中的安全法定指南》要求学校必须制定科学防治“性暴力和性骚扰”的政策制度和工作程序，同时采取恰当的保护措施保护学生免受侵害、防止问题升级。[15] 当学校收到性骚扰事件的投诉与举报时，将通过匿名的形式进行调查，确保消除受害者的担忧、保证受害者的安全；紧接着，学校需提供一份包括受害者本人对事件的处置态度、

事件性质等相关内容的报告给教育主管部门，以便其对事件进行督导处理。并且要在规定时间内处理完案件，调查时间和解决方案取决于案件本身的复杂程度等，要求一般案件必须在一个月内得到解决，较为复杂的案件则在三个月之内处理完成，极其复杂的案件一年之内也必须得以解决。与此同时，学校要求管理人员、老师、学生本人及其监护者都参与进学生的安全保护工作之中，通过整体参与的方式对学生的安全进行全面防护。同时，完善校园的监控系统，尽量通过监控及时发现问题，如果性骚扰等事件已经发生，监控系统要能够为案件的解决提供证据。

（五）对以上校园预防性骚扰工作制度的评价

以上校园预防性骚扰工作制度经过多年的发展，已经形成较为完善的制度体系，各相关国家和地区在教育传播、制度建立、程序设定、保障措施等方面的规定分别具有借鉴意义。

我国台湾地区注重通过性骚扰防治立法来保障性骚扰受害主体的合法权益，以此让学校落实校园性骚扰防治工作有法可依，且台湾地区各级主管机关在校园性骚扰教育工作中落实法律中的各项规定，推动性骚扰防治课程、培训、教学等相关工作的开展。美国从立法、司法、行政三个层面不断完善校园性骚扰防治的工作机制，奠定了学校在处理校园性骚扰事件中的法律基础，明确了学校在校园性骚扰防治事件中的主体责任和义务，完善了学校处理校园性骚扰事件的工作制度。美国的校园性骚扰事件处理机制具有较强的可操作性。日本在院校设置了“投诉—调查—调解—相应措施”的处理程序，充分尊重受害者的意愿处理校园性骚扰事件，争取在最大程度上保护受害者的正当权益。英国则更加注重保护受害者的人身安全和隐私，在不断完善校园安全的基本保障设施外，还积极号召社会各界人士共同参与到校园性骚扰防治工作当中，希望通过人人参与的方式提升性骚扰事件的防治效果，并且对已发生的性骚扰事件明确调查时间，通过充分利用资源来高效解决问题。

四、完善我国校园预防性骚扰工作制度的建议

我国在防范性骚扰的教育制度方面尚不够健全，国家也未广泛与及时建立起性骚扰调查处置机制，学校管理部门对性骚扰事件的处置效率不高，学校存在监管盲区。针对以上不足，结合其他地区和国家校园预防性骚扰工作的经验，现从教育制度、调查处置机制、部门处置效率以及加强校园监管这四个方面对我国校园预防性骚扰工作制度的完善提出建议。

（一）加强预防校园性骚扰教育制度建设

学生的自我保护能力较弱，是性骚扰事件中的弱势一方，除了加强对学生的外界保护，还应增强学生的自我保护意识。因此，校园性骚扰的预防教育和培训是性骚扰防治工作的重要一环，无论是在幼儿园、中小学教育还是在高等教育阶段，都应在学生的学习阶段设立与其年龄段相符的关于防治性侵害、性骚扰的知识课程，普及与其年龄段相符的性别知识，让其了解性骚扰的具体表现形式、增强辨别侵害行为的能力，并学习相关法律法规，使其在遭遇性骚扰后能够采取正确的方式保护自己。教育部可以规定增设性教育相关课程为必修课程，例如，在每学年设置必修课时，这不仅能够使在校生增强自我防范的意识与自我保护的能力，也可以逐步改善传统的性别文化环境，改变“谈性色变”的观念意识。

在增强学生性别意识的同时，也需要定期对学校的教职员工开展性骚扰防治的相关教育培训和宣传。例如，在其入职前规定性骚扰防治相关学习内容，要求达到学习时长并进行考试，入职后每年至少进行一次性骚扰防治相关知识的更新培训等。这不仅能够提高教职员工处理性骚扰事件的能力，也能够变相警醒教职员工，禁止对学生作出性骚扰行为。同时，学校应严格执行法律规定的教育行业人员的入职核查机制。

（二）加强调查处置机制建设

我国目前还未建立起专门调查处置性骚扰事件的机制，因此可以借鉴美国的成功经验，从立法、司法和行政三个层面不断完善法律、法规，设立专岗、组建队伍，成立国家在防治校园性骚扰方面的专门单位。该单位应明确岗位职权与任务，设立调查处置的规范程序，为学校开展校园性骚扰的防治工作提供指导，进行资源整合与链接，形成校园性骚扰防治机制，成为校园性骚扰防治的保障力量。

2018 年 5 月，教育部形成《关于高等学校防止性骚扰工作的意见》（以下简称《意见》）草案，2019 年在对政协十三届全国委员会第一次会议相关答复中，教育部表示，将尽快出台《意见》。但是时至今日，该《意见》并未出台，教育部应跟上时代需要，认识到校园性骚扰的范围不局限于高等院校当中，而是应将原《意见》中性骚扰的范围扩大至校园性骚扰，出台《关于校园防止性骚扰工作的意见》，将工作落到实处、细处，而不仅是概念与文件上。有了上层的法律法规作为依据，各大院校便能够及时健全性骚扰防范工作机制，制定有效的校园性骚扰调查处置程序，使校园性骚扰事件的处理更加专业高效，让校园环境更加安全，让在校的人们更加感受到安全与放心。

（三）提高学校管理部门对性骚扰的处置效率

学校管理部门在处理性骚扰事件时，一定要尽量缩短调查时长。例如，英国在处置校园性骚扰时设置了明确的调查时间，可以让学校以最快、最高效的速度处理好性骚扰事件，从而让受害者尽快走出内心的阴霾、得到更好的慰藉，同时让更多的受害者信任相关机构的调查工作、讲出自己的遭遇，快速的处理过程也能够使行为人感到畏惧从而收敛不法行为。例如，可借鉴日本院校“投诉—调查—调解—相应措施”的规范化程序，建立受害人和学校的直接联系，从而提高了学校管理部门对性骚扰的处置效率。

根据以上案例，我国在提高学校管理部门对性骚扰处置效率时应由学校抽调专门人员设立性骚扰防治专门机构，出台相应的规章制度和操作规程，明确机构与个人的工作职责、重心，限定调查时间，设立高效调查处置性骚扰事件的标准处理程序，建立起学校校园性骚扰的专门防治机制。

同时，严格落实保密机制。保密工作开展得好，是性骚扰治理工作得以开展的关键环节。如果不能严格落实保密制度，性骚扰受害者的维权意识将会下降，这样不仅纵容了行为人，也将导致校园性骚扰防治部门的权威性降低、后续工作开展的难度增大。因此，参与到性骚扰防治的工作者或校园志愿者，一定要严格落实保密制度，切忌私下谈论当事人的事件，造成事件的传播，一定要保证在知情人数最少的范围内处理事件，努力让校园的性骚扰防治机制成为受害者信得过的机制。

（四）加强校园监管措施

不断完善校园的监管设施，使校园环境得到保障，不仅是对受害者的保护，也是对行为人的一种警醒，切忌让校园的隐秘角落成为性骚扰行为人的法外之地，努力构建安全的校园空间。

没有摄像头的隐蔽、私密空间是性骚扰事件发生的高危地区，因此学校应当首先完善校园的监控系统，加强对这些监控死角的监视与巡逻工作。其次，在无监控、性骚扰多发地贴出标识，标明相关部门与单位的投诉地点、联系人电话、邮箱等联系方式。这些告示或通知不仅能告知性骚扰事件受害者维权途径，也能时刻提醒所在区域人员要谨言慎行，从而起到警醒作用。最后，可以学习台湾学校的做法，绘制校园危险告警地图，将性骚扰等事件可能发生的高危地区告知师生。

综上，校园性骚扰不仅侵害了受害人的权益、影响了受害人的心理健康，还侵害着学校的安全空间、破坏着社会的环境氛围。防治校园性骚扰是学校与社会全体共同的责任与义务，社会各界应该全力支持校园性骚扰防治政策的实施，政府应对立法、司法和行政等各方面的法制进行完善，学校应该重视对校园性骚扰事件防治机制的建立、校园性骚扰预防教育制度的建设、调查处置机制的形成、部门管理处置效率的提高、监管设施的投入。只有从教育、管理制度、监管设施等全方位采取措施，各方联动共同承担责任与义务，才能保障学生的人身安全和身心健康发展，保障校园拥有安全的教育环境，提高校园性骚扰事件的防治效果，达到减少或消除性骚扰事件发生的目的。

【参考文献】

[1] 董振杰．南昌大学一副院长被指长期性侵女生　校方：启动调查 [N]. 法制晚报，2017-12-20.

[2] 罗茜茜．我要实名举报北航教授、长江学者陈小武性骚扰女学生 [EB/OL].（2018-01-01）[2023-06-15]. https：//weibo.com/ttarticle/p/show?id=2309404191293831018113&mark_id=followtopweibo.

[3] 孙蕊．每个数据背后都是关系！这场新闻发布会，聚焦“深化未成年人综合司法保护”[EB/OL].（2023-03-01）[2023-06-15]. https：//www.spp.gov.cn/zdgz/202303/t20230301_6050 10.shtml.

[4] 付翠莲，张敦丹．论性骚扰侵权行为在《民法典》中的认定标准 [J]. 郑州轻工业大学学报（社会科学版），2022，23（6）：74-83.

[5] 窦武，谭智雄.校园性骚扰防控机制之实现[J].教育观察（上旬刊），2013，2（4）：53-56.

[6] 任海涛，孙冠豪．“校园性骚扰”的概念界定及其立法意义 [J]. 华东师范大学学报（教育科学版），2018，36（4）：150-157+168.

[7] 吴秀雪．高校性骚扰法律规制研究 [D]. 江苏：江苏大学，2021.

[8] 谢海定．性骚扰概念在中国法上的展开 [J]. 法制与社会发展，2021，27（1）：210-224.

[9] 刘春玲．高校防治性骚扰对策研究 [J]. 中华女子学院学报，2018，30（4）：30-34.

[10] 刘小楠，陈颖楠．我国校园性骚扰防治的推进与展望 [J]. 中华女子学院学报，2020，32（5）：18-28.

[11] 靳文静．我国高校性骚扰的特征和原因 [J]. 中华女子学院学报，2019，31（5）：14-20.

[12] 王献蜜，林建军，金颖．高校性骚扰发生现状及性别差异研究 [J]. 中华女子学院学报，2019，31（5）：5-13.

[13] 邹维．校园性别事件治理的台湾经验——法律文本分析的视角 [J]. 少年儿童研究，2019（8）：68-73.

[14] 刘小楠，龙大瑞．美国校园性骚扰防治机制研究 [J]. 人权研究，2020（2）：76-95.

[15] 蔡敏，刘雪然．英国《确保儿童在教育中的安全法定指南》及其启示 [J]. 现代中小学教育，2020，36（10）：80-84.

反就业性别歧视立法的进步与不足①

——以妇女权益保障法为中心

唐　芳　黄冬菁　赵　晴　姚欣瑜②

摘　要：男女平等是我国基本国策，实现男女享有平等的劳动与社会保障权就必须消除就业性别歧视。2022 年新修订的妇女权益保障法在保障妇女平等就业权、消除就业性别歧视方面作出系统的规定，构建了预防、救助、惩治一体化的保障体系，体现了立法的进步。但同时也存在一些不足，亟待完善。

关键词：就业性别歧视；检察公益诉讼机制；约谈机制；法律责任

劳动就业是任何一个有劳动能力的公民不可剥夺的重要权利。劳动不仅是一个人谋生的手段，也是体现其尊严和社会价值的途径。妇女参加社会劳动不仅是妇女谋取个人生活经济来源的手段，而且是妇女获得

---

① 基金项目：本文系 2017 年中华女子学院青年教师科研能力提升项目“我国法律政策性别平等评估机制研究”（项目编号：2017QN—0203）阶段性成果。

② 唐芳，中华女子学院法学院副教授，法学博士，主要研究方向为性别与法律、劳动与社会保障法。黄冬菁，中华女子学院 2022 级社会工作专业（妇女维权方向）硕士研究生，主要研究方向为妇女维权。赵晴，中华女子学院 2022 级社会工作专业（妇女维权方向）硕士研究生，主要研究方向为妇女维权。姚欣瑜，中华女子学院 2022 级社会工作专业（妇女维权方向）硕士研究生，主要研究方向为妇女维权。

经济独立、提高社会地位的先决条件，是实现男女平等的经济支柱。随着社会经济的不断发展，我国女性的地位不断提高，在各行各业取得突出成就，为推动我国社会发展进步作出了积极贡献。然而受制于历史、生理、社会等因素，关于女性的就业歧视在总体就业环境相对公平的当下依然广泛存在。党的二十大报告中强调“坚持男女平等基本国策，保障妇女儿童合法权益”“消除影响平等就业的不合理限制和就业歧视”。2022 年新修订的妇女权益保障法在保障妇女平等就业权、消除就业性别歧视方面作出系统的规定，构建了预防、救助、惩治一体化的保障体系，体现了立法的进步。但同时也存在一些不足，亟待完善。本文拟对妇女权益保障法关于反就业性别歧视立法进步与不足进行分析，为进一步促进男女平等就业提出完善的建议。

一、反就业性别歧视立法的进步

新修订的妇女权益保障法针对就业性别歧视构建了预防、救助、惩治一体化的保障体系，在一定程度上避免了过去反就业性别歧视实践中存在的一些问题，完善了防止和纠正就业性别歧视的相关内容，彰显出进步性和创新性。具体表现在以下五个方面。

（一）明确规定国家消除就业性别歧视的积极义务和国家责任

促进就业是国家的职责。宪法第四十二条规定：“国家通过各种途径，创造劳动就业条件……”“国家对就业前的公民进行必要的劳动就业训练。”就业促进法对国家促进就业作出全面、系统规定。妇女权益保障法第四十二条明确规定：“各级人民政府和有关部门应当完善就业保障政策措施，防止和纠正就业性别歧视，为妇女创造公平的就业创业环境，为就业困难的妇女提供必要的扶持和援助。”这一规定强化了国家在保障妇女平等就业权方面的积极义务和国家责任。

（二）明确就业性别歧视的具体情形

尽管我国已颁行多部法律确保妇女能够享有平等就业的权利，但我国现有法律法规在就业性别歧视的概念界定、判定、识别和处罚上一直缺失。在保障妇女享有平等就业权、认定就业性别歧视行为的司法实践中，就业性别歧视概念界定不明通常是导致案件裁定的第一大难题。新修订的妇女权益保障法对此作出了意义重大的修改。

妇女权益保障法关于就业性别歧视界定的立法模式采取了“禁止直接歧视＋保护例外”模式[1]，在第四十三条中把“除不适合妇女的工种或者岗位外”更改为“除国家另有规定外”，确保其与就业促进法、劳动法一致，避免法律漏洞被用人单位钻空寻找抗辩借口；详举了用人单位就业性别歧视的多种情形，明令用人单位不得以性别、婚育等条件限制妇女就业、提高录用标准或拒绝录用妇女等就业性别歧视行为。尽管妇女权益保障法仍未对就业性别歧视的概念进行界定，但此次新修订强化了妇女权益保障法在这一方面的指导性。这在某种程度上更有利于妇女权益保障工作能准确识别就业性别歧视行为并迅速作出反应，为防止和纠正就业性别歧视、保障妇女平等就业权提供了明确的法律依据，有利于妇女权益保障工作真正落到实处。

（三）对就业性别歧视行为进行全方位法律规制

学界对就业性别歧视有广义和狭义之分。广义的就业性别歧视是指贯穿就业过程各个环节发生的性别歧视，各环节包括招聘、录用、工资、津贴、培训、岗位调动、职务升迁、退休、辞退、福利待遇等。狭义的就业性别歧视仅指招录环节发生的就业性别歧视。长期以来，理论界和实践更关注招录环节就业性别歧视，忽视就业过程中的就业性别歧视行为，特别是培训、晋升等环节的就业性别歧视行为。新修订的妇女权益保障法并未局限于招录环节的就业性别歧视，而是将就业全过程中的性别歧视行为纳入规制范围，包括劳动报酬、晋职、晋级、评聘专业技术职称和职务、培训等方面歧视以及怀孕歧视，给予妇女全方位保障。

（四）明确行政执法主体及监察职责

妇女权益保障法在“劳动和社会保障权益”一章中，除明确规定防止和纠正就业性别歧视外，新增将就业性别歧视行为纳入劳动保障监察范围。在此之前，我国对于就业性别歧视的行政执法主体尚不明确，劳动保障监察也大多集中在对职工保护方面，对于就业性别歧视的现实情况监察难以到位，这在无形中增加了防止和纠正就业性别歧视实践工作的难度。新修订的妇女权益保障法将就业性别歧视纳入劳动保障监察范围，指示劳动保障监察部门作为劳动保障行政部门应当强化自身监察的责任与义务，应依法执行就业性别歧视劳动保障监察、查处就业性别歧视行为，确保劳动保障行政部门有效发挥监察执法的作用，防止就业性别歧视的不良后果继续蔓延。

（五）优化保障机制，构建多元救济体系

妇女权益保障法增加了“救济措施”一章，针对就业性别歧视行为不仅规定妇女个体平等就业权受到侵害的二元救济方式——行政救济方式和司法救治方式，还建立检察公益诉讼机制、就业性别歧视联合约谈机制等公权力救济机制方式，丰富了妇女权益保障的救济措施，构建了多元化的救济体系，提升了救济效能。

1.建立检察公益诉讼机制

现实生活中，有些侵害众多妇女权益的行为，但由于女性个人维权成本高或者侵害的是妇女整体利益时，导致妇女个体维权困难。理性的个体不愿意起诉，反就业歧视法律制度可能成为沉睡性条款。就业歧视本质上是群体与群体之间的利益冲突，只是体现在群体化的个体之间[2]，反就业歧视法客观上存在着两种利益：一种是群体化的社会利益，另一种是群体化的个体利益[2]。为了保护群体化的社会利益，可以设立严重侵害妇女权益行为的公益诉讼制度，由检察机关、工会、妇联和妇女组织作为提起妇女公益诉讼的主体，维护妇女的合法权益。《中华人民共和国民事诉讼法》第五十八条第二

款规定："人民检察院在履行职责中发现破坏生态环境和资源保护、食品药品安全领域侵害众多消费者合法权益等损害社会公共利益的行为，在没有前款规定的机关和组织或者前款规定的机关和组织不提起诉讼的情况下，可以向人民法院提起诉讼。前款规定的机关或者组织提起诉讼的，人民检察院可以支持起诉。""等"字为检察机关提起妇女公益诉讼提供可能性。2019年12月，最高人民检察院联合全国妇联印发《关于建立共同推动保护妇女儿童权益工作合作机制的通知》，建立维护妇女权益检察公益诉讼制度，规定"对国家机关、事业单位招聘工作中涉嫌就业性别歧视，相关组织、个人通过大众传播媒介或者其他方式贬低损害妇女人格等行为，检察机关可以发出检察建议，或者提起公益诉讼"，从而将就业性别歧视行为纳入检察公益诉讼范围。新修订的妇女权益保障法更是明确将侵害妇女平等就业权益纳入公益诉讼范围。

检察机关提起公益诉讼相较个人维权而言有更多优势。一方面公益诉讼影响面广，公益诉讼能够引起法院和用人单位重视，便于纠纷快速解决，能起到警示作用；另一方面，妇女在劳动市场上相对弱势，在遭遇就业性别歧视时，部分女性对法律规定和诉讼流程不熟悉，维权成本高，公益诉讼能为其减轻负担。值得一提的是，检察机关提起公益诉讼不必等到损害发生，只要有潜在的社会公益受侵害的可能，检察机关就可以及时介入提起公益诉讼。把违法行为消灭在萌芽状态，更加有力地保护了受害人权益，从而消除就业不平等因素，促进社会和谐。

目前，部分省市检察机关积极履职，针对就业性别歧视行为启动公益诉讼程序。如2020年3月，河北省邢台市临西县人民检察院发现该县某局发布的公开招聘劳务派遣人员公告中，规定招聘对象为本县户籍男性。经过初步调查，该院认为县人力资源部门怠于履行劳动监察职责。同年5月，经河北省人民检察院、邢台市人民检察院批准，该院对此立案调查，向县人力资源和社会保障局送达《关于加强劳动监察的函》，要求切实履行劳动监察职能，对全县机关、事业单位招聘简章进行审查，杜绝此类问题再次发生，同时督促整改或者采取相关补救措施，挽回影响，依法进行招聘。这起案件提高了妇女参与工作的积极性，保护了妇女平等就业的基本权益，不仅社会意义重大，而且体现出我国检察机关针对就业性别歧视公益诉讼作出的探索。

2.建立就业歧视约谈机制

新修订的妇女权益保障法在“救济措施”体系中增设联合约谈机制，是本次修法的重大进步和修法亮点。该法第七十四条规定：“用人单位侵害妇女劳动和社会保障权益的，人力资源和社会保障部门可以联合工会、妇女联合会约谈用人单位，依法进行监督并要求其限期纠正。”约谈属于行政法意义上的外部约谈，它指行政机关或其他行政主体在约定的时间、地点，与有违法发生风险或涉嫌违法的行政相对人进行沟通、协商，通过说明、教育、引导、警示、告诫、提出整改意见等方式促使其预防或纠正违法的一种行政行为。[3] 妇女权益保障法规定，人力资源和社会保障部门可以联合工会、妇女联合会及相关部门开展就业性别歧视约谈，针对招用、录用过程中歧视女性的行为，向用人单位通报情况，听取意见，沟通交流，调解矛盾，指导、督促用人单位转变歧视观念，改正歧视行为，推动形成女性公平就业的社会环境。联合约谈制度在反就业性别歧视的实践上具有创新性，它可作深入挖掘，有助于发现事实真相，确定约谈用人单位是否的确发生过违法违规行为，不至于发生“冤假错案”。与此同时，该制度在预防上具有前瞻性效果，一些用人单位存在不规范行为，但其性质还达不到违法违规，约谈能够令其意识到问题的严重性并立即改正。

早在2016年7月，全国妇联就制定《妇联组织促进女性公平就业约谈暂行办法》，针对招用、录用过程中歧视女性的突出问题，向用人单位通报情况，听取意见，沟通交流，调解矛盾，指导、督促用人单位转变歧视观念，改正歧视行为，建立完善促进公平就业的相关制度和措施。但是由于妇联组织的性质所限，妇联组织进行约谈属于妇联行使社会监督功能。2019年2月，人力资源和社会保障部、全国妇联等九部门联合印发《关于进一步规范招聘行为促进妇女就业的通知》，明确提出建立联合约谈机制作为创新型治理手段，但该规定并没有明确各部门分工，性质不明。妇女权益保障法明确规定约谈的主体是人力资源和社会保障部门，由此将约谈的性质由社会监督上升为具有行政指导性质，并规定人力资源和社会保障部门有权要求其限期纠正。

二、反就业性别歧视立法的不足

反就业性别歧视立法应该具有系统性，一般主要包含就业性别歧视的界定及构成要件、受害人遭遇就业性别歧视的法律救济以及行为人实施就业性别歧视行为的法律责任三个方面。妇女权益保障法尽管在上述三个方面都规定了创新举措，但仍存在些许不足，主要体现在以下三个方面。

（一）就业性别歧视界定缺乏社会性别视角

社会性别理论将人的性别分为生理性别和社会性别，“就业性别歧视”中，性别不仅包括生理性别，也包含社会性别。美国 1982 年霍普金斯诉普华会计师事务所案，普华会计师事务所因原告霍普金斯作为一名女性，其穿着打扮却像男性，完全不符合传统女性的标准而拒绝其申请成为合伙人。她的雇主直言，女性应该“言谈举止、着装打扮都像个女性，而适合女性的发型和珠宝首饰更是不可或缺的”。[4] 该案迥异于一般就业性别歧视，是对性别内涵作出的挑战。最后美国联邦最高法院作出的判决认定被告构成《民权法案》第七章的性别歧视，“理由是雇主是因为性别的因素而作出了拒绝原告升迁的决定，这一点违反了《民权法案》第七章所禁止的基于性别因素而进行就业歧视的规定。如果排除原告性别因素的影响，雇主很有可能会给予原告升迁的机会，因此法院认定事务所的行为构成了性别歧视”。[4] 该判决在维护妇女平等就业权方面具有重大意义，将性别的内涵由生理性别和对性别的传统理解拓展至包括性别刻板印象在内的与性别有关的其他因素。现实生活中，对女性的性别刻板印象往往成为造成就业中女性不利地位的重要因素，如认为女性结婚生育后要多照顾家庭、不适合出差而拒绝录用女性等。经济、社会及文化权利委员会在第20号一般性意见中指出：自《公约》①通过以来，“性别”这一禁止理由的概念发生很大变化，现在它不仅包括身体特征，还包括性别成见、偏见和预期角色，这些都构成了平等享有经济、社会、文化权利的障碍。以可能怀孕为由拒绝雇佣妇女，或基于一种成见认为，比方说，她们不愿意像男人那样把很多时间用在工作上，因而给她们分配低级或者非全日制工作，这都属于性别歧视。[5] 目前我国法律体系和司法实践中的性别概念局限于生理性别，基于“生理性别”来界定就业性别歧视。妇女权益保障法关于就业性别歧视的规定中对性别歧视是否包括基于性别刻板印象的歧视未予以明确规定。

（二）就业性别歧视抗辩理由比较单一

就业歧视的本质是对求职者分类与目的不相符合，从而违背平等的理念。对妇女的差别对待如果具有合理性、客观性，则不应构成歧视。

根据妇女权益保障法第四十三条规定，用人单位在招录（聘）过程中可以对男女实行差别对待的正当理由是“国家另有规定”。目前国家规定主要是指《女职工劳动保护特别规定》中关于女性职业禁忌范围的规定，这样的规定对于司法机关认定用人单位是否构成对妇女的就业歧视行为提供了相对比较明确的标准，但这样单一的判断标准无法解决用人单位基于内在的岗位职业需要而雇佣某一性别的劳动者。如根据工作的性质要求只能由特定性别的人员承担，像男性出演男性角色或者女性出演女性角色等。

理论界将就业性别歧视的抗辩理由一般归纳为三类：一是真实的职业资格要求；二是生育保护措施；三是暂行积极措施。我国妇女权益保障法应该依据反就业歧视理论，完善关于就业性别抗辩的理由规定。

---

① 指《经济、社会及文化权利国际公约》。

（三）救济方式和法律责任规定过于原则

妇女权益保障法针对就业性别歧视行为规定二元救济方式：行政救济方式和司法救济方式。尽管妇女权益保障法首次将就业性别歧视纳入劳动保障监察范围，明确了劳动保障行政部门在就业性别歧视上行政执法主体的地位，补充和完善了保护措施和救济途径，较之其他法律法规已没有那么抽象和笼统，但该项立法仍过于原则化，其仅对劳动保障行政部门的职责作出了明确的规定，但关于就业性别歧视的监察惩处机制以及违法后果并没有具体的明示，立法中也缺乏对相关行政部门行政行为的检察和监督。

约谈制度作为一种软法机制，程序规定缺乏，约谈中不整改的法律后果尚未明确，亟待制定更加详尽的规制和执行模式，来激励并确保用人单位遵从行为，否则很有可能成为“无牙的老虎”。

妇女权益保障法第八十三条对于用人单位实施就业性别歧视行为的行政责任建立“首违不罚”机制，即限期改正不从或者情节严重才进行罚款，但何为情节严重尚未明确，亟待细化。对于“拒不改正或者情节严重的”，规定处一万元以上五万元以下罚款。罚款的数额对于大型用人单位来说威慑力不足。妇女权益保障法对用人单位实施就业性别歧视行为应承担的民事责任承担形式没有具体的规定，司法实践中曾出现受害人要求用人单位赔礼道歉的请求没有得到法院的支持，以及判决的精神损害费数额不高、就业机会损失得不到赔偿的情形。

三、反就业性别歧视立法的完善

新修订的妇女权益保障法还有进一步完善的空间，同时需要通过修改法律，完善法规政策进一步细化和落实。

（一）完善就业性别歧视行为界定

后续修改妇女权益保障法，建议明确对妇女就业性别歧视的定义和类型，规定就业性别歧视不仅包括生理性别歧视还包括社会性别歧视，规定法定的就业性别歧视抗辩理由，将间接的就业性别歧视规定纳入调整范围。同时增设一些暂行积极措施，如赋予平等雇佣示范企业政府采购优先权等。[6]

（二）完善公益诉讼实施机制

由于就业歧视的隐蔽性较强，与此相关的违法行为不像环境保护、食品安全等领域的损害那样显而易见，因此检察机关应该增强观念意识，通过主动开展专项活动，发现相关违法犯罪的线索，探索多样化的公益诉讼线索发现机制。检察机关对发现的相关线索及群众举报的信息要及时进行线索评估，在合理的期限内给出是否立案的相关答复，对符合立案条件的案件进行进一步调查，对不符合立案条件的案件说明详细理由。立案后检察机关办案要符合办案流程，查明是非，落实责任，对此类案件要加强监督指导，通过发出检察建议、提起刑事附带民事公益诉讼等方式，督促相关企业履行其社会责任，为就业性别歧视问题提供切实有效的司法保障。

规范约谈实施程序，明确约谈主体、约谈对象、约谈事由及纠正后果等；健全监督机制，促进用人单位自我完善内部监督和联合约谈外部监督共同作用，能够更好地落实妇女权益保障法在反就业性别歧视上的相关规定。

（三）完善相关的法律责任规定

完善实施反就业性别歧视行为主体的行政责任。人力资源和社会保障部门可以在借鉴地方规定的基础上出台具体规定，特别是明确“情节严重”的情形。《北京市人力资源社会保障行政处罚裁量基准表》（京人社执发〔2024〕2 号）包含了妇女权益保障法涉及的 4 项行政处罚职权的裁量基准，该规定将就业性别歧视行为分为两类情形。一是一般情形下，违法行为没有造成严重危害后果，但涉及 5 人以上的，处 1 万元以上至 5 万元罚款，每增加 1 人增加 2000 元罚款。如果行为人经责令限期改正拒不改正的，按违法行为涉及人数处 1 万元以上至 5 万元罚款，每增加 1 人增加 5000 元罚款。二是在严重情形下，有下列情形之一的：1. 影响劳动者就业；2. 造成其他不良影响或后果的；3. 自检查之日起前 12 个月内两次以上违反同一法律规定，处 3 万元以上至 5 万元罚款。

进一步完善实施就业歧视行为主体的民事责任。根据侵权法的一般规则，加害人应当赔偿受害人因侵害行为遭受的全部损失。有学者指出，“全部赔偿”是侵权损害赔偿的基本规则，侵权行为加害人应当以行为所造成的实际财产损失的大小为依据，全部予以赔偿。“全部赔偿”概念包括人身损害、财产损失和精神损害的赔偿责任范围及数额。反歧视法也应遵循此原则。在就业歧视案件中，原告遭受的财产损害或经济损失至少包括两方面。一是因歧视已遭受的实际经济损失，比如在求职阶段发生的费用，包括诸如体检费、交通费、住宿费、误工费等，还有因信赖求职机会而遭受的其他实际损失，诸如辞去其他工作而丧失的工资收入等。二是丧失工作机会的经济损失。用人单位在求职中实施就业性别歧视行为，应聘的女性因此丧失获得就业的机会[7]，有权要求用人单位赔偿丧失机会的损失。

四、结语

我国新修订的妇女权益保障法构建了比较全面、协调和系统化反就业性别歧视法治保障体系，有力保障妇女享有与男性平等的就业权。但是也要深究产生就业性别歧视的根本原因，合理确立个人及家庭、用人单位和国家生育保护成本的分担机制，完善公共托育体系，才能消除就业性别歧视产生的根源，真正实现男女就业平等。

【参考文献】

[1] 唐芳 . 对妇女的就业性别歧视界定与《妇女权益保障法》相关立法完善 [J]. 中华女子学院学报，2021，33（6）：32-39.

[2] 王显勇 . 论反就业歧视法的多元综合实施理论 [J]. 中国劳动关系学院学报，2021，35（1）：50-59.

[3] 郭庆珠 . 妇联约谈用人单位的法律属性及规范化实施 [J]. 中华女子学院学报，2023，35（3）：23-29.

[4] 陆海娜 . 从“刻板印象”到“关系型歧视”——美国性少数群体就业歧视诉讼的发展历程及启示 [J]. 中外法学，2019，31（6）：1660-1676.

[5] 玛莎 · A. 弗里曼，克里斯蒂娜 · 钦金，贝亚特 · 鲁道夫 .《消除对妇女一切形式歧视公约》评注：上 [M]. 戴瑞君，译 . 北京：社会科学文献出版社，2020：376.

[6] 刘明辉 . 消除就业歧视需要出台暂行特别措施 [N]. 中国妇女报，2011-12-08（3）.

[7] 谢增毅 . 就业平等权受害人的实体法律救济 [J]. 社会科学战线，2016（7）：225-234.

关于女性平等就业权保护的法律思考

——从全面三孩政策出发

钟云芸[①]

摘　要：在我国，就业和职业性别歧视虽被法律明确禁止，但在实践中仍存在隐性的歧视行为。在全面三孩政策下，每个育龄女性都有可能成为潜在的多次生育者，致使更多的用人单位重新调整人力资源管理策略，女性在后续就业中势必将遭遇更多的障碍。本文从我国女性平等就业权面临的现实困境出发，侧重从法律视角分析当前我国相关立法现状及存在的问题，并从立法、执法、司法、监察四个角度提出促进女性平等就业权实现的具体措施，以期从实体制度与程序制度两方面构建我国女性平等就业权法律保护体系。

关键词：全面三孩政策；女性平等就业权；现实困境；法律保障

一、背景

（一）女性平等就业权内涵

长期以来，平等就业权就是女性追求独立自主道路上不断挥舞的旗帜。

---

① 钟云芸，温岭市人民法院民一庭员额法官。

何为平等就业权？平等就业权包含三层含义：第一层，任何公民都能平等地享有就业的权利和资格，不因民族、种族、性别、年龄、文化、宗教信仰、经济能力等受到限制；第二层，在应聘某一职位时，任何公民都需平等地参与竞争，任何人都不得享有特权，也不得对任何人予以歧视；第三层，平等不是同等，平等指对于符合要求和特殊职位条件的人，应给予其平等的机会，而不是不论条件如何都同等对待。

具象化到女性层面，所谓的女性平等就业权，应当是在就业领域当中，除去性别因素以外，在其他因素均相同的情况下，女性应当享有与男性平等的各项权利。[1] 当然，实质上的平等本就应当将男女之间的天然差别考虑在内，即实质的平等并不排斥合理的差别。女性平等就业权涵盖了女性同男性享有一样的在劳动市场中平等就业的一系列权利，包括入职时的平等，例如获得就业机会的平等、自由选择职业的平等；也包括就职过程中的平等，例如同工同酬、获得晋升机会平等、获得培训机会平等、福利待遇标准一致等；更包括退职时的平等，即退休年龄的平等。

女性平等就业权，旨在保障女性在就业中不会因为性别原因遭受不公平对待。女性就业所面临的不平等将严重损害女性尊严，其在很大程度上否定了女性施展才能及实现个人价值的能力，导致并加重了男女之间的不平等问题。就业歧视也会带来严重的社会问题，女性在家庭及社会中的地位下降将会导致女性自我评价的不断降低，女性自信及尊严的缺乏也将不利于家庭稳定和社会和谐。

（二）全面三孩政策的由来

进入 21 世纪后，我国人口增长模式发生了彻底的转变，形成了“低出生率、低死亡率、低自然增长率”的“三低”模式。总和生育率持续下降的同时，我国也进入了人口老龄化社会。为积极应对人口发展难题，我国自 2011 年起先后允许“双独家庭”“单独家庭”生育二孩。至 2015 年 10 月，党的十八届五中全会明确提出“全面实施一对夫妇可生育两个孩子的政策”。[2]

但在全面二孩政策下，我国人口形势依然严峻。因此，2021年3月11日，十三届全国人大四次会议表决通过了关于国民经济和社会发展第十四个五年规划和2035年远景目标纲要的决议。该决议指出，要制定人口长期发展战略，优化生育政策，以"一老一小"为重点完善人口服务体系，促进人口长期均衡发展。6月26日，《中共中央　国务院关于优化生育政策促进人口长期均衡发展的决定》发布，指出要实施一对夫妻可以生育三个子女政策，并取消社会抚养费等制约措施、清理和废止相关处罚规定，配套实施积极生育支持措施。8月20日，全国人大常委会会议表决通过了修改人口与计划生育法的决定，三孩生育政策正式入法。至此，我国开始正式实施全面三孩政策。[3]

（三）全面三孩政策与女性平等就业权的紧密联系

优化生育政策、实施全面三孩政策有助于进一步释放生育潜力、减缓人口老龄化，加强家庭内部支持功能，增加劳动力供给，促进人口长期均衡发展。全面三孩政策是我国对当前人口增长模式发生根本转变的及时回应，也是党中央作出的关乎中华民族长久存续的重要战略决策。

为推动三孩政策的全面实施，中央及各地政府均出台了相应的配套支持措施。例如，在国家层面，将3周岁以下婴幼儿照护费用纳入个人所得税专项附加扣除项目，每孩每月可享受1000元的标准定额扣除。在地方层面，北京市出台政策，对于按规定生育三孩的，除产假外，享受生育奖励假30天；吉林省将产假从98天延长至180天，男方护理假从15天增至25天；浙江省则将生育三孩的产假延长90天，总计188天，在子女3周岁内，夫妻双方每年还可以各享受10天育儿假。

但是，随着三孩政策的全面实施，以及延长产假等配套措施的开展，我们不难预见女性在后续就业中势必将遭遇到更多的障碍，女性就业形势将会更加严峻。

从用人单位的角度出发，全面三孩政策的实施使每个育龄女性都成为潜在的多次生育者。每招聘一个女性员工，就意味着单位需要多承担一个员工"孕期""产期""哺乳期"的用工成本，而全面三孩政策则意味着每一位女性员工都将可能享有高达三次的产假和哺乳假。这已成为用人单位在招聘时优先考虑的问题。越来越多的单位会因此选择重新调整人力资源管理策略，在招聘上严格控制女性员工数量，在人才培养上减少对女性员工的投入，从而更好地控制用工成本。此外，在多次生育和长期抚养孩子期间，女性还要花费大量的时间和精力用于家庭经营，不能够做到全部身心投入工作。这也是用人单位不愿招聘女性员工的考量之一。

二、女性平等就业权面临的现实困境

女性作为重要的人力资源，全面参与到社会物质生产当中。但是因为人口再生产所占用的时间和精力，以及因此产生的就业性别歧视，致使女性在职场上难以获得与男性平等的权利和地位。尤其是在全面三孩政策实施初期，当前正处于各项配套支持措施尚未全面落地、新冠疫情影响下个体经济压力较大的社会大环境中，又面临着子女养育精细化、教育内卷化趋势，生育、养育、教育压力激增，不断挤压女性的个人生活和职业发展空间，女性艰难挣扎在"生"与"升"的困境之中。[4]

（一）女性就业门槛提高

根据《女职工劳动保护特别规定》，女职工在孕期不能适应原劳动的，用人单位应当根据医疗机构的证明，予以减轻劳动量或者安排其他能够适应的劳动。对于怀孕 7 个月以上的女职工，用人单位不得延长劳动时间或者安排夜班劳动，并应当在劳动时间内安排一定的休息时间。怀孕女职工在劳动时间内进行产前检查，所需时间计入劳动时间。对未参与生育保险的，产假期间工资、生育津贴以及流产费用均由用人单位支付；用人单位应当在每天的劳动时间内为哺乳期女职工安排 1 小时哺乳时间。此外根据不同地方政策，女职工可以享有 100 天至 200 天的产假。

这些孕期女职工享受的福利待遇，其成本实际均需由用人单位承担。随着女性法定可生育次数的增加，单个女性职工的用人成本势必随之增加。为追求利润最大化，减少更多成本支出，在相似条件下，用人单位更会倾向于聘任不用承担生育职能的男性员工。根据智联招聘发布的《2022 中国女性职场现状调查报告》显示：61.2% 的女性在求职中被问婚育情况，远高于男性的 32.3%；62.3% 的女性认为“生育是女性摆脱不掉的负担”，是造成职场性别不平等的首要原因。因此，在竞争同一岗位时，女性求职者必须展现出较男性求职者更为突出的才华与能力，才能弥补生育带来的劣势，从而跨过用人单位为女性求职者设置的更为苛刻的就业门槛。

（二）长期职业发展受阻

劳动力市场竞争日益激烈的背景下，年轻女性面临着“生育”还是“发展”的两难抉择。一般来说，每生育一个孩子，女性需要花费 2 年至 3 年时间。如果连续生育三孩，那么女性花费在生育孩子上的时间可能长达近十年。[5] 而 20 岁至 29 岁除了是女性生育的最佳年龄，也是女性一生中接受高等教育、积累人力资本的黄金时期。如果选择生育三孩，则意味着放弃了自身职业发展的黄金时期。而生育之后，女性还需要花费大量的心血和时间去养育孩子，更加没有心力去为自身职业发展打拼。面对家庭及工作的抉择，多数女性会更倾向于选择既能满足照顾家庭、孩子的需求，也能满足社会期待的工作。而这些工作往往是离家较近、要求不高、工资收入较低、技术要求相对较低，不是能够实现女性自身价值及符合长期职业发展要求的岗位。

即使有女性能够做到平衡家庭及工作，但多次的生育也会破坏其职业的连续性。从女性的身体素质方面出发，连续生育多个孩子极有可能导致女性的身体素质变差，致使其不能够长时间地从事高强度的工作或者夜班工作。而在工作安排上，为减少孕产假对工作的影响，部分用人单位会将育龄女性安排在一些非重要岗位；在岗位晋升时考虑到后续的生育影响，有些领导也会将女性排除在升职名单之外。

而对于产后返岗的职业女性来说，虽然不会因为生育被单位辞退，但在其产假期间，公司势必会安排新的员工来顶替其岗位。在产假结束之后，其所面临的情况很有可能就是单位当前没有适合她的工作岗位，只能暂时调岗至非重要岗位，回归原岗位的时间遥遥无期，薪资待遇也因此而大幅下降。即使能够回归原岗位，也会因有新员工的加入而导致自己的工作职位被边缘化。此外，还可能因为长期脱离单位业务，女性回归后跟不上最新的职业思维，掌握不了最新的工作技能，需要花费大量时间来重新学习。如果还是没能跟上单位的发展需求，其最终结果就是被单位淘汰。曾经有过这样一篇新闻报道，内容大意是甘肃省某设计研究院的一位工程师张某在休完产假后返岗，发现自己原来的岗位已被别人顶替，她无奈只能选择待岗，却发现待岗期限不定，同时薪资待遇也面临大幅下降，万般无奈之下，她选择愤而辞职，职业生涯被迫中断，一切只能从头打拼。[6]

（三）权益受损救济困难

当前，三孩生育政策实施的相关配套政策尚未全面落实，涉及全面三孩背景下女性职工权益保护的相关政策及措施仅零散见于部分地方政策。为调动生育意愿，政府大力推行延长产假、个人税收优惠等措施。政策出发点是好的，却是将女性职工生育的经济成本转嫁给了用人单位，导致部分单位采取损害女性职工合法权益的方式来减少成本支出。例如，有的用人单位拒绝为女性职工缴纳生育保险；有的用人单位会依据劳动合同法第三十九条规定的用人单位可解除劳动合同的情形，尤其是以第二款“严重违反用人单位的规章制度的”为由，解聘怀孕的女性职工；有的用人单位会在与适婚、适孕年龄的女性职工签订劳动合同的同时，口头或书面另行约定数年内不得结婚、不得怀孕；有的用人单位则会对孕期女职工的权利进行限制，如将怀孕女职工产检时间定性为事假并抵扣假期或扣减工资，将哺乳时间安排在员工正常休息时间，产假按照国家规定最短时间计算；等等。

面对用人单位的侵权行为，大部分女性职工为了继续在单位工作而选择忍气吞声、默默忍受。有的女职工虽曾向单位提出抗议，但是由于处于弱势地位，最终不了了之。仅有一小部分维权意识较高的女性职工会选择诉诸法律程序。而选择法律程序维权，就势必要耗费大量的时间和金钱，还有极大可能面临维权失败的风险。即使最后维权成功，由于劳动者和用人单位之间的关系已经完全破裂，女性职工也难以在用人单位继续任职。而在离职后，如还在同一行业内求职，其他单位很有可能会因其曾采取维权行为而对其拒绝录用。女性职工对自身合法权益的维护陷入两难局面。

三、我国立法现状及存在的问题

（一）立法现状

我国现行立法对女性平等就业权的保护，主要体现在《中华人民共和国宪法》《中华人民共和国妇女权益保障法》《中华人民共和国劳动法》中。还有部分行政法规规章及地方性法规规章对女性的工作条件、劳动保护进行了规范。此外，我国还批准生效了部分有关女性平等就业权保护的国际公约。

《中华人民共和国宪法》第四十八条规定："中华人民共和国妇女在政治的、经济的、文化的、社会的和家庭的生活等各方面享有同男子平等的权利。国家保护妇女的权利和利益，实行男女同工同酬，培养和选拔妇女干部。"

《中华人民共和国妇女权益保障法》是一部为了保障妇女的合法权益、促进男女平等、充分发挥妇女在社会主义现代化建设中的作用而制定的法律，历经多次修正，旨在成为一部真正立足于妇女本身考虑妇女各项权益的法律。其中第五章"劳动和社会保障权益"第四十一条至第五十二条，分别从禁止用人单位对女性劳动者的歧视行为、对妇女孕产期和哺乳期的特殊性保护以及生育保险制度等不同方面规定了如何保障妇女的平等就业权。

《中华人民共和国劳动法》第十二条规定："劳动者就业，不因民族、种族、性别、宗教信仰不同而受歧视。”第十三条规定：“妇女享有同男子平等的就业权利。在录用职工时，除国家规定的不适合妇女的工种或者岗位外，不得以性别为由拒绝录用妇女或者提高对妇女的录用标准。”第二十九条规定：“劳动者有下列情形之一的，用人单位不得依据本法第二十六条、第二十七条的规定解除劳动合同：……女职工在孕期、产期、哺乳期内的……”在劳动法第七章，用专章形式规定了女职工和未成年工的特殊保护，其中第五十八条至第六十三条从不同的角度规定了对女职工平等就业权的保障。

《中华人民共和国就业促进法》第三章规定了公平就业的原则，倡导社会各界都应当履行各自的职责。其中第二十七条规定：“国家保障妇女享有与男子平等的劳动权利。用人单位招用人员，除国家规定的不适合妇女的工种或者岗位外，不得以性别为由拒绝录用妇女或者提高对妇女的录用标准。用人单位录用女职工，不得在劳动合同中规定限制女职工结婚、生育的内容。”

《就业服务与就业管理规定》第四条规定：“劳动者依法享有平等就业的权利。劳动者就业，不因民族、种族、性别、宗教信仰等不同而受歧视。”第九条规定：“用人单位依法享有自主用人的权利。用人单位招用人员，应当向劳动者提供平等的就业机会和公平的就业条件。”第十六条规定：“用人单位在招用人员时，除国家规定的不适合妇女从事的工种或者岗位外，不得以性别为由拒绝录用妇女或者提高对妇女的录用标准。用人单位录用女职工，不得在劳动合同中规定限制女职工结婚、生育的内容。”

《女职工劳动保护特别规定》第五条规定：“用人单位不得因女职工怀孕、生育、哺乳降低其工资、予以辞退、与其解除劳动或者聘用合同。”

除上述多部法律法规之外，党中央、国务院和地方政府发布的众多行政法规、政策类文件及地方规定等也有不少涉及女性平等就业权的内容。国家层面下发的有《国务院关于工人退休、退职的暂行办法》《国务院关于印发中国妇女发展纲要和中国儿童发展纲要的通知》《人事部关于机关、事业单位女职工产假期间工资计发问题的通知》等。地方政府层面下发的有《海南省妇女权益保障若干规定》《江苏省妇女权益保障条例》《北京市实施〈中华人民共和国妇女权益保障法〉办法》《深圳经济特区居民促进就业条例》等。

另外，我国还批准生效了数个在全球具有重大影响力的禁止妇女就业歧视的国际公约，如《消除对妇女一切形式歧视公约》《男女工人同工同酬公约》《消除就业和职业歧视公约》等。

（二）存在的问题

1.法律规定过于原则性

将前述涉及女性平等就业权保护的法律法规条文进行比对和分析，不难发现我国现行立法对于女性平等就业权的规定大都停留在原则性、倡导性的层面，并没有对实践操作给予更为明确具体的规定。

例如《中华人民共和国劳动法》第十三条仅对企业作出必须平等对待不同性别应聘者的原则性要求，未曾明确哪些岗位及工种不适于女性从事。很多用人单位会据此人为设定岗位适用性，直接以岗位不适于女性从事为由明确指定仅招聘男性。在现行法律下，很难对该种行为进行制裁。

再如《中华人民共和国妇女权益保障法》第四十六条规定："在晋职、晋级、评聘专业技术职称和职务、培训等方面，应当坚持男女平等的原则，不得歧视妇女。"但在实践操作中，如何认定该种行为是否构成对女性晋职、晋级、评聘的歧视，很难定义。该法第二十三条亦规定："禁止违背妇女意愿，以言语、文字、图像、肢体行为等方式对其实施性骚扰。受害妇女可以向有关单位和国家机关投诉。接到投诉的有关单位和国家机关应当及时处理，并书面告知处理结果。受害妇女可以向公安机关报案，也可以向人民法院提起民事诉讼，依法请求行为人承担民事责任。"但是该条规定仍未划定行为红线，哪些行为可以被认为定已越过道德底线构成性骚扰无法明确，用人单位应尽到怎样的防范义务也未作规定。受害妇女可在遭受严重性骚扰且后果上升至法律层面时寻求公安、法院进行事后追责，但情节尚属轻微，应当由哪些单位和国家机关提前介入进行事前防范和事中处理，亦无法确定。显然，假如法律规定仅停留在原则性、倡导性层面，规定的条文不够细化，就无法充分发挥其应有作用，也不能切实为女性提供应有的保障。

2.执法机构主体不明确

虽然我国为保障女性平等就业权设定了一系列法律规定，并规定了具体的主管单位，但同样由于法律规定不够明确，导致了执法机构主体的不明确。

例如《中华人民共和国劳动法》在法律责任一章中，多数法条明确执法机构主体为“劳动行政部门”，但第十八条则规定执法机构主体为“劳动行政部门或者有关部门”。而《中华人民共和国妇女权益保障法》则规定当妇女的合法权益受到侵害时，有权要求“有关部门”处理，可以向仲裁机构申请仲裁，也可以向人民法院提起诉讼，还可以要求向妇女组织投诉。

不同法律中对执法机构主体的不同规定造成了一种执法混乱的局面，不同部门之间或存在职权交叉，或存在管辖空白。仅从表面来看，似乎多个机构部门均能够作为保障女性平等就业权的执法主体。但实际上，正是由于这样交叉的规定导致女性劳动者在被侵权时无法准确找到一个具体机关去主张权利。尤其是像“有关部门”这种不能明确其背后指向的法律用语，极有可能出现多个部门相互推诿的局面，不能为女性平等就业权提供有效保障。

3.司法救济途径难实现

我国现行法律将就业领域中的司法救济范围基本限定在劳动合同领域，即要求劳动者已与用人单位签订了劳动合同，或者双方已经建立了事实劳动关系。在此之后发生的劳动纠纷，才可以找到相对明确的法律救济途径，如申请劳动仲裁或向法院起诉。但是就业不平等所面临的第一个不平等就在于就业机会的不平等。面对该种不平等行为，如何来获得救济却找不到法律依据。

即便是符合司法救济的受案范围，由于救济程序的繁杂性和劳动争议案件的特殊性，维权也较其他纠纷更为困难。劳动纠纷案件本身标的较小，通常是劳动者的数月工资。由于劳动纠纷案件仲裁前置的规定，诉诸法律程序势必要耗费劳动者的大量精力和金钱，维权所得到的赔偿额很可能还不足以填补其在诉讼过程中的各项支出。而且我国民事诉讼体系采用“谁主张，谁举证”证明模式，当事人对于自己提出的主张，有责任提供证据予以证明。但是在劳动关系之中，就业者、应聘者本就为弱势一方，很难获取用人单位侵权证据。劳动者在耗费大量成本后仍有极大可能面临败诉风险。

4.劳动监察机制不健全

鉴于女性劳动者在受到用人单位不公正对待时，多数人会选择默默忍受，放弃维护自身权益，此时正是需要劳动行政部门以劳动监察的方式维护其合法权益。而当前我国对劳动市场的监察和保护制度并未进行重点关注，截至目前，也仅有一部关于劳动监察方面的专门性立法，即2004年国务院颁布的《劳动保障监察条例》。在建设资金、人力、硬件、软件等都存在较大缺失的情况下，监察机构的应有职能不能充分发挥，劳动监督业务难以全面开展，对于女性就业中存在的不平等问题自然就难以保证能够有所觉察。[7]

此外，虽然《劳动保障监察条例》第十一条规定：“劳动保障行政部门对下列事项实施劳动保障监察：……（四）用人单位遵守女职工和未成年工特殊劳动保护规定的情况；……”但是该条例仍没有将用人单位在招聘、晋升以及培训等过程中存在的性别歧视问题纳入劳动保障监督管理范围之内。当受歧视者向劳动行政部门提起申诉时，很有可能因为执法依据不足，致使其无法得到实质性的救济。

同时，由于《劳动保障监察条例》只赋予了劳动监察部门在执法时运用警告、责令改正、罚款等手段纠正违法行为，并未赋予其在监察执法的过程中可以采取查封、冻结存款账户、没收违法所得等强制性措施的权利，导致监察部门在劳动案件的调查取证中面临许多困难，无法及时有效地制止侵权违法行为。而且，由于我国现行法律对于可采取的罚款的数额标准也没有明确的规定，劳动监察部门也不能够每次均以大额罚款的形式对用人单位产生实质性惩处效果。这些都大大影响了劳动监察部门对被侵权的女性就业者提供救济的及时性和有效性。

四、促进女性平等就业权实现的法律途径

（一）完善立法保护：制定专门的反就业歧视法

解决女性平等就业问题是一个复杂的系统工程，因此促进女性平等就业的法律也应该是一个完整的体系。笔者认为，我们应该借鉴国外相关立法以及有关国际公约的规定，制定专门的反就业歧视法，以法律明文规定的方式，清晰界定判断就业歧视的标准，对就业歧视与合理区别对待作出明确区分，从而形成一个促进两性平等就业的法律体系。

1.明确反就业歧视法的调整范围

就业歧视应包括劳动者在其求职应聘、取得劳动报酬、获得劳动安全保护、享受社会保险福利、提请劳动争议处理等过程中发生的各类歧视。[8] 故反就业歧视法应将劳动者的合法劳动就业行为及在劳动就业过程中发生的就业歧视现象均纳入其调整范围之内。对于“准就业”阶段的招聘行为，不仅要禁止直接歧视，还要禁止间接歧视。

2.明确就业性别歧视的判定标准

用人单位在招聘时应基于工作性质、需求以及员工工作能力等此类相关因素进行选择，而不得随心所欲地制定招聘标准。反就业歧视法可以采用列举加概括的方式，明确区别对待的正当理由。其中，正当理由以列举的方式由法律明确规定，同时设有兜底性一般条款。对于正当理由的设置，可以借鉴国外的相关立法。例如，绝大多数国家都承认正当职业资格可以成为区别对待的正当理由，即因生理原因或私密性需要，某一性质的工作可专门由某

一性别的人担任。再如美国《1963年同工同酬法》曾列举认为不构成薪资报酬歧视情形的例外情形，这些情形包括年资制度、考绩制度、按量或按质计酬制度、其他基于性别以外因素而产生的薪资报酬差异。[9]

3.明确单位违法应承担的法律责任

笔者认为，反就业歧视法可分别从民事责任、行政责任和刑事责任三方面出发，明确用人单位违反反就业歧视规定应承担的法律责任。如民事责任的内容可以包括禁止歧视行为、排除妨碍、消除不利影响、返还工资或支付相关福利待遇、录用、复职或晋升、惩罚性赔偿等。行政责任的内容可以包括劳动行政部门代表劳动者对用人单位提起侵权之诉[7]，也可以包括劳动监察部门纠正用人单位的违法行为，对其采取的警告、责令改正、罚款等手段。刑事责任则是司法机关对于用人单位严重违反反就业歧视法的行为，依据刑法加以追究的责任。由于该违法行为多以单位犯罪的形式出现，故可对用人单位及相关责任人皆进行追责，即实行“双罚”制度。[10]

（二）明确执法主体：设立独立的平等就业管理机构

就业问题涉及内容繁杂、性质特殊，可能涉及的管理机构和部门较多。当发生就业歧视问题时，往往要在多个机构部门间来回奔波。同时，由于职能分散、功能交叉造成的职能不明确，部门间可能存在相互争抢或相互推诿的问题。笔者认为，我国可以通过立法形式，增设一个独立性强、职能集中、具有较强权威性和专业性的平等就业管理机构来具体负责反就业歧视案件。通过法律授权，明确该机构享有的职责和权限，赋予其处理日常事务的自主权，并有权按照该机构的意志作出不受行政、司法机构干涉的决策，保证其处理涉性别就业不平等纠纷的公平性和公正性。

1.负责法律法规的教育及推广

该平等就业管理机构可以通过开展各种活动来推广、宣传法律法规，提高社会，尤其是女性职工的平等就业意识，使劳动者和用人单位充分认识到自身的法律责任和权利，同时为用人单位在实践中如何避免就业不平等提供程序和制度上的指导。

2.负责加强对性别歧视的研究

该平等就业管理机构可以通过日常工作对现实社会中的性别歧视现象进行整理和研究，监测社会对男女平等就业理念的变化，并及时向社会大众公布研究报告，指导实践。

3.负责咨询、调解和代为起诉

任何劳动者遭遇就业不平等，均可以向该平等就业管理机构反馈。该机构可以为其提供“一站式”服务，如先期咨询、中期调解及后期的代为起诉等。

（三）加强司法保护：举证倒置、公益诉讼双抓手

在法律保障体系中，司法保障亦是一项十分重要的环节。综合分析当前女性平等就业权难以通过司法救济途径实现的原因，笔者认为可以通过举证责任倒置及增设公益诉讼的方式畅通司法救济渠道，充分保证女性的平等就业权。

1.举证责任倒置

无论是法院诉讼还是劳动仲裁，维权是否成功取决于女性职工能否提供受到就业歧视的证据。而在实践中，女性职工相较于用人单位往往处于弱势地位。将如此重要的举证责任完全交由处于弱势一方的女性职工来承担，本身就是一种事实上的不平等。笔者认为，为了实现法律对弱势群体的特殊保护，有必要对就业歧视纠纷实行举证责任倒置的证明责任，即作为原告的女性职工只需提交能够初步证明其平等就业权受损事实的相关证据，用人单位即需承担证明自身并未因为职工的性别而对其在就业方面给予不平等的对待或者证明自己区别对待有正当的理由的责任，否则应承担败诉的不利后果。[8] 实行举证责任倒置正是根据女性职工与用人单位在举证过程中的实际能力而予以分配，能够保障女性劳动者的合法权益得到及时维护和救济。

2.增设公益诉讼

女性就业歧视并非个别问题，而是普遍存在于就业领域内的问题，而且受害一方为处于相对弱势的女性群体，既损害了宪法的权威，也会对公共利益造成损害。笔者认为，有必要将性别就业歧视纳入公益诉讼的范围之内。纵观实践中涉及就业歧视纠纷，多数女性职工由于自身力量小、时间精力不足以及考虑到后续需付出的高昂诉讼代价，加之公众对于诉讼普遍存在的厌恶和排斥思想，其往往在维权道路上却步不前。用人单位亦多利用这一点，设法令女性职工放弃争取自己的权利。增设公益诉讼，既可以及时追究用人单位的违法行为，帮助女性职工摆脱困境，又有利于维护社会公平，避免因个体原因放弃自身利益导致用人单位逍遥法外，从而损及全体女性的利益。建立公益诉讼已是世界各地立法的趋势，我国也应该与时俱进，加快建立公益诉讼的步伐。

（四）健全劳动监察：扩大范围、强化权力、提升敏锐性齐着力

法律法规的贯彻落实依赖于其强制性。执法人员、执法机构要严格依法办事，认真履行职责义务，严格执法，将法落到实处，才能真正使得权利得以实现。在我国当前劳动监察机制不够完善的情况下，笔者认为，可从以下几点着力健全劳动监察机制。

1.扩大监察对象范围

笔者认为，劳动监察部门在实际执法过程中，应当将涉性别就业歧视纳入监察的对象。如缺乏法律依据，则可在前述反就业歧视法中予以明确，做到执法有据。

2.强化监察执法权力

结合实际情况，赋予劳动监察部门更大的执法权力，如调查权、调阅权、请求协助权，以及查封、扣押、冻结等强制性权利。通过赋予劳动监察部门该类权力，以解决劳动监察执法力度弱、执法难的问题。

3.提升监察人员工作敏锐性

对劳动监察人员加强职业培训，要求其熟练掌握监察内容，不断提升工作敏锐性，使其能够做到在日常监督工作中及时发现用人单位存在的就业歧视问题，并在萌芽阶段及时遏制。

五、结语

老话常说，妇女能顶“半边天”。但女性能否真正掌握这所谓的“半边天”，实现真正意义上的独立，取决于女性的平等就业权能否得到应有的保障。男女平等是一项基本国策，但是多方面的信息及分析均显示我们距离真正的男女平等还有很长的道路要走。随着全面三孩政策的实施，女性就业形势也变得更加严峻。

我国女性就业权不平等问题具有其独特深刻的历史性根源，并非一朝一夕导致。造成这种问题的原因也是错综复杂的，既有主观因素，也有客观因素。因此，笔者从当前全面实施三孩政策背景下我国女性平等就业权面临的现实困境入手，查找我国相关立法保障情况，并针对其实际应用中存在的问题展开剖析，从立法、执法、司法和监察四个层面提出完善意见，为女性平等就业权的实现保驾护航。

当然，我们也必须意识到就业权不平等问题的解决同样是一个长期的实践过程，不可能一蹴而就，急于求成不仅不能科学地解决问题，反而会产生新的问题与矛盾。如果想要我国女性平等就业权问题切实得到解决，除去法律层面的完善，还要重视对女性的教育、对全社会封建思想的改造、对生育保险制度等配套设置的健全等。只有做到深入探索、全面统筹，才能避免出现新的问题，从而使女性平等就业权得到真正的保护。

【参考文献】

[1] 孙喜力 . 论我国妇女平等就业权的法律保护 [D]. 内蒙古：内蒙古大学，2014.

[2] 张艳艳 .“全面两孩”政策下妇女平等就业权的法律保障 [J]. 祖国，2017（13）：2.

[3] 聂件亮，董子越．“三孩”政策：积极影响、多重障碍与因应策略 [J]. 广州大学学报（社会科学版），2021，20（6）：77-84.

[4] 黄桂霞．三孩政策下职业女性如何平衡生育与就业 [J]. 群言，2022（3）：31-33.

[5] 徐冉．“三孩政策”下我国女性就业平等权的保护研究 [J]. 黑龙江人力资源和社会保障，2021（8）：53-55.

[6] 赵程鹏．三孩生育政策背景下女性产后返岗面临问题研究 [J]. 就业与保障，2021（23）：178-180.

[7] 鲁梦洁．我国妇女就业权益的法律保障研究 [D]. 辽宁：大连海事大学，2016.

[8] 徐桂兰．妇女平等就业权实现的法理思考 [D]. 湖南：湖南师范大学，2008.

[9] 孙晓梅．妇女平等就业权的法律保护 [D]. 吉林：吉林大学，2014.

[10] 冯彦君．劳动法学 [M]. 长春：吉林大学出版社，1999：337.

社会系统理论视角下我国妇女权益保障公益诉讼研究

朱晓飞[①]

摘　要：妇女权益保障公益诉讼具有“国家治理”和“妇女赋权”的特征，兼具政治和法律两方面意涵。根据社会系统理论，政治与法律是各自以权力与立法为核心的功能分化的社会子系统，在维持界分的同时又形成特定的联系。通过妇女权益保障公益诉讼的视角，可以发现政治和法律系统间存在着权力越位或衔接不足的问题，不利于诸系统的合理运行。妇女权益保障公益诉讼的设计应立足于对妇女权利与自由的保障，扩大充分有序的公民参与，如完善公益诉讼制度设计、适当扩大起诉资格和受案范围、引入多元化纠纷解决机制等，从而形成“政府＋社会”多方合作共治的多元格局。

关键词：妇女权益；公益诉讼；社会系统理论；国家治理；妇女赋权

一、引言

人们对性别问题的期待与规范因地、因时而异，并体现在一国的法律、政策及其运作过程中。法律和政治既可以构建起基于性别而产生的合理、不合理的区别对待，也可以不断改变，从而保护人们免受歧视。正如政治可以

---

① 朱晓飞，中华女子学院讲师，主要研究方向为法学理论。

决定和影响法律的价值取向和内容设计那样，法律也可以借助于种种手段，通过作用于政策及其背后的政治结构来推动政治的改善，妇女权益保障公益诉讼可说是这样的手段之一。

一般认为，现代意义上的妇女权益保障公益诉讼发轫于20世纪中期的美国民权运动并波及世界多国，成为保护共同体利益、推动公共政策变革和保护包括妇女在内的弱势群体利益的重要制度。[1] 由于长期以来，在美国民主程序中有色人种、穷人、妇女及移民等少数群体缺少充分的代表，在立法、执法等领域处于边缘化的不利地位，活跃的妇女及其组织采用公益诉讼等工具，试图解决其在政治中代表不足、难以通过政治途径影响决策的结构性问题，克服长期形成的父权制文化形成的制度性性别偏见，公益诉讼也被视为谋求“法律中的政治”目标的进步主义运动的一部分。[2] 此外，为了挑战政治、经济及文化习俗等方面的结构性性别不平等，公益诉讼在很多不发达的国家和地区也得到了广泛应用。人们发现，借助公益诉讼不仅能促进妇女全面发展和政府善治，并且司法机关通过阐明在宪法中记载的男女平等权利，亦可以确保全社会遵守宪法，充分践行对宪法精神的充分承诺。[3-4]

尽管各国的妇女权益保障公益诉讼模式各有不同，但总的说来，公益诉讼作为一种将性别政治问题法律化的有益尝试，是通过法律途径来解决性别政治不公正的诉讼模式。正因如此，我们在认识妇女权益保障公益诉讼的概念时，不宜脱离其产生的背景和追求的目标，即考虑到在具体的案件中，存在着对弱势妇女群体的结构性和扩散性的侵害，此时就可以运用公益诉讼策略，维护妇女群体的利益和性别平等的社会公共利益。

因此，妇女权益保障公益诉讼的确立和发展，一方面实际需要突破现有违背性别平等的法律和政策框架，另一方面又必须得到现有政治系统的承认和支撑，才能有效地改善和巩固公平正义的性别政治。正如学者们普遍认为的那样，公益诉讼是一个具有政治和法律意涵的概念，深植于政治结构中，公益诉讼案件都是法律问题与政治问题相互杂糅的纠纷。公益诉讼制度的功能设计必须着眼于法律价值与政治价值两个层面，反映整个社会的期待，满足国家将诉讼置于政治视角之下进行观察和处理的愿望。[5]妇女权益保障公益诉讼不仅单纯地解决妇女权益纠纷，而且夹杂了有关性别平等的制度性变革或者政策性改革的诉求。那么，这些重要的社会政策问题是否应委托给国家检察机关，国家机关的明确任务是执行现有法律，而不是制定新的法律；还是由其他类型的主体向法院起诉，利用司法程序来促进机构政策和做法的改变，从而实现男女平等的社会改革目标呢？如果我们承认公益诉讼在促进性别政治结构性变革方面的作用，就可能逐渐使法院走向一种微妙的境地，即超越传统的裁判者角色，逐渐进入政策制定和立法的领域。这也是公益诉讼的批评者们的隐忧，即司法机关越界干涉立法及行政活动，违反了民主治理的准则。[5]

本文认为，包括妇女权益保障公益诉讼在内的公益诉讼制度处在政治与法律的交叉领域，政治与法律两者紧密相连但又存在区分，既相互分离又相互制约，各自具备不同的功能。一方面，公益诉讼旨在改善现有政策和法律中的性别盲点，监督政府执法、落实责任[6]；另一方面，作为民主政治的补充，妇女权益保障公益诉讼的适用领域和具体情形等又需要由立法者谨慎考量和安排。如果混淆了二者的界限，则不免会令公益诉讼承担起过度的政治功能，侵扰了民主程序；或者令政治权力不恰当地侵入法律运作过程，使公益诉讼失去独立性。如果将一国的男女平等事业视为一套紧密相连、相互协调的制度体系，那么位于其中的政治和法律及其他子系统应当保持合理有序的状态。

根据社会系统理论，现代社会中的政治与法律分化成独立自治但在结构上相互联系的功能子系统。当下中国呈现出超大规模复杂社会的发展趋势，社会主系统的功能分化趋势不断增强；法律系统的程序、规则与话语也开始表现出自我生产性，逐渐难以被政治权力任意伸缩。因此社会系统理论既可以解释中国法律实践中的某些现象，也能对于中国法律系统不够自治提出一定的批判。[7] 本文尝试从社会系统论视角出发，将妇女权益保障公益诉讼作为沟通政治和法律子系统的媒介，来观察和分析我国的妇女权益保障公益诉讼制度，并对其发展提出部分建议。

二、我国的妇女权益保障公益诉讼模式：全盘规划下的检察公益诉讼

（一）我国的妇女权益保障公益诉讼的产生与发展

早在 2012 年公益诉讼制度正式确立之前，妇女权益保障领域的公益诉讼实践已在我国零星出现，即使只是体现为妇女权益法律援助或“个案诉讼+维护公益目的”的形式，其启发性意义依旧相当深远。由于制度和现实等原因，社会力量及西方非政府组织流行使用的策略诉讼技术在我国妇女权益保障公益诉讼中的作用比较有限。[8]

自从 2012 年民事诉讼法修改之后，2019 年党的十九届四中全会通过《中共中央关于坚持和完善中国特色社会主义制度　推进国家治理体系和治理能力现代化若干重大问题的决定》，明确要求“拓展公益诉讼案件范围”，提出探索建立检察机关提起公益诉讼制度的改革任务。在关注“集体性”和“扩散性”国家利益和社会利益的同时，公益诉讼还推进到关注妇女等弱者权利的保护领域。最高人民检察院作为此项重点改革举措的牵头单位，在全国妇联等参与部门的协同配合下，发布了《关于建立共同推动保护妇女儿童权益工作合作机制的通知》《关于积极稳妥拓展公益诉讼案件范围的指导意见》等，重点探索将妇女权益保障纳入检察公益诉讼“等”外领域，指导各地开展探索实践。从地方立法层面看，2019 年以来多数省级人大常委会出台了关于加强检察公益诉讼工作的决定，其中多省明确授权检察机关开展妇女权益保障领域公益诉讼。2021 年 6 月，《中共中央关于加强新时代检察机关法律监督工作的意见》发布，强调积极稳妥拓展公益诉讼案件范围，探索办理妇女权益保障等领域公

益损害案件，总结经验完善相关立法。2021 年 9 月，国务院新闻办公室发布的《国家人权行动计划（2021—2025 年)》也提出要完善妇女权益保障制度，修改妇女权益保障法，检察机关积极探索开展相关领域公益诉讼。2022 年，党的二十大报告中明确要求“完善公益诉讼制度”，充分体现了党中央对公益诉讼制度设计及其实践的高度认可，明确了公益诉讼在推进中国式现代化中的重要地位和作用。2022 年，新修订的妇女权益保障法中增设公益诉讼条款，明确规定侵害妇女合法权益，导致社会公共利益受损的，检察机关可以依法提起公益诉讼。至此，我国妇女权益保障公益诉讼正式以法律的形式得以确立，全面展示了司法机制有效提升妇女等特定群体权益保障质效的中国经验。

（二）我国的妇女权益保障公益诉讼制度的特征

第一，我国的妇女权益保障公益诉讼是一项由顶层设计形成的“中国方案”。从来源看，我国的妇女权益保障公益诉讼制度可追溯到 20 世纪后期以来的民间妇女权益保障公益诉讼实践，并与长期以来学界相关的研究呼吁密切相关。作为一项正式制度，妇女权益保障公益诉讼的构建和发展更多是政策驱动和顶层设计的结果，被视为中国式现代化框架下国家治理体系的重要组成部分和保障。因此，妇女权益保障检察公益诉讼既是保障人权和消除性别歧视、暴力的必然要求，也是推进依法治国和国家治理现代化的重要手段，兼具“国家治理工具”和“妇女赋权手段”的特性。总体而言，我国的妇女权益保障公益诉讼国家性色彩浓厚，在试点基础上，以中央政策文件、国家正式立法以及有关司法解释等为基础，逐渐形成较完整的制度保障体系。

第二，以特定群体的权益保障为对象，追求维护公共利益的目的。一般而言，公益诉讼可以划分为纯粹性公益诉讼、集合性公益诉讼和弱势群体利益导向型公益诉讼等类型，前两者典型如生态环境类公益诉讼、消费者权益保护公益诉讼，而妇女权益保障公益诉讼则属于典型的弱势群体利益导向型公益诉讼。[5] 在形式上而言，它所关注的妇女群体权益似乎仅体现为个体利益的集合，与“公共利益”并无必然关联。但正如前文论及，妇女权益关系到政治共同体的结构公正性问题。因此，通过维护处于社会不利地位的妇女群体利益，公益诉讼能阐明宪法蕴含的男女平等原则，从而推动公共利益目标的实现。我国的公益诉讼试点范围，从关注“集体性”和“扩散性”国家利益和社会利益的同时扩展到弱者权利的保护，反映了立法者对性别平等的社会期待的关注和谨慎选择。

第三，我国的妇女权益保障公益诉讼制度，对起诉主体和受案范围设定了一定限制。妇女权益保障法第七十七条以列举方式明确了公益诉讼检察监督的具体情形，即在侵害妇女合法权益，导致社会公共利益受损的案件中，检察机关不仅可以发出检察建议，而且还可以针对法律规定的五类案件作为原告提起公益诉讼。在受案范围上，该条将涉及农村妇女因集体经济组织成员身份而享有的权益、妇女平等就业权益、妇女不受职场性骚扰及各种形式贬低损害的人格权益的案件，以及其他严重侵害妇女权益的情形确定为可起诉的五类事项。其中第五项是一个兜底条款，为检察机关拓展公益诉讼范围留下了空间。以上立法安排，体现出浓厚的治理性色彩。在原告资格的确定上，检察机关被置于妇女权益保障公益诉讼的关键地位，并在基层群众自治、就业等领域发挥着补充行政执法的作用。在受案范围的划分上，立法者优先选择当前最重要和迫切的妇女权益受侵犯问题作为起诉事项，并在实践中逐步探索扩大受案范围，将公益诉讼的发展和国家治理现代化的目标紧密融合起来。

第四，我国的妇女权益保障公益诉讼制度规定得较为原则。妇女权益保障法中的相关条款主要涉及原告资格、受案范围和诉前检察建议等内容，对于法院职能、被告资格、调查取证、诉讼竞合、既判力、公益救济方式、诉讼费用、执行程序等相关事项，尚缺乏有关具体设计，需要各机关、组织机构等合力进行进一步探索。实践中，检法两院已担当起较为积极的管理者角色，并联合多部门促成了公共机构和组织做法的改变，实际上已起到了“督促执法”“补充立法”的作用①，而对案件的这些操作方式本身也定义着公益诉讼的内涵。我国司法部门的诸多有益探索经验，亟待相关司法解释得以明确和统一。

与英美、印度及其他国家主要由妇女个人或其组织提起公益诉讼不同，我国借助于检察公益诉讼专门保护妇女权益的模式在全球范围内较为少见，颇有特色。[9] 对此，学界存在诸多争议观点。考虑到妇女长期以来的社会弱势地位，难以对抗重重性别歧视和贬损背后陈旧的制度结构、观念文化。借助于检察机关主导、多方联动的路径发挥合力，可以更高效地推动公益诉讼的落实与发展。当然，伴随而来的缺陷也应得到重视。

三、社会系统理论视角下我国妇女权益保障公益诉讼制度之审视

（一）社会系统理论相关观点

随着西方现代社会进入福利国家阶段，扩张的政治权力日益侵入经济领域，法律也出现了公、私法界限的逐渐融合现象，新型的社会法开始涌现。在这种情况下，政治系统与法律系统之间的激扰日益频繁，政治与法律各自的运作封闭性受到挑战。[10] 面对福利国家出现的种种新趋势，各种社会弱势群体比如妇女运用公益诉讼等工具追求维护权益。司法权力相应扩张，通过违宪审查等方式来检视相关的立法和执法，使司法过程日益显现出政治化特征。

按照社会系统理论的观点，现代社会是一个功能分化的社会，社会系统细分为诸如政治、经济、宗教、法律等各个子系统，各自在社会中承担着不同的功能，通过特定的二元符码展开系统内部的运作。其中，法律系统承担着稳定一致性、一般化预期的功能，政治系统则承担着吸收全社会剩余复杂

---

① 比如，在 2022 年年底最高人民检察院会同全国妇联联合发布的 10 件妇女权益保障检察公益诉讼典型案例中，法院坚持以个案办理推动综合治理，与妇联等多部门联动合作，落实行政监管、建立健全妇女保护机制的做法相当普遍。

性的功能，即兜底所有其他功能子系统解决不了的重要剩余问题，从而具备一种“作出有集体拘束力决策”的能力。政治系统的符码是以权力为媒介的有权 / 无权，法律系统是以法律为媒介的合法 / 非法。[11]

在社会整体系统中，各个子系统在自我封闭运行与功能细分的同时，也通过沟通机制和相互影响产生结构耦合，从而推动各子系统之间的功能优化，以及系统的自我生产与满足。就政治系统与法律系统的关系而言，它们通过各自的代码化运作在各自界限内封闭运行，无法混淆和相互替代，但同时又互为对方的环境，互相激扰，从而保留了互相影响的可能。换言之，系统在封闭的同时必须对环境保持开放，但并非被动地受环境影响，而是对环境中的影响因素加以抉择并作出决定；环境也不能决定系统，不能直接干涉或者控制系统的运作。结构耦合在使两个系统相互激扰、产生连接的基础上，不断地选择、吸收与排斥，提高了系统自身学习和改变的机会，不仅让各自系统自身的定位更加明确，同时也促使系统内部自我修正与不断完善。无论是政治系统还是法律系统，均按照各自的代码和媒介，保持运作上的封闭和认知上的开放，它们彼此分立，同时又相互借用、相互依赖而形成特定的联系。[12]

社会系统理论说明，政治与法律两个系统如何在维持自身同一性的前提下回应彼此的影响，从而在现有框架内更合理地运行。在我国，男女平等基本国策是党和政府确定的促进男女两性平等协调发展和妇女全面发展的一项总政策，属于政治系统；但同时作为一项基本原则被写入我国宪法并形成妇女权益法律体系，进入国家法律系统，既激扰了法律系统又受到来自法律系统的信息反馈，实现了一定程度的耦合。随着社会复杂性的加强，这种耦合互动方式在不断地发展调整中。作为妇女权益保障法律体系中的新制度，妇女权益保障公益诉讼兼顾法律价值与政治价值，既要关注法律自身的正义追求，又要服务于男女平等和国家治理现代化的政治目标。这样，通过妇女权益保障公益诉讼为结构耦合提供的渠道，我国有关妇女权益的政治、法律子系统可以继续在保证系统自主性和功能分化的同时，实现与外部环境交换信息和产生联结。

（二）我国妇女权益保障公益诉讼制度的成就与缺陷

妇女权益保障公益诉讼制度是对党和政府相关政策的制度化落实，体现了公众对于性别平等事业的期待，兼具“国家治理工具”和“妇女赋权手段”特性，反映了政治系统和法律系统在妇女权益保障问题上的结构耦合。从妇女权益保障公益诉讼制度的试点到落地生根，党中央和政府始终是拓宽公益诉讼范围、探索妇女权益领域公益诉讼的决策主体，最高人民检察院及妇联等相关部门则分别是具体的牵头执行者和协调合作者。该制度从一开始就呈现出顶层设计的面貌，被纳入全面依法治国和国家治理现代化的总体框架，体现出国家主权者的意志和高度的政治性，回应了社会公众对于公共权力运行中男女平等的诉求和期待，为推动男女平等和妇女权益保护提供了良好的契机。

从社会系统理论的角度而言，一方面，妇女权益保障公益诉讼制度通过落实党和国家政策中积极探索公益诉讼范围的政策，确保了政治系统对法律系统的激扰功能，同时又确保其在法律界限内的封闭运行；另一方面，通过对宪法男女平等的重申和维护，妇女权益保障公益诉讼能够及时反映社会公众比较迫切的利益和需求，揭示制度及其运行中存在的性别偏见，从而向政治系统进行价值辐射和激扰，为进一步的立法完善作准备，亦能促进性别公正的政府善治。在此过程中，政治系统和法律系统需要保持某种运作封闭和认知开放的状态，各自拥有自己的结构形态、功能面向和运行逻辑。

但同时，我国的妇女权益保障公益诉讼制度的设计及其运作，又潜藏着政治系统与法律系统高度耦合、结构边界模糊，从而互相牵制、损害系统的独立性的风险[13]①，主要体现在以下三个方面。

---

① 耦合限度与系统独立性成反比，耦合限度越高、系统的独立性越低，越容易受到耦合对象的激扰。此时，系统的独立性会逐渐丧失，非但不能增益系统功能，反而会互相牵制，减弱对外界环境变化的应激能力。

首先，法律系统尚未充分地通过二元符码的转译将政治系统的激扰选择吸收进系统内部，以增强自身的自主性和持续发展。

从起诉主体上看，我国修订后的妇女权益保障法将公益诉讼的起诉主体仅限定为检察机关，将妇联、工会及其他维护妇女权益的群团组织、社会组织和公民等主体排除在外。这样的规定背后有响应党的十九届四中全会要求“积极稳妥”推进公益诉讼的现实考虑，然而存在未能充分有效响应政治系统信息激扰的问题。党的十九届四中全会明确提出“保障人民群众参与司法”，党的二十大报告要求发展全过程人民民主，“引导全体人民做社会主义法治的坚定捍卫者”，《中国妇女发展纲要（2021—2030年）》也“鼓励企事业单位、社会组织、慈善机构和公益人士参与保障妇女合法权益”。如果检察机关“包揽”提起妇女权益保障公益诉讼的资格，企事业单位、社会组织和公民等仅处于监督、参与协作的地位，虽然强化了其“国家治理工具”的特性，但长期而言会导致社会力量自主性缺乏的风险，弱化其“妇女自我赋权”的特性，与参与式治理及社会共治的政治理念不尽相符，不利于国家现代化治理的发展。

从受案范围看，妇女权益保障法规定了检察机关在受理侵害妇女合法权益导致社会公共利益受损的案件中，可以作为执法监督者的角色介入。这体现了立法者对男女平等国策和宪法基本原则的重视。不过，对于“社会公共利益受损”的含义，法律并没有给出具体的解释。按照宪法的规定，我国妇女享有与男子一样的政治、经济、文化、人身等诸项权利。针对妇女合法权益并损害广泛大众利益的情形，比如在妇女被拐卖、性侵、家庭暴力、选举权和被选举权受侵害、受教育权受侵害等情形中，检察机关是否可依据妇女权益保障法第七十七条列举的兜底条款进行监督和起诉，尚缺乏明确具体的指引。就此而言，法律系统与政治系统间的衔接协调机制有待进一步完善。

其次，政治系统不恰当地介入法律系统，造成二者边界的模糊。根据社会系统理论，社会子系统的“认知开放”建立在“运作封闭”的基础之上，不同系统之间应该通过耦合机制进行互相交融，彼此恪守边界。比如在实践层面，检察机关对妇女权益保障公益诉讼的“包揽”，造成了检察机关维护妇女权益无往不胜的局面，这与其他领域检察公益诉讼的“大获全胜”几无二致。[14-16] 检察机关在办理公益诉讼中存在着较为明显的行政化倾向，几乎将办理公益诉讼案件视为一项政治任务来完成，这固然有利于提高目标实现的效率，但用于司法领域则未必妥当。这是政治系统不当干扰法律系统的例子，不仅损害了法律系统的自主性——未必符合公益诉讼的客观规律，而且也会反过来损害政治系统的自主功能——检察权的扩张也可能影响行政机关依法行政的效率，对行政管理造成干扰。[17]

最后，法律系统亦需要通过公益诉讼的途径，不断向政治系统进行价值辐射，实现“开放阀”的功能，这些方面我国制度上还存在一定的空缺。[18] 妇女权益保障公益诉讼与一般的妇女权益诉讼不同，它期待援用司法程序来促进相关制度和行政违法及不作为的改变，从而推动男女平等的社会改革，具有面向未来的特征。其中，公益诉讼原告的目的不仅是执行现有法律，还要负有改革现有制度结构的愿望，这对司法职能也提出了能动性的要求。妇女权益保障法规定了检察院的检察建议和公益诉讼职能，为以上目标的实现留下了空间，期待未来进一步的制度细化和完善。

四、对我国妇女权益保障公益诉讼制度的若干建议

我国的公益诉讼是一项以法治思维和法治方式推进国家治理体系和治理能力现代化的重要制度设计[19]，妇女权益保障公益诉讼自然概莫能外。该制度不仅彰显了高度契合国家治理要求的独特优势，而且体现了鲜明的“通过法治推进治理”的特质。易言之，妇女权益保障公益诉讼的发展不仅要结合现代“治理”的理念，而且要在法治的基础上推进治理实践，从而达到社会中诸子系统的协调和平衡。

一方面，从制度目标上说，妇女权益保障公益诉讼需警惕治理过程中的“国家化倾向”风险，应兼顾“国家治理”和“妇女赋权”两大目标并以后

者为最终价值依归。按照社会系统理论的观点，法律系统在通过“合法 / 非法”代码和媒介保持内部封闭运作的同时，又要面临作为环境的社会的信息激扰，那么就会时常遭遇法律运作中的系统性风险。换言之，为了根除制度性实践中和社会结构中根深蒂固的性别偏见，法律系统往往更倾向于强化国家的建制化权力去解决上述痼疾，从而更容易沦为国家主义的工具。为此，法律必须坚守其作为“自由”最终保障的功能[20]，并扩大充分有序的公民参与，引入以“共识 / 合意”为导向的法律沟通过程来确保其不致背离法治价值。[21]这就首先应明确“治理”的含义，即为了实现公共利益，政府部门和非政府部门等众多公共行动主体彼此合作和依赖，所形成的较少科层而更多网络化体系的一种多元治理。[22]同时，妇女权益保障公益诉讼制度的设计要以妇女群体的权利和自由为导向，强调妇女自我赋权（Empowerment）的重要价值。

另一方面，从具体制度上说，妇女权益保障法第七十七条虽然对妇女权益保障检察公益诉讼进行了专门规定，但还较为原则，不够完整具体，有待更细致深入的制度设计，笔者仅就本文主题提出某些针对性看法。

一是在积极开展检察公益诉讼的同时，适当放宽妇女权益保障公益诉讼的起诉资格。有研究指出，案件线索匮乏及滞后性是制约公益诉讼的重要因素，在妇女权益保障这个新领域尤为突出。[23]除了采取各种措施拓宽案件线索来源，还应为与妇女权益相关的社会组织提起公益诉讼提供机会和便利。正如学者提到的，起诉主体的多元化是各国公益诉讼制度的共同特点，包括检察机关、社会团体和公民个人，赋予某些维护妇女权益的社会组织以民事公益起诉权在我国学界已达成广泛共识。[24]《中国妇女发展纲要（2021—2030 年）》即“鼓励企事业单位、社会组织、慈善机构和公益人士参与保障妇女合法权益”。妇联作为我国影响力最大也是最主要的妇女组织，我国各级妇联在为妇女服务、维护妇女权益、推动妇女发展和性别主流化方面积累了丰富的妇女工作经验，理应有资格为无力或不敢维护自己合法权益的妇女群体提起公益诉讼，而不仅是检察机关的配合协作者。

此外，其他符合条件的组织（包括民间妇女组织、工会等）亦可以被赋予起诉资格。因为，妇女不仅能够借由社会组织的代表去表达维权主张，而且可以通过组织这个平台使妇女进入公共领域，培养妇女的办事能力和领导能力，改变人们对妇女的陈旧观念，实现政治系统吸收全社会剩余复杂性的功能。为此，国家还应采取措施对相关社会组织大力进行培育、支持，此不赘述。至于公民个人是否可以提起妇女权益保障公益诉讼，目前还未为我国的两大诉讼法所允许。实践中可采取激励公民提供举报线索、参与听证座谈、担任公益诉讼观察员等措施，为妇女个人积极参与维护公益提供更多机会。

二是适当拓宽妇女权益保障公益诉讼的受案范围。如前所述，我国妇女权益保障法对公益诉讼的受案范围的规定设定了一定限制。按照宪法的规定，我国妇女在政治的、经济的、文化的、社会的等各方面享有同男子平等的权利。实际上，所有领域都有提起妇女权益保障公益诉讼的可能，因为一件貌似孤立的私益案件，背后可能存在着普遍性的制度和文化等结构痼疾。比如 2022 年年底，最高人民检察院会同全国妇联发布的 10 件妇女权益保障检察公益诉讼典型案例，既可以体现为普通的私益诉讼，也可以通过运作成为公益诉讼案件。如“江苏省滨海县人民检察院诉王某红侵犯孕产妇生育信息刑事附带民事公益诉讼”一案，在司法机关的运作下会同财政部门出台了有关公益赔偿资金的使用管理办法，并向县卫生健康委员会制发行政公益诉讼检察建议，从各方面完善了公民个人信息的保护机制。[14] 同理，只要某领域侵害妇女权益的案件体现出“针对妇女群体的基于性别的结构性不公”的特征，检察院即可根据妇女权益保障法第七十七条列举的兜底条款拓宽探索范围，逐步对妇女群体进行全方位保护。

三是完善和细化公益诉讼有关规定，如对公益诉讼的程序，包括举证规则、办案程序、救济方式等进行可操作性的细化，建立妇女权益保障公益诉讼基金等，此为完善法律系统本身的自我运作机制。此外，还要关注构建强化妇女权益保障公益诉讼救济的示范效应和长效机制等，此为适当强化法律系统对环境的激扰机制，从而发挥出公益诉讼对普遍、系统的歧视性做法的纠偏改造功能。

四是组合应用公益诉讼之外的各种策略，包括引入多元化纷争解决机制，在“政府领导、部门联动、社会参与”的格局下推进妇女权益的保障事业。在整个社会大系统中，法律只是解决社会问题的其中一种手段。同样地，在公益法实践的诸多策略中，公益诉讼亦作用有限，它主要着眼于制度性的纠错和完善，面对具体多样的受害妇女利益要求可能会捉襟见肘。按照《最高人民法院关于适用〈中华人民共和国民事诉讼法〉的解释》第二百八十七条的要求，可以考虑将和解、调解等多元化纷争解决机制与公益诉讼结合应用，为涉妇女权益案件提供多种灵活解决的途径。此外，还要营造有利于法律系统自主运行所依托的社会、经济及文化环境，多维度提高对妇女赋能支持，充分发挥专家学者、企事业单位、非政府组织、媒体等社会力量的作用，构建起强有力的社会支撑系统推进男女平等发展。

五、结语

妇女是一个被长期以来的制度和文化建构的社会弱势群体。当下急遽进行的社会变迁和技术发展，进一步使妇女群体面临扩散化的损害，如网络对妇女人格权的侵害等现象频发，与传统的妇女结构性受侵害相互交错。这使法律身处复杂多元的政治、社会、经济及文化历史环境的激扰中，同时又要努力建立起必要的运作性封闭，感知和回应丰富的社会变迁。作为妇女权益保障领域的新型制度性实践，公益诉讼根植于当下的社会背景并吸收着来自政治和其他子系统的信息，同时应保持自身运作的独立性，避免受到环境的侵扰和沦为政治过程的附庸。如此，应该适度完善目前的公益诉讼制度设计，打造国家与社会“共建共治共享”的治理格局，才能使公益诉讼健康发展，真正实现“国家治理”和“妇女赋权”的根本目标。

【参考文献】

[1] 沈国琴 . 从政治到法律：妇女权益保护公益诉讼法律框架的构建 [J]. 新视野，2011（2）：67-69.

[2] 戴维 · 凯瑞斯 . 法律中的政治：一个进步性批评 [M]. 信春鹰，译 . 北京：中国政法大学出版社，2008.

[3] Oloka-Onyango J. Human Rights and Public Interest Litigation in East Africa: A Bird's Eye View[J].George Washington International Law Review, 2015, 47.

[4] Modhurima Dasgupta. Social Action for Women? Public Interest Litigation in India's Supreme Court[EB/OL].[2022-03-12]. https：//warwick.ac.uk/fac/soc/law/elj/lgd/2002_1/dasgupta/?textOnly=false.

[5] 王福华 . 公益诉讼的法理基础 [J]. 法制与社会发展，2022，28（2）：59-81.

[6] 巩固 . 公益诉讼的属性及立法完善 [J]. 国家检察官学院学报，2021，29（6）：55-71.

[7] 伍德志 . 欲拒还迎：政治与法律关系的社会系统论分析 [J]. 法律科学（西北政法大学学报），2012，30（2）：3-14.

[8] 郭建梅，李莹 . 妇女权益与公益诉讼 [M]. 北京：中国人民公安大学出版社，2009.

[9] 刘艺 . 规范为要　前景可期：妇女权益保障类检察公益诉讼 [N]. 中国妇女报，2023-03-21（6）.

[10] 鲁楠 . 结构耦合：一种法律关系论的新视角 [J]. 荆楚法学，2022（3）：90-102.

[11] 泮伟江 . 法律系统的自我反思：功能分化时代的法理学 [M]. 北京：商务印书馆，2020：145.

[12] 泮伟江 . 宪法的社会学启蒙——论作为政治系统与法律系统结构耦合的宪法 [J]. 华东政法大学学报，2019，22（3）：6-20.

[13] 冀鹏飞 . 论中国环境政策与环境法律的结构耦合——基于系统论方法的展开 [D]. 甘肃：甘肃政法学院，2019.

[14] 李海洋 . 妇女权益保障检察公益诉讼典型案例发布 [N]. 中国商报，2022-12-06（P03）.

[15] 龚亮 . 全面实施检察机关提起公益诉讼制度 [N]. 光明日报，2017-07-07（4）.

[16] 张明彭，陈宏光 . 行政公益诉讼现存问题探讨：基于 90 篇裁判文书的实证分析 [J].

景德镇学院学报，2021，36（1）：109-113.

[17] 陈杭平，周晗隽 . 公益诉讼“国家化”的反思 [J]. 北方法学，2019，13（6）：70-79.

[18] 陈红梅，李娟 . 党内法规与国家法律衔接协调的内在机理与现实路径 [J]. 湘潭大学学报（哲学社会科学版），2021，45（1）：93-100.

[19] 胡卫列 . 国家治理视野下的公益诉讼检察制度 [J]. 国家检察官学院学报，2020，28（2）：3-20.

[20] 鲁曼 . 社会中的法 [M]. 李君韬，译 . 台北：五南图书出版股份有限公司，2009.

[21] 陈洪杰 . 法律如何治理——后形而上法哲学反思 [J]. 法制与社会发展，2017，23（4）：38-51.

[22] 科林 · 斯科特 . 规制、治理与法律：前沿问题研究 [M]. 安永康，译 . 宋华琳，校 . 北京：清华大学出版社，2018.

[23] 黄丁文 . 妇女权益保护检察公益诉讼实践路径 [J]. 中国检察官，2022（6）：55-58.

[24] 戴瑞君 . 我国妇女权益公益诉讼刍议 [J]. 内蒙古社会科学，2022，43（5）：86-95.

实务探索

农村妇女财产权益保障司法救济困境及完善建议

——兼评妇女权益保障法

谢　芳[①]

摘　要：新修订的妇女权益保障法第五十五条在原第三十二条基础上增加了“妇女在农村集体经济组织成员身份确认”的权利内容，为农村妇女财产权利保护提供了更加完善的制度支持。然而，该条并未解决司法救济的困境，农村妇女集体经济组织成员身份确认仍然因为实体标准缺乏、程序路径混乱、司法行政职权界分不清而步履维艰。对此，我国需要对现行法律规范进行体系解释，促进制度衔接；实体标准的建构应当贯彻男女平等，以妇女财产权益不落空为原则；身份确认应当经由司法程序予以充分保障，以此厘清司法与行政的职权范围。

关键词：妇女财产权益；农村集体经济组织成员；资格认定标准

一、引言

妇女权益保障法此次修订在旧法基础上增设了“妇女在农村集体经济组织成员身份确认”的权利内容，同时明确权益保护方式应体现为名下有地、

---

① 谢芳，中华女子学院法学院讲师，主要研究方向为民事诉讼法、妇女儿童权益保障。

证上有名，即妇女作为农村集体经济组织成员所享有的农村土地承包经营权、宅基地使用权均应实行不动产登记，以确保妇女上述用益物权的权属。针对当前比较常见的土地征收补偿，以立法形式强调征收补偿安置或者征用补偿协议应当将享有相关权益的妇女列入，并记载权益内容，即妇女财产权益应当在协议中明确。第五十六条相比旧法第三十三条更加具体地对村民自治章程、村规民约、村民会议、村民代表会议的决定以及其他涉及村民利益事项的决定予以规范；并且上述决议不得以妇女未婚、结婚、离婚、丧偶、户无男性等为由，侵害妇女在农村集体经济组织中的各项权益。上述规定具有较强的针对性，是实务中判断村民自治决定应否撤销或者是否应当改正的原则性依据。可见，农村妇女财产权益保障相关制度内容更加完善和具体。

然而妇女权益保障救济制度仍然存在诸如衔接不畅的问题。民法典第二百六十五条第二款规定："农村集体经济组织、村民委员会或者其负责人作出的决定侵害集体成员合法权益的，受侵害的集体成员可以请求人民法院予以撤销。"新修订的妇女权益保障法第七十五条第一款则规定："妇女在农村集体经济组织成员身份确认等方面权益受到侵害的，可以申请乡镇人民政府等进行协调，或者向人民法院起诉。"新法承继了村民委员会组织法和旧法的规定，但未与民法典第二百六十五条作立法上衔接，特别是针对"集体经济组织成员身份确认争议"，如何衔接行政司法救济路径以及如何界分行政民事诉讼管辖范围未加以明确。

二、农村妇女财产权益保障典型案例梳理

以"农村集体经济组织成员资格"及"妇女权益保障法"为关键词，在中国裁判文书网上检索，共获取9453个案例。[①]通过梳理，从上述案例中选

① 本文数据从中国裁判文书网获取，最终访问时间：2024年6月23日。

取 4 个案例反馈“农村妇女财产权益保障司法救济困境”。这 4 个案例的典型意义在于对集体经济组织成员资格确认问题，当事人选择了向行政部门寻求救济和提起民事诉讼两种方式；而人民法院对于能否确认集体经济组织成员资格裁判观点相反。这 4 个案例能够从一定程度上反映当前司法实务中农村妇女财产权益救济路径选择和裁判困境。

案例一：张溪股份合作经济联合社诉被申请人广东省中山市人民政府行政复议申请案①

中山市石岐区张溪股份合作经济联合社和中山市石岐区张溪第八股份合作经济社作为再审申请人，因诉被申请人广东省中山市人民政府，原审第三人杨春平驳回行政复议申请一案，不服广东省高级人民法院作出的（2016）粤行终 1030 号行政判决，向最高人民法院申请再审。

杨春平与原张溪村村民黄柱根登记结婚，婚后将户口迁入本村。与黄柱根离婚后再与非本村村民结婚，但户口未从张溪村迁走。张溪村改革过程中通过《中山市石岐区张溪（村级）股份合作经济联合社章程》，规定外地嫁入本村，户口已迁入，离异后与村外其他人再婚的妇女及随其生活的子女，不予配置股权。杨春平向中山市人民政府石岐区办事处申请，要求确认张溪村上述章程中有关女性股民离婚应迁未迁被剥夺股份的条款违反国家法律法规规定，责令其修改章程；确认杨春平享有农村集体经济组织成员 100% 的股权以及补发杨春平应分的分红 226631.03 元。石岐区办事处作出行政处理决定，认为张溪村认定杨春平不属于其在册农业人口并无不妥，根据章程规定，其不享有相应股权，因此驳回了杨春平的请求。杨春平不服该决定申请了行政复议，中山市人民政府受理复议申请后进行了审查，认为张溪村章程中关于外地嫁入本村、户口迁入、离异后与村外其他人再婚的妇女不予配置

① 参见（2017）最高法行申 5157 号。

股份的规定违反了《中华人民共和国妇女权益保障法》第三十三条[1]规定，决定撤销，要求石岐区办事处限期重新作出行政处理决定。张溪村不服提起了行政诉讼。中山市中级人民法院、广东省高级人民法院均认定中山市人民政府作出的行政决定事实清楚、适用法律正确；最高人民法院受理再审申请后认为一审、二审法院判决正确，中山市政府的复议决定并无不当，驳回了再审申请。

案例二：刘静诉湘潭县易俗河镇谷洪村五星组侵害集体经济组织成员权益纠纷案[2]

再审申请人刘静以湘潭县易俗河镇谷洪村五星组为被告提起民事诉讼，请求判决刘静享有五星组土地征收分配权利，应获得分配征收款，包括：2019 年 8 月 31 日应分得征收款 92553 元，2019 年 9 月 18 日应分得征收款 107982 元，合计 200535 元；判决刘静依法享有湘潭县征地农民社会保障待遇，应获得参保缴费补贴。

一审法院认为五星组于 2019 年 8 月 28 日及同年 9 月 28 日议定的分配方案属组民自治范围，未明显侵犯刘静的合法权益。二审法院认为是否具有农村集体经济组织成员资格，是解决刘静应否享有集体经济组织成员权益、能否获得征地补偿款的前提。而集体经济组织成员资格的确认并非人民法院受理民事诉讼的范围，当事人就是否具备集体经济组织成员资格发生争议时，应当请求其所在乡镇人民政府作出认定。于是二审撤销了一审判决，裁定驳回刘静的起诉。再审法院认为根据《中华人民共和国村民委员会组织法》第二十七条第二款规定："村民自治章程、村规民约以及村民会议或者村民代表会议的决定不得与宪法、法律、法规和国家的政策相抵触，不得有

---

① 旧法已失效，新法于 2023 年 1 月 1 日公布施行。该条被规定在新修订《中华人民共和国妇女权益保障法》第五十六条："村民自治章程、村规民约，村民会议、村民代表会议的决定以及其他涉及村民利益事项的决定，不得以妇女未婚、结婚、离婚、丧偶、户无男性等为由，侵害妇女在农村集体经济组织中的各项权益。"

② 参见（2020）湘民再 257 号。

侵犯村民人身权利、民主权利和合法财产权利的内容。”因此认定刘静依法享有五星组集体经济组织成员资格。

案例三：何秀喜、何某1、何某2与广东省翁源县周陂镇陈村村二十组侵害集体经济组织成员权益案①

何秀喜、何某1、何某2以广东省翁源县周陂镇陈村村二十组为被告，起诉请求判令被告给予原告韶新高速公路征地补偿款每人3200元，判令被告分配原告每人0.6亩耕地。一审法院认为原告要获得征地补偿款的前提是必须先确认原告具有集体经济组织成员资格，该问题不属于人民法院受理民事诉讼的范围。原告就其集体经济组织成员资格及其资格认定问题，可向相关政府部门申请确认和处理。由此裁定驳回了原告的起诉。

案例四：王金平诉南阳市宛城区溧河乡康庄村8组土地承包经营权确认纠纷案②

王金平与第三人康某于2002年结婚后，户籍迁入被上诉人处并分得了康庄村8组承包地，长期在该组居住。2017年8月7日与康某离婚，但户籍仍在南阳市宛城区溧河乡康庄村8组。该组集体开会决议认为王金平已与康某离婚，且康某已经再婚，王某不应再承包该组的土地、分取该组的征地款。

就此王金平向人民法院提起民事诉讼，请求判令被告返还收回的原告承包耕地0.92亩，被告支付原告应分配的征地补偿款1.3万元。法院认为，依照《最高人民法院关于审理涉及农村土地承包纠纷案件适用法律问题的解释》第二十四条③的规定，村民应否分得承包地及土地补偿款，应当以其是

① 参见（2022）粤0229民初1029号。

② 参见（2020）豫13民终5499号。

③ 《最高人民法院关于审理涉及农村土地承包纠纷案件适用法律问题的解释》已于2020年进行修正，该条内容被规定在司法解释的第二十二条。该条规定：“农村集体经济组织或者村民委员会、村民小组，可以依照法律规定的民主议定程序，决定在本集体经济组织内部分配已经收到的土地补偿费。征地补偿安置方案确定时已经具有本集体经济组织成员资格的人，请求支付相应份额的，应予支持。但已报全国人大常委会、国务院备案的地方性法规、自治条例和单行条例、地方政府规章对土地补偿费在农村集体经济组织内部的分配办法另有规定的除外。”

否取得所在村集体经济组织成员集体成员资格为前提，集体成员资格的认定涉及集体经济组织与成员之间的内部管理，对村民资格的认定标准及有权认定机关尚无明确法律规定。依据《中华人民共和国村民委员会组织法》第二条及第二十四条的规定，作为基层自治性组织，村民小组对征地补偿费的使用进行讨论并决定分配方案，属于村民自治的范畴，人民法院不宜加以干涉，集体经济组织成员身份的认定涉及集体经济组织与成员之间的内部管理问题，亦应属于村民自治的范畴，应当由其依照法律规定的民主议定程序予以决定，故王金平要求分配征地补偿款，不属于人民法院受理民事案件的范围。且王金平在康庄村现并未分得承包地，对未实际取得土地承包经营权提起民事诉讼的，依据《最高人民法院关于审理涉及农村土地承包纠纷案件适用法律问题的解释》第一条第二款规定，人民法院也应告知其向有关行政主管部门申请解决。

上述 4 个案例能够在一定程度上反映农村妇女财产权益保障存在的现实困境。其中案例一中股份合作经济联合社以《章程》方式否定妇女杨春平享有农村集体经济组织成员资格和相应权利，受害人通过向行政部门申请救济的方式维护自身权益，最终相关资格的确认系通过行政诉讼加以解决。案例二、三、四均是通过直接提起民事诉讼的方式要求农村集体经济组织给付农村妇女基于其组织成员资格所对应的权益，比如征地补偿款。然而就人民法院能否在民事诉讼中直接认定集体经济组织成员资格并判决给付相应权益，人民法院存在不同观点。其中案例三、案例四中人民法院作出了与案例二完全相反的认定；前者持否定观点，认为权益给付前提是资格确认，而资格确认属于村民自治范畴，不属于人民法院受理民事案件范围；后者持肯定观点，认为人民法院在审理涉及农村土地承包纠纷案件中有权依照法律法规规章及政策的相关规定，根据案件具体情况，对当事人在征地补偿安置方案确定时是否具有本集体经济组织成员资格作出认定，以便据此对当事人是否有权主张相关土地征收补偿款进行综合评判。

三、农村妇女财产权益保障司法救济困境

上述案例反映出农村妇女财产权益保障司法救济存在困境：现行救济制度规范模糊不清、衔接不畅，受害者在权益遭受侵害时不能确定救济的路径；人民法院与行政机关各自的职责范围难以界分，以致出现管辖争议；而集体经济组织成员资格认定实体标准长期未能得到统一确定，法院在个案中亦难以裁判；同时，集体经济组织成员资格确认之诉是否必须为集体经济利益损害赔偿或返还之诉提起的前提。

（一）法律规定模糊：救济制度缺乏体系衔接

农村妇女财产权益保障救济所适用的规范依据繁多，有调整民事法律关系的《中华人民共和国民法典》，也有专门立法如《中华人民共和国妇女权益保障法》《中华人民共和国农村土地承包法》《中华人民共和国村民委员会组织法》，还有司法解释及其他规范性文件如《最高人民法院关于审理涉及农村土地承包纠纷案件适用法律问题的解释》《中共中央办公厅　国务院办公厅关于切实维护农村妇女土地承包权益的通知》。有些省份还出台地方规范性文件，如《广东省农村集体经济组织管理规定》等。有关妇女财产权益保障的救济，不同制度规范的功能和调整对象有所区别，制度之间缺乏整体的衔接，因此规范适用难免产生冲突。

妇女权益保障法（2022 年修订）第七十二条第二款规定：“妇女的合法权益受到侵害的，有权要求有关部门依法处理，或者依法申请调解、仲裁，或者向人民法院起诉。”第七十五条更为具体地明确了妇女寻求救济的部门为乡镇人民政府、农村土地承包仲裁机构以及人民法院。再结合第五十五条、第五十六条的内容，妇女财产权益的实体内容主要包括妇女在农村集体经济组织成员身份确认、土地承包经营、集体经济组织收益分配、土地征收补偿安置或者征用补偿以及宅基地使用等方面；侵害上述权益的主要方式是通过村民自治章程、村规民约或者村民会议、村民代表会议的决定以及其他涉及村民利益事项的决定。因此，我们从条文中可以解释出有关决议内容侵

犯农村妇女财产权益时，既可以要求行政部门处理，也可以申请仲裁或者提起诉讼。再根据民法典第二百六十五条关于“农村集体经济组织、村民委员会或者其负责人作出的决定侵害集体成员合法权益的，受侵害的集体成员可以请求人民法院予以撤销”的规定，该条明确赋予了权利人提起民事诉讼撤销集体决定的诉权。

然而，根据《最高人民法院关于审理涉及农村土地承包纠纷案件适用法律问题的解释》第一条第二款的规定，农村集体经济组织成员因未实际取得土地承包经营权提起民事诉讼的，人民法院应当告知其向有关行政主管部门申请解决。由于土地承包经营权确定与否的前提是对集体经济组织成员资格的确定，因此该规定实际上产生了否定人民法院管辖集体经济组织成员资格确认纠纷的效果。再根据村民委员会组织法第二十七条关于“村民自治章程、村规民约以及村民会议或者村民代表会议的决定不得与宪法、法律、法规和国家的政策相抵触，不得有侵犯村民的人身权利、民主权利和合法财产权利的内容。村民自治章程、村规民约以及村民会议或者村民代表会议的决定违反前款规定的，由乡、民族乡、镇的人民政府责令改正”的规定，集体经济组织作出的决定是否违法而需要改正由政府部门负责。

由此，对于农村妇女财产权益特别是其集体成员资格权益的保障救济，当前救济路径规范存在关系模糊不清、制度之间衔接不畅的问题：仲裁的范围在现行法律框架下仅适用于农村土地承包纠纷，集体经济组织成员身份确认、土地征收补偿安置等纠纷能否纳入仲裁管辖；行政部门与人民法院管辖范围是否一致，特别是对于成员身份确认应当提起民事诉讼还是申请行政机关处理；通过行政机关处理并提起行政诉讼后能否再提起民事诉讼；等等。

（二）救济路径交叉：行政与民事诉讼管辖界分不清

以“农村集体经济组织成员资格”为关键词在中国裁判文书网上检索，得到 35332 篇文书，其中民事案由下有 26268 篇、行政案由下有 6641 篇，其余为执行和国家赔偿案件。将检索范围进行限缩，增加检索关键词“妇女权益保障法”，共检索到9453篇，其中行政案件2534篇、民事案件6118篇，其余为执行和国家赔偿案件。以“侵害集体经济组织成员权益纠纷、农村妇女、财产、基层法院”为检索条件，获取了468个案例，其中法院以“集体经济组织成员资格及其资格认定问题，不属于人民法院受理民事诉讼的范围”为由裁定驳回起诉的有46个，占比10%。

上述案例检索数据以及前述案例法院裁判观点反映出目前司法实务中，农村妇女财产权益保障救济存在行政与民事诉讼管辖范围不明确，各自职权界分不清的问题。妇女在农村集体经济组织中因其土地承包权或者其他作为集体经济组织成员所应享有的经济利益受损主要根源于集体经济组织通过章程或者决议否定妇女的身份资格。因此，根据有关规定，受侵害妇女可以向人民政府提出申请要求政府责令集体经济组织改正其章程或决议；可以直接向人民法院提起民事诉讼请求撤销集体经济组织所作出的决定（决议）；也可以通过提起民事诉讼，直接请求集体经济组织给付其相应财产。由此引发的问题在于，行政救济和民事救济、政府救济和司法救济制度功能是否一致、范围是否一致？多种救济路径的制度供给之间是怎样的关系，行政救济是否具有排除民事司法管辖的效力？“集体经济组织成员资格认定”是政府管辖的行政事务还是民事诉讼受案的民事纠纷范畴？

结合前述案例可知，政府救济制度功能在于基层政府对村民自治的管理监督，辖区内人民政府有权对集体经济组织所作决议进行审查，以确认或者否定妇女的成员资格。该行为对妇女财产权益产生实质影响，性质上为具体行政行为，由此妇女或集体经济组织对行政决定可以复议或者诉讼。民事司法救济制度功能在于保护农村妇女财产权益，因此民法典赋予权利人决议撤销权和财产返还请求权，但由于第二百六十五条“农村集体经济组织、村民委员会或者其负责人作出的决定侵害集体成员合法权益的”中对“决定”并未作出更为具体的解释，即该决定是否包括否定集体经济组织成员资格的决定，因此在司法裁判中观点难以统一。

（三）欠缺实体标准：如何认定妇女具备本集体经济组织成员资格标准不一致

集体经济组织成员资格确定缺乏统一实体标准的问题由来已久，司法实务中的判断标准主要有以下几个：第一，当事人户籍登记的客观情况；第二，是否在集体经济组织居住生活；第三，是否在男方所在集体经济组织解决承包土地；第四，是否对集体经济组织作出实际贡献或者承担了相应义务。农村妇女成员资格遭受否定最常见的原因在于妇女结婚时或者结婚前取得集体经济组织成员资格后，出现了离婚、丧偶、外嫁等情形，虽然户口仍然保留在原集体经济组织中，但集体自治决定其不再具有成员资格。

绝大多数案例中，双方争议的焦点不在于妇女户籍未登记在册，而是集中于集体经济组织认为妇女离婚、丧偶、外嫁或外出务工后户口属于“空挂”，未实际在集体经济组织中生活，未对集体负担相应的义务和作出贡献。在（2018）粤行终1364号案例中，法院认为，根据《广东省实施〈中华人民共和国妇女权益保障法〉办法》第二十三条及第二十四条第一款的规定，村民代表会议或者村民大会决议、村规民约和股份制章程中涉及土地承包经营、集体经济组织收益分配、股权分配、土地征收或者征用补偿费使用，以及宅基地使用等方面的规定，应当坚持男女平等原则，不得以妇女未婚、结婚、离婚、丧偶等为由，侵害其合法权益。农村集体经济组织成员中的妇女，结婚后户口仍在原农村集体经济组织所在地，或者离婚、丧偶后户口仍在男方家所在地，并履行集体经济组织章程义务的，在土地承包经营、集体经济组织收益分配、股权分配、土地征收或者征用补偿费使用以及宅基地使用等方面，享有与本村集体经济组织其他成员平等的权益。根据上述法规和规章规定，确定农村集体经济组织成员资格是“户口＋义务”原则，且不因离婚而丧失其成员资格。然而何谓“集体经济组织成员义务”并未在裁判中进一步予以阐释，而相关规范性文件中亦未对此作出明确规定。

（四）裁判逻辑不清：集体经济组织成员资格确认是否应独立裁判

农村妇女财产权益侵害类型多样，其中包括对土地承包经营权、集体经济组织收益权、土地征收补偿安置或者征用补偿权益以及宅基地使用权等的侵害。而在司法实务中，妇女上述权益遭受损害提起民事诉讼，诉讼请求通常包括给付征地补偿款，支付集体经济利益分配款、集体土地补偿款、年度经济分红，确认享有承包经营权，确认集体经济组织分配方案无效等。原告提出诉讼请求的方式分为两种，一种是先请求法院确认其集体经济组织成员资格，再要求被告支付经济利益；另一种则是直接要求被告支付经济利益。那么，针对原告在民事诉讼中提出的上述诉讼请求，法院审理裁判的逻辑如何？在原告并未就集体经济组织成员资格确认提出诉请的情况下，法院是否应将资格确认作为给付请求裁判的前提？

通过（2020）湘民再257号和（2022）粤0229民初1029号案例剖析可知，法院认为原告给付经济利益的前提系先行确定原告集体经济组织成员资格，而该事项并非人民法院受理民事案件的主管范围，据此直接驳回原告起诉。司法实务中普遍的裁判思维是将集体经济组织成员资格确认作为经济利益给付诉请的前提，即只有具有资格的主体才能向法院直接起诉要求给付上述各种类型的集体经济利益。然而究竟集体经济组织成员资格应由政府确认还是由法院作出司法上的确认却未达成共识，由此导致妇女通过民事诉讼保护其财产权益的路径受到限制和阻碍。

四、农村妇女财产权益保障司法救济完善建议

（一）制度规范的体系解释和制度衔接

结合妇女权益保障法第七十五条和民法典第二百六十五条的规定，明确妇女在农村集体经济组织成员身份确认等方面权益受到侵害的，可以向人民法院提起诉讼。虽然第七十五条规定了申请乡镇人民政府等进行协调和向人民法院起诉两条路径，但由于人民政府协调并不是政府作出的强制行

政行为，不应被解释为行政权主管并以此排斥人民法院的管辖。同时民法典第二百六十五条的规定更进一步明确，农村集体经济组织、村民委员会或者其负责人作出的决定侵害集体成员合法权益的，受侵害的集体成员可以请求人民法院予以撤销。虽然该条赋予了当事人撤销权，对集体经济组织所作出决定实施撤销，但从实际效果看，该条对妇女集体经济组织成员资格确认起到保护作用。妇女权益保障法和民法典的上述规范为妇女财产权益遭受侵害提起民事诉讼明确了请求权基础，在法律适用时不能将第七十五条“也可以申请人民政府协调”的规定解释为当事人在资格确认救济上的同等路径选择，而是应当结合村民委员会组织法第二十七条区分政府行政监督所针对的事项。第二十七条针对的侵犯确定成员的财产权益，而妇女权益保障法第七十五条和民法典第二百六十五条是解决成员资格前提的司法路径。司法路径和行政监督所管辖的事项不同，并非对成员资格确认同时享有管辖权，两条路径相互支撑、并行不悖。

（二）集体经济组织成员资格应由人民法院通过审理裁判予以确认

关于集体经济组织成员资格确认应归属政府或民事司法，有学者提出“法院在作案件受理的判断时，应根据诉讼请求主张权利的内容区分其经济或行政性质，政府对成员资格的相关行为性质应区别对待，如果仅是对成员资格及权利纠纷的处理决定，则不是明确的行政诉讼的处理范围”[1]。本文认为根据诉讼请求主张来区分主管的范围在司法实务中具有操作上的难度，当事人可能以不同的诉讼请求来主张自己的权利，但司法审理的诉讼标的可能是统一的，即审查判断是否具有集体成员资格。例如，原告主张集体经济组织成员给付土地安置补偿金或者主张确认集体自治作出的决议无效或者主张撤销决议，从请求类型和请求内容来看，无法判断所涉及的内容是否具有经济性质或者行政性质。然而在实质上，法院均需要在案件中对是否具有资格进行实质审理。

从纠纷的性质以及立法规范目的来看，集体经济组织成员资格认定应当纳入民事诉讼管辖范畴。

一方面，民事诉讼管辖平等主体间的民事纠纷，集体经济组织成员资格纷争涉及妇女和集体经济组织，主体在法律地位上具有平等性。同时，集体经济组织通过自治排除妇女的成员资格主要损害的是妇女作为集体经济组织成员所享有的民事权益。

另一方面，集体经济组织成员资格确认关乎成员生存发展的基本权利，应当给予当事人充分的主张辩论，最终经由司法程序予以裁判。乡镇人民政府根据村民委员会组织法第二十七条对村民自治决定争议进行处理，责令村民自治决定予以改正限于集体经济组织的决定侵犯不包括集体经济组织成员资格确认权益以外的其他权益，此时应限于双方对成员资格无争议的情形。

（三）农村妇女集体经济组织成员资格认定标准建构应以“妇女权益保障”为原则

对于实体标准该如何建构，学者做了非常充分的讨论，其中比较多的观点认为资格认定标准应当区分既有成员和新加入成员，对于既有成员的认定，法律应明确规定，不应随意由集体决议剥夺；对于新加入成员，则集体享有更大自治空间。[2] 在区分成员的基础上，学者进一步提出原生性成员资格认定应采取“户口＋社会保障标准”，立法表达为“初始取得”；自治性成员资格认定应采取“实质贡献＋程序通过标准”，立法表达为“加入取得”。[3]

以上实体标准建构的讨论为农村妇女集体经济组织成员资格确认提供了基本思路，很大程度解决了资格确认裁判标准问题。但是该标准广泛适用于所有农村集体经济组织成员而未加入性别视角，即未从妇女财产权益保护的角度进行立法建构的考虑，因此对于农村妇女财产权益保障存在一定缺失。“户口＋社会保障标准”针对原生性成员设定，但“社会保障标准”仍然是以成员对集体土地的依赖为重要依据。该标准适用于妇女集体经济组织成员资格认定时，会因妇女取得原始资格后生活状态因丧偶、改嫁等原因对赖以生存的集体土地使用权发生变化，而可能出现“妇女不以原集体土地作为生活保障”的不利推定。例如，妇女户口仍在原集体中，却未真正在原集体经济组织从事农业生产，此时根据“户口＋社会保障标准”无法判定妇女是否具有该集体经济组织成员资格。

因此，在妇女权益保障视角下，建构集体经济组织成员资格认定标准应强调妇女权益保障基本原则。对此，2022 年时两会期间《关于在农村集体经济组织法中明确成员资格认定标准的建议》中提出，“成员资格的取得遵循男女平等原则，遵循成员资格唯一性原则，应防止妇女因婚姻状况变动而丧失成员资格，以防止‘两头落空’作为保护原则”[4]。在此原则下，法院在确认农村妇女集体经济组织成员资格时，应当注重查明妇女是否因其婚姻状况变动而导致其既未能在原集体经济组织中享有财产权益，又未被新的集体经济组织成员所接收。

（四）妇女财产权益保障司法裁判思路建议

正如前述案例分析，当事人提起给付之诉或者撤销之诉的情形下，并未一并请求法院确认其享有农村集体经济组织成员资格。现行两种做法：一种是以行政机关未先行确认成员资格，而该事项为民事诉讼审理裁判前提，由此驳回起诉；另一种是在民事诉讼中经人民法院审理后直接判决集体经济组织给付权利人某种权益或者撤销集体经济组织作出的决定。基于本文认为资格认定事项应交由民事司法裁判，因此在将来的司法实务中，应统一将当事人提起的资格确认事项先行交由民事司法予以裁判。

第二种裁判路径虽然回应了当事人的诉讼请求，对财产给付或者决议内容撤销作出了判决，但由于判决主文中未就身份资格进行确认，因此该裁判难以成为后续纠纷中确认妇女集体经济组织成员资格的依据。身份资格确认，无论是原生性身份还是新加入身份，实质上是立法或者集体自治确定权利义务关系的方式，因此身份资格取得或者丧失是典型的法律行为而非事实行为，对身份资格的认定属于法律层面的评价而非事实层面的确认。由此，身份资格认定需要单独提起诉讼或者在给付之诉中作为独立审查判断的法律事项，由法院作出判决。在当事人提起给付之诉时，法院应当依职权主动审查当事人的身份资格，并在判决主文中对该事项作出判决。在撤销之诉中，若撤销的理由系身份资格存在，则法院应当向当事人释明合并提起资格确认诉讼请求，将身份资格作为争议焦点予以审理。

【参考文献】

[1] 丁宇峰 . 农村集体经济组织成员资格的司法判定路径 [J]. 东南大学学报（哲学社会科学版），2023，25（1）：68-75+147.

[2] 孙凌云 . 农村集体经济组织成员资格认定的立法路径选择 [J]. 河南财经政法大学学报，2023，38（2）：36-46.

[3] 童航 . 农村集体经济组织成员资格的认定标准——基于地方立法文本和规范性文件的分析 [J]. 农业经济问题，2023（8）：73-85.

[4] 李秀萍 . 邓丽代表、谭琳代表、赵东花委员：明确农村集体经济组织成员资格认定标准 [N]. 农民日报，2022-03-08（5）.

民法典中有关离婚冷静期的思考

蒋文雅　陈漪虹①

摘　要：民法典婚姻家庭编第四章第一千零七十七条规定了登记离婚冷静期制度。离婚冷静期的设置是为自愿离婚的当事人在登记离婚时设置适当的时间门槛，促进当事人冷静思考、妥善抉择，既能够保障当事人的离婚自由，又能够保障双方当事人作出正确抉择、保护好未成年子女的利益。条文内容基本适当，但还存在需要进一步完善的问题，笔者认为在适用此条款时应当具体问题具体分析，建议对登记离婚冷静期规定不同的期间，对有未成年子女的自愿离婚者的离婚冷静期应适当延长，对存在家庭暴力等情形的离婚冷静期应当缩短或者免除；对冷静期中的当事人还应当进行调解并提供咨询，辅导决定离婚的当事人保护好未成年子女的合法权益，从而建立一个完整的适用体系。

关键词：民法典；离婚冷静期；期间

民法典婚姻家庭编规定了登记离婚冷静期制度，引发广泛讨论的离婚冷静期正式落地。对于离婚冷静期的设置固然初衷是好的，且在立法前有一定的实践基础与理论依据，但在我国实行这一制度是否适当以及能否取得良好的社会效果，还需要实践证明。

①　蒋文雅，温岭市人民法院一级科员，目前从事民事审判工作。陈漪虹，温岭市人民法院法官助理、一级科员，目前从事执行相关工作。

一、离婚冷静期概念的界定和我国现状

民法典婚姻家庭编第四章第一千零七十七条规定：“自婚姻登记机关收到离婚登记申请之日起三十日内，任何一方不愿意离婚的，可以向婚姻登记机关撤回离婚登记申请。前款规定期限届满后三十日内，双方应当亲自到婚姻登记机关申请发给离婚证；未申请的，视为撤回离婚登记申请。”这一规定，就是本文所称的“离婚冷静期”规定。

（一）对离婚冷静期概念的界定

业界对离婚冷静期概念的界定有不同见解。本文所说的离婚冷静期，又称离婚熟虑期，指民法典婚姻家庭编第四章第一千零七十七条规定的，在离婚自由原则下，婚姻双方当事人申请自愿离婚，在婚姻登记机关收到该申请之日起一定期间内，任何一方都可撤回离婚申请、终结登记离婚程序的冷静思考期。

对离婚冷静期的这种界定，概括了离婚冷静期的以下四个法律特征。

第一，离婚冷静期的前提是尊重离婚自由原则。离婚自由不是绝对自由，而是相对自由，是法定范围内的自由。[1]法律规定离婚冷静期，不是限制婚姻当事人的离婚自由，而是充分尊重当事人的意思，在离婚两愿的前提下，给出适当的时间让其冷静思考，避免当事人因一时冲动而草率离婚。

第二，离婚冷静期适用于登记离婚即两愿离婚，不适用于诉讼离婚。诉讼离婚总有一方不同意离婚，或者存在其他争议而不能达成一致意见，因而需要向法院起诉请求裁判，不存在当事人两愿离婚这种意义上的冷静期问题。

第三，离婚冷静期的基本作用是设置一个时间门槛，促使自愿申请登记离婚的当事人冷静思考，防止一时冲动、草率离婚的状况。只要期间适当，就不存在干涉当事人离婚自由的问题，反倒有利于保持婚姻的稳定，减少社会不安定因素。

第四，离婚冷静期的结果是确定当事人的离婚意愿是否真实，决定是否继续或者终结离婚登记程序。当事人冷静思考后，如果依旧有离婚意愿，就继续进行离婚登记程序，办理出具离婚证，终结当事人的婚姻关系；任何一方不愿意离婚，提出撤回离婚申请，就否定了两愿离婚登记的要件，因而终结登记离婚的程序，当事人的婚姻关系继续存续，或共同生活，或转而诉讼离婚。

（二）我国离婚现状

根据民政部《2022 年民政事业发展统计公报》，2022 年全年依法办理离婚手续的有 287.9 万对，比上年增长 1.4%，其中，民政部门登记离婚 210.0 万对，法院判决、调解离婚 77.9 万对。离婚率为 2.0‰。通过民政部公开的数据来看，从 1978 年至 2019 年，中国离婚对数总体呈逐年上升趋势，2019 年达到峰值 470.1 万对。2024 年一季度民政统计数据显示，其中结婚登记 196.9 万对，离婚登记 57.3 万对。相对 2023 年一季度结婚登记同比减少 17.8 万对，离婚登记同比减少 6.8 万对。从 2020 年开始，我国离婚对数持续下降，尤其是 2021 年大幅下降，之后呈下降趋势。

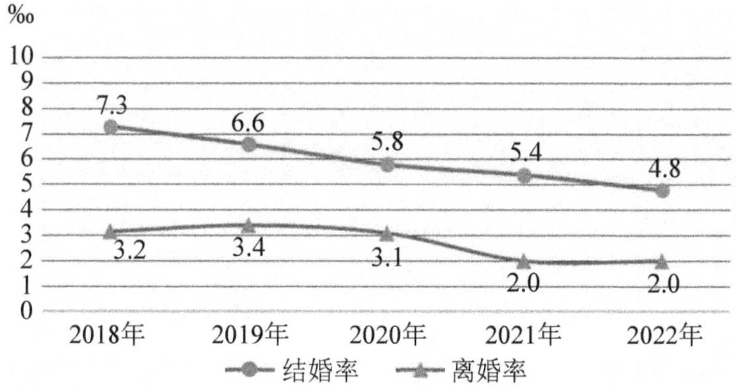

图片来源：《2022 年民政事业发展统计公报》

有关资料显示，大多数学者认为，2020 年离婚总数和离婚率下降，与新冠疫情有关。2021 年离婚总数和离婚率大幅下降则与“离婚冷静期”制度的实施有关。根据数据也能发现中国离婚率伴随着离婚时间约束性政策的调整而有明显波动。“离婚冷静期”制度实施后，对抑制冲动离婚、轻率离婚效果逐渐明显，未来的离婚数据变化可能会更加平稳。

二、他国经验对于我国离婚冷静期的借鉴

事实上，世界各国都面临着离婚率普遍攀高的情况，很多国家均在离婚程序上增加不同的门槛，有的设置离婚冷静期或者类似的制度，如韩国和英国；有的设置分居制度，如德国、瑞士、意大利等。我国民法典采纳的是前一种做法，下面着重分析一下韩国和英国的经验。

（一）韩国的离婚熟虑期制度

韩国的离婚制度分为协议离婚和裁判离婚。在这两种离婚类型中，协议离婚的数量约占全部离婚数量的 80%，其中不乏冲动、草率的离婚。为了挽救可治愈的夫妻关系，减少与日俱增的家庭解体，2007 年 12 月 21 日韩国民法典规定了离婚熟虑期，于 2008 年 6 月 22 日起正式实施。该法第 836 条之二的内容是：“1. 欲协议离婚者应得到家庭法院提供的离婚咨询，必要时家庭法院可劝当事人接受具备专业知识和经验的咨询员的咨询。2. 向家庭法院申请确认离婚意思的当事人，自接受第 1 款咨询之日起经过以下各项期间后，得到离婚意思的确认：（1）有需要抚养的人时（包括胎内的子女，以下本条亦同）为三个月；（2）不符合第一项时为期一个月。3. 因暴力将会对当事人一方造成无法忍受的痛苦等应予离婚的紧急情形，家庭法院可缩短或免除第 2 项的期间。4. 有需扶养的人时，当事人应出具第 837 条所定的子女协议书及第 909 条第 4 款所定的子女的亲权人决定协议书，或第 837 条及第 909 条第 4 款所定的家庭法院的审判正本。5. 家庭法院应当制作确认当事人关于抚养费内容的承担抚养费协议。承担抚养费协议准用《家事诉讼法》第 41 条。”

可见，为了保障当事人以及子女的合法权益，除了规定离婚熟虑期，韩

国民法典还明确规定相配套的制度，如咨询制度，即家庭法院认为离婚当事人缺乏专业知识的，可以引导当事人接受专业咨询；家庭法院可以强制双方当事人对子女的抚养问题达成协议。2015 年，韩国还颁布了《确保并支援抚养费法》，以此来监督当事人履行支付抚养费的义务，通过国家支援等方式确保未成年子女获得物质上的基本需求。

（二）英国的反省与考虑期制度

在英国，离婚制度的特点可以概括为反省与考虑期的设置、加强咨询和调解制度以及强制双方当事人对离婚结果达成协议。英国家庭法规定，双方当事人主张离婚应当先参加信息会议。信息会议由在婚姻和法律方面具有专业知识和能力，并且与当事人没有任何利益关系的人负责组织，主要对当事人提供心理方面的疏导和普及离婚相关法律知识、告知当事人可能会遇到的各种问题。这种信息会议的作用在于激发父母对子女的责任意识，告知当事人可以参加咨询和调解，获得各方面的帮助。当事人独自或共同参加信息会议三个月后，一方或双方当事人应当向法院提出声明。声明的内容应当包括其婚姻是否有挽救的可能性，如果无法挽救，应该明确记载双方在子女、财产和其他问题上达成的协议，还应记载他们对未来的规划。法院根据声明内容为当事人指定反省与考虑期。在一般情况下，反省与考虑期为 9 个月，但根据不同的情况法院也会延长其期限。比如，有未满 16 周岁子女的，法院会延长 6 个月的反省与考虑期，但该延长可能侵害子女利益的除外；如果一方当事人在申请离婚时申请延长期限，法院也可以延长该期限。该期限自法院收到声明后的第十四日起算。反省与考虑期制度的配套措施，即咨询与调解，对有和解可能的当事人来说，有助于增进当事人和平交流，促进彼此的理解。

综上所述，当事人实际上可以冷静思考的期间是参加信息会议后的 3 个月加上法院的审查期和法院指定的反省与考虑期，在长达 1 年多的反省与考虑期内，双方当事人在咨询机关的专业帮助下，可以共同反思其感情是否确已破裂，是否还有恢复的可能性，还可以就未成年子女问题进行理性思考。

（三）韩国和英国离婚冷静期制度的借鉴意义

韩国和英国的离婚冷静期制度不尽相同，但其基本意旨是一致的，就是要给主张离婚的双方当事人一个期间冷静情绪，避免冲动离婚、草率离婚。比较考察两国经验，对我国民法典婚姻家庭编规定的离婚冷静期有以下借鉴意义。

第一，离婚冷静期及其类似制度能够有效减少离婚数量。根据韩国统计厅公布的离婚数据，韩国实施离婚熟虑期制度以后，离婚案件的数量逐年下降，离婚数量明显减少。根据权威数据库的有关统计，英国实施系统的反省与考虑期制度后，离婚数量也普遍下降。根据我国民政部近几年公布的数据来看，离婚冷静期的设置确实有助于降低离婚率。可见，离婚熟虑期和反省与考虑期制度对于各自国家离婚率的影响是相当明显的。

第二，实行离婚冷静期应当特别关注未成年子女的利益。韩国和英国的法律都对有未成年子女的家庭设置了更长的离婚考虑期限要求。韩国民法典还规定，双方当事人须签订抚养费承担协议，而且还有专门的法律来确保当事人履行协议的内容，必要时国家还会支援未成年子女的抚养费，以此来保障未成年子女的基本利益；英国法律则规定，法院认为当事人的离婚对未成年子女造成严重的经济影响时，可以禁止当事人离婚，以尽可能减少夫妻离婚对未成年子女的伤害。

第三，特别处理家庭暴力等紧急情况。韩国民法典规定，如果一方当事人遭受家庭暴力等不能忍受的痛苦，法院会缩短或免除离婚熟虑期。英国家庭法规定，如果存在家庭暴力等情况，法院可以发布禁止侵扰令，禁止一方当事人实施暴力行为，且调解程序只有不存在任何暴力或其他伤害威胁的当事人才有机会参与调解。这些规定都特别重视一方当事人是否在离婚冷静期内遭受家庭暴力，尽量保护受害一方在该期限内免遭身体或精神上的侵害。

第四，有全面的配套制度或措施。韩国民法典规定，法院可以根据情况劝告当事人接受专业咨询及法院提供的心理和法律方面的指导，减少因缺乏这些方面的知识带来的麻烦。英国家庭法规定，当事人应当参加信息会议，在专业人士的引导下，对感情、财产和子女问题尽可能达成合意。此外，还有配套的调解制度帮助当事人疏解家庭纠纷。这些配套制度能够帮助当事人在正确的引导下，理性决定是否要解除婚姻关系、合理安排子女和财产问题，使离婚冷静期制度发挥更好的作用。

（四）韩国离婚熟虑期的优势

通过上述比较考察能够看到，韩国的立法经验对我国的离婚冷静期制度更具有借鉴意义。一是立法背景相似。2008 年 6 月 22 日以前，韩国的家庭法院对协议离婚只进行形式审查，不进行实质审查，这与我国现行登记离婚的审查形式是相同的。二是立法传统一致。我国把离婚冷静期规定在民法典中，韩国也采取同样办法且规定在民法典的一个条文中，这是相同的大陆法系立法传统所致。三是韩国离婚熟虑期的长短更贴近我国立法现状，英国的反省与考虑期为 9 个月或 15 个月，与我国的立法预期差别较大，因而韩国的离婚熟虑期期间更能够被我国立法所借鉴。四是韩国更加注重全面保障未成年子女利益，比英国在这个问题上的处理更为妥帖。因此，韩国关于离婚熟虑期的立法经验对我国具有更现实的借鉴意义。

三、社会公众对于离婚冷静期的主要质疑

2020 年，民法典草案一公布，离婚冷静期就吸引了大众关注，并引发广泛讨论。社会公众对于离婚冷静期的质疑主要有以下三点：冷静期是否会置家庭暴力的受害方于不利地位；离婚冷静期是否限制了婚姻自由；离婚冷静期能否实现其立法目的。这三个质疑点也是我们评判离婚冷静期是否为“良法”的重要指标，下面逐个分析。

第一，就冷静期是否会置家庭暴力的受害方于不利地位而言，答案应当是否定的。民法典婚姻家庭编第四章规定了协议离婚和诉讼离婚。离婚冷静期位于协议离婚条款下方。根据第一千零七十九条的规定，夫妻一方有实施家庭暴力或者虐待、遗弃家庭成员情形，调解无效的，人民法院应当准予离婚。由此可见，离婚冷静期仅适用于协议离婚的情形，涉家庭暴力的婚姻关系从一开始就不在离婚冷静期的辐射范围，因此立法者才并未对特殊情形作出不同期限的规定。但事无绝对，实际情况中，协议离婚的也可能存在家庭暴力情形。

产生该质疑的根本原因是我国反家庭暴力制度的不完善。美国部分州也有离婚冷静期制度，但美国对家庭暴力的惩戒力度远远大于我国。虽然我国已出台反家庭暴力法，但是我国自古有“家丑不可外扬”等思想，反家庭暴力意识欠缺，现实生活中家庭暴力问题仍旧存在极大的解决困境。在美国法律体系下，家庭暴力属于刑事犯罪，受暴者无权决定是否追究施暴者的责任，也无须自己搜集相关证据。同时，受暴者可以向法庭申请“保护令”，法官可以勒令施暴者搬出住所或禁止双方联系彼此等。除此之外，美国反家庭暴力的社会意识也比较强。因此离婚冷静期一般不会置受暴者于不利地位。为了解决公众对这一方面的顾虑，关键不在是否设置冷静期，而是应当寻求完善反家庭暴力法律制度。

第二，离婚冷静期的设立可能导致的一个问题是，夫妻双方在申请登记离婚时已就财产分割和子女抚养等问题达成协议，但在离婚冷静期期间一方反悔，可能会以撤回离婚登记申请为威胁，要求对方妥协。这种情形下，虽然双方对离婚协议内容未达成合意一方可以诉讼离婚，但离婚冷静期给一方带来了反悔的机会，也会增加诉讼离婚的数量。因此，在离婚冷静期的实际适用或者未来出台的司法解释应当增加撤回登记申请的实质性要求，登记机关应当审核撤回离婚登记申请的理由，排除离婚冷静期对一方有家庭暴力、赌博等不良情形或以撤回登记申请为威胁情形的适用。

就离婚冷静期的设立是否侵害婚姻自由而言，就如前文所说，自由是相对的而不是绝对的，离婚冷静期的设置看似侵害了婚姻自由，但实质上只是适当延迟了婚姻自由的满足。公民在享有婚姻自由的同时也应当承担家庭和社会责任。因此，轻率离婚其实是不负责任的表现，而离婚冷静期制度设立的本意则是减少这种不负责任的行为，而非侵犯婚姻自由。换言之，经过深思熟虑后的离婚，经过再长的冷静期也不会“妥协”，而草率离婚的夫妻则可能在这期间内理性思考，撤回离婚登记申请。当然，离婚冷静期的设计确实让离婚程序比以前难了，因此在日后的司法解释中应当明确该制度的适用条件，并且出台更多的配套措施加以完善。

第三，就离婚冷静期能否实现其立法目的而言，从目前民政部发布的数据来看，离婚冷静期是可以有效降低离婚率的，至少会减少轻率离婚的数量。但从长远角度来看，因为某些原因闹到离婚的夫妻即使度过了第一次离婚冷静期，之后是否会因为生活习惯不同或性格难以磨合等原因再次提出离婚，官方并没有统计。离婚冷静期是否可以真的降低离婚率，从而达到稳定社会的作用，还需要日后长期实践的证明，现在就一棍子打死还为时过早。

四、我国民法典离婚冷静期的积极影响与存在的不足

（一）离婚冷静期的积极影响

1.有利于降低离婚率

离婚冷静期的设置通过对离婚自由作出适当的限制，加大离婚的难度，有利于引导人们树立正确的婚姻观，避免草率结婚、草率离婚。

2.有利于保护婚姻中的未成年子女

离婚不仅关系到个体的幸福，也可能对婚姻中出生的子女带来巨大的伤害。在当前家庭生活中，婚姻的主体一般局限于夫妻双方，婚姻关系的走向由夫妻决定，子女对父母婚姻一向甚少有发言权，子女的利益往往是在离婚后作为离婚后果予以考虑，而不能影响离婚这一决定本身，因而对他们的保

护程度远低于夫妻双方在婚姻关系中享有的法律保护。但父母离婚与否对于未成年子女尤其是儿童的成长影响巨大，现实中不乏父母离婚后孩子性格偏激，出现厌学情绪、自杀乃至犯罪的情况。离婚冷静期的设置促使当事人双方充分考虑婚生未成年子女的利益，使婚姻继续与否与子女利益挂钩，乃至可以探索基于子女利益的考虑而否定离婚申请。

（二）存在的不足

全面、深入研究民法典婚姻家庭编关于登记离婚冷静期的规定，比较其他国家相关制度的具体内容和配套措施，可以发现我国民法典规定的具体内容还存在以下不足，需要继续完善。

1.规定登记离婚冷静期统一为三十日存在的问题

对于民法典中规定的离婚冷静期期间统一为三十日，笔者认为有以下三个问题需要讨论。

一是离婚冷静期为三十日，能否充分发挥使当事人冷静思考的作用。在目前情况下，我国主要的离婚当事人大多忙于工作，很难抽出时间对婚姻问题进行冷静思考，且年轻人经历婚姻生活不久，情绪容易激动，冲动离婚较多。如果在冷静期中增加配套措施，当事人参加调解还需要花费一定时间。因此，有人认为三十日的离婚冷静期时间过短，不利于当事人理性思考后再作出最终决定。

二是对离婚冷静期规定期间应否区分不同情况。就实际情况看，不加区分地统一适用三十日的离婚冷静期缺乏合理性。第一千零七十七条规定三十日的离婚冷静期，不管当事人有无未成年子女，统一适用于各种情况的登记离婚，不利于保护未成年子女的利益。离婚后的未成年子女抚养问题，不仅为离婚当事人所关心，更是社会关注的问题。对有未成年子女的婚姻当事人适用三十日的离婚冷静期，能否保障未成年子女的利益存疑。

三是可否根据实际情况缩短冷静期的期间。在主张登记离婚的婚姻当事人中，依然存在涉及家庭暴力、虐待、转移财产等特殊情形的可能，如果盲目适用冷静期，受到损害的一方将继续置身危险之中。特别是对因遭遇家庭暴力、虐待而提出离婚的当事人适用离婚冷静期，意味着延长受害一方的痛苦，而且实施家庭暴力的一方当事人可以依法任意撤回离婚申请，在一定程度上放纵了实施家庭暴力者对其配偶施加精神和身体上的暴力行为。

2.没有制定与离婚冷静期相配套的相关制度

根据韩国和英国的经验，规定离婚冷静期制度须制定与之配套的有关措施，保障冷静期制度的正确适用，有效地减少冲动离婚、草率离婚。民法典婚姻家庭编第四章第一千零七十七条只规定了当事人要经过离婚冷静期才得以解除婚姻关系，没有对当事人如何度过冷静期规定配套措施，只能靠当事人自己在冷静期内思考，没有相应的帮助冷静的措施。事实上，没有外力引导，产生过离婚想法并付诸实践的当事人很难冷静思考他们的婚姻矛盾，即使感情有挽救的可能，如果不能在离婚冷静期内解决尚未导致感情完全破裂的矛盾，离婚冷静期反倒成了“冷战期”，无法发挥作用。“当局者迷，旁观者清”，在主张离婚的当事人自我冷静的同时，“旁观者”适当予以帮助，才能够起到缓解双方矛盾的作用，达到设置冷静期的目的。第一千零七十七条规定了登记离婚冷静期，却没有规定相应的配套措施，显然存在不足。

五、进一步完善登记离婚冷静期制度的立法建议

（一）应该特别对待未成年子女和家庭暴力等情形

首先，规定离婚冷静期制度应当特别关注未成年子女的利益。夫妻双方离婚，未成年子女往往是受害者。在离婚过程中，大多数夫妻很少考虑未成年子女的心理状态和真实愿望。离婚后，未成年子女深受父母离婚带来的后遗症的影响，包括心理、行为、学业、健康、人际关系、婚恋观念等，甚至

父母的离婚还会增加子女自己婚姻变动的危险。[2] 还有研究表明，因家庭监护功能缺位和子女生活贫困化，成长在单亲家庭中的青少年比成长在父母和睦的原生家庭中的青少年更容易出现犯罪行为。[3] 为了减少父母离婚带来的负面影响，设置离婚冷静期应该关注未成年子女利益的最大化，指导当事人帮助未成年子女调整心理，监督当事人妥善安排并承担抚养费，保障子女的物质生活。

其次，规定离婚冷静期应当特别对待家庭暴力等情形。对有家庭暴力的当事人，不加区别地一律适用离婚冷静期，会延长施暴方对受暴方的暴力行为，增加受暴方的痛苦，而离婚是给予受暴方的最好保护，是对施暴方最有力的教育和惩罚。[4] 对存在家庭暴力的登记离婚，必须谨慎适用或者不适用离婚冷静期，以保护好受害一方。对此，应当对家庭暴力等紧急情形予以特别处置，规定对有实施家庭暴力的登记离婚，确认属实后，不适用离婚冷静期，立即办理离婚登记手续，帮助受暴人脱离痛苦。

最后，对于存在虐待、遗弃、转移财产等情形的，也不应该适用一般的离婚冷静期，否则将会助长当事人虐待、遗弃其配偶及未成年子女，恶意转移财产，侵害受害一方的合法权益的行为。因此，如果出现虐待、遗弃、转移财产等情形，侵犯另一方或未成年子女合法权益时，应当缩短或不适用离婚冷静期，以减少对当事人的损害。

（二）设立合理的弹性冷静期期间

目前规定的离婚冷静期统一为三十日，存在不妥。笔者认为，一个月的冷静期较短，但也不宜过长，否则不利于坚定离婚意愿的申请人从痛苦的婚姻中尽快解脱。同时，不加区分有无未成年子女、家庭暴力、转移财产等情况，一律适用同一标准的离婚冷静期也不合适，故离婚冷静期应该根据实际情况具体设置。一方面，以是否有未成年子女为例，无未成年子女的，为三十日；有未成年子女的，延迟为 3 个月或更长，较为适宜。另一方面，如果申请登记离婚的当事人之间存在家庭暴力、虐待、遗弃、转移财产等情况，应该缩短或免除离婚冷静期。原因已在上文分析，不再赘述。

（三）离婚冷静期制度应当规定相应的配套措施

应当借鉴韩国和英国在离婚冷静期中设置有效的配套措施的经验，在冷静期中注重调解、提供法律咨询、协助订立未成年子女抚养协议等。

具体而言，在离婚冷静期期间，应当强调对申请离婚的夫妻进行调解，促成和解。我国历来世俗理性发达，在农村通常由权威的年长者对有矛盾的夫妻进行调解，化解家庭矛盾。21 世纪以来，我国的社会结构、社会观念和社会关系均发生了重大变化，人口城乡流动频繁，人与人之间的关系疏远，调解作用不再像以前那么明显，但仍然为纠纷的化解提供了助力。尽管不是所有失败婚姻都可以调解，但对过去经验的保守评估显示，至少有三分之一的离婚在不操之过急的情况下是可以避免当事人最终的冲动选择的。[5] 在民法典婚姻家庭编中，应当设置专业的调解委员会在离婚冷静期内做好调解工作，疏导当事人的情绪，避免矛盾激化，尽量做好和好工作。

同时，设置期间内的咨询工作。可以探索在婚姻登记机关设置咨询机构，为申请离婚登记的当事人提供专业的咨询，解答当事人提出的问题，对当事人的不满进行疏导，提供法律和政策方面的意见，使当事人在冷静期内能够得到最有效的咨询，从而保障当事人在冷静期内理性思考，进行利益衡量，作出最终的决定。

婚姻登记机关应当特别关注离婚当事人对未成年子女的抚养义务，对抚养的约定情况进行主动审查，未达成妥善抚养协议的，不予登记离婚。同时，应当建立监督当事人履行抚养义务的监督机制，与诉讼部门形成联动，确保抚养协议的实施。如果当事人确实难以履行义务的，国家可以参考助学贷款形式，适当支援有困难的未成年子女，保障未成年子女基本的物质需求。

六、结语

对离婚冷静期的讨论还在继续，伴随着对婚姻自由的思考。笔者认为，冷静期的设置虽不至于“干涉”离婚自由，但也的确在一定程度上影响了离婚自由。但自由本来就是相对的，用存在主义哲学家萨特的话说，自由即选择，选择即责任。让渡一部分随心所欲，保障社会的稳定大框架，就是我们身为公民应当承担的责任，也是立法必须考量的因素。冷静期更像一剂为了避免“一言不合就离婚”的后悔药，而不是让人“不爱你在心口难开”的毒药，在设置上没有明显的不当，但在实际操作中可能存在的问题值得我们探索。笔者从现有制度和他国经验出发，提出了若干可能发生的情况，并尝试寻找解决之道。若能为制度的后续适用提供些许思路，不胜荣幸。

【参考文献】

[1] 夏吟兰．离婚自由与限制论 [M]. 北京：中国政法大学出版社，2007：120.

[2] 夏吟兰．对离婚率上升的社会成本分析 [J]. 甘肃社会科学，2008（1）：23-27.

[3] 王贞会．家庭监护功能缺位的实践表征及其治理路径——以 308 名涉罪未成年人为样本的分析 [J]. 政法论坛，2018，36（6）：181-188.

[4] 王心禾．家暴引发离婚诉讼宜慎用冷静期 [N]. 检察日报，2018-11-26（4）.

[5] 郭剑平．我国离婚冷静期制度构建的法理学思考 [J]. 社会科学家，2018（7）：26-34.

离婚诉讼中未成年子女权益保障情况调查研究

——以温岭市人民法院近三年审结离婚案件为调查对象

李安澜[①]

摘　要：婚姻家庭是社会的基础，婚姻家庭关系的稳定事关社会和谐稳定。近年来，随着离婚率的不断上升，给离异家庭未成年子女的身心健康和社会的稳定都带来了严重的不良影响。因此，如何保障离婚诉讼中未成年子女的合法权益，是当前亟须解决的问题。本文将针对温岭市人民法院近三年审结的离婚案件进行调研统计，分析离婚诉讼中未成年子女权益保障的现状及存在的问题，并提出相应的建议。

关键词：离婚诉讼；未成年子女；权益；保护

近年来，随着社会经济的发展和人们思想观念的更迭，离婚已经成为一种日渐平常的社会现象，离婚率的逐年攀升带来的却是一系列的社会问题，其中如何保护未成年子女的合法权益，引导其健康快乐的成长就显得格外重要。在司法实践中，离异家庭未成年子女权益的保障还存在着不尽如人意的地方，本文将针对司法实践中未成年子女抚养权归属、抚养费支付和探望权行使等方面进行调研统计，发现问题分析原因，并提出相应的对策建议，以

---

① 李安澜，浙江省温岭市人民法院法官助理。

期为我国离婚诉讼中未成年子女权益保障制度的完善提供有价值的实证资料和参考意见。

一、调研情况概述

（一）调研背景

随着近年来我国离婚率的逐年上升，离异家庭未成年子女权益的保障已成为一个不容忽视的问题。本次调研统计了温岭市人民法院2019年至2021年三年以来审结离婚案件的数据信息，分析离婚诉讼中未成年子女权益保障的现状及原因，并提出对策和建议。首先，笔者对温岭市人民法院2019年至2021年这三年审结的离婚案件进行查阅和数据摘录。其次，将被调查的离婚案件信息进行分类统计，主要包括离婚案件中未成年子女数量及年龄分布、抚养人的确定、抚养费金额的约定、探望权的设立等问题进行统计。最后，对获取的数据进行总结分析，归纳出在司法实践中未成年子女权益保障存在的问题及原因，并寻求解决问题的对策。

（二）统计与分析

本次对温岭市人民法院2019年至2021年这三年受理的离婚案件进行调研统计。其间，共受理离婚案件2584件，经判决或调解结案的有2269件。下面就2269件涉及未成年子女数量和年龄分布、抚养费金额的约定、抚养人的确定及探望权的设立等问题逐项进行统计。

1.调研统计

（1）未成年子女数量及年龄分布情况。在被调查的2269宗离婚案件中，涉及未成年人子女抚养的共有1026宗，约占45.2%。未成年子女年龄分布情况如图1所示，其中不满8周岁的有656宗，约占64%。这个年龄段的未成年人尚为无民事行为能力，心智还未成熟，对父母的依赖性强，需要监护人投入较多的时间和精力去爱护照顾。8—18周岁的有370宗，约占36%。这个年龄段的孩子正处于身心发展的关键时期，是学习知识、培养人格、树立正确人生观和价值观的重要阶段，需要父母正确的教育引导。整体来看，在近三年受理的离婚案件中涉及不满 8 周岁的未成年子女占大多数。

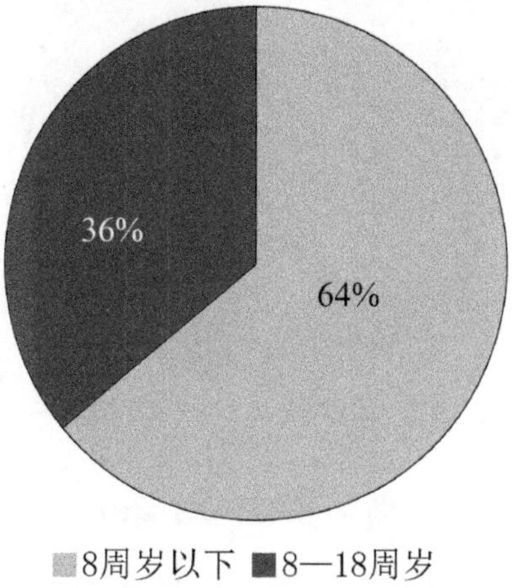

图 1　未成年子女年龄分布图

（2）抚养权归属情况。从未成年子女抚养人的确定方式来看（图 2），通过调解方式确定抚养权归属的有 840 宗，约占 82%；通过判决方式确定抚养权归属的有 186 宗，约占 18%。从未成年子女抚养权的归属情况来看（图 3），父亲获得抚养权的有 441 宗，约占 43%；母亲获得抚养权的有 512 宗，约占 50%；父母各抚养一名未成年子女的有 73 宗，约占 7%。整体来看，通过调解方式确定抚养权的占绝大多数，母亲较父亲更多获得抚养权。

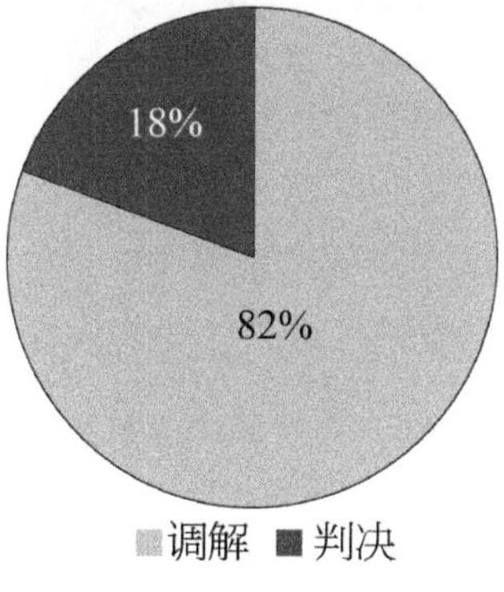

图 2　抚养权确定方式分布图

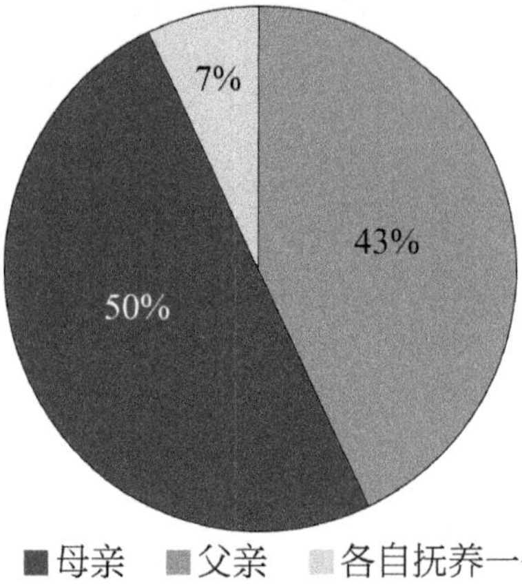

图 3　抚养人分布图

（3）抚养费的确定情况。从抚养费数额来看（图 4），每月在 1000 元及以上的有 247 宗，约占 24%；1000 元以下的有 359 宗，约占 35%；由抚养一方自行负担的有 366 宗，约占 36%；由非抚养一方一次性支付的有 54 宗，约占 5%。整体看来，抚养费的支付方式还是大多采用按月支付为主，抚养费的数额每月在 1000 元及以上的占比并不多。

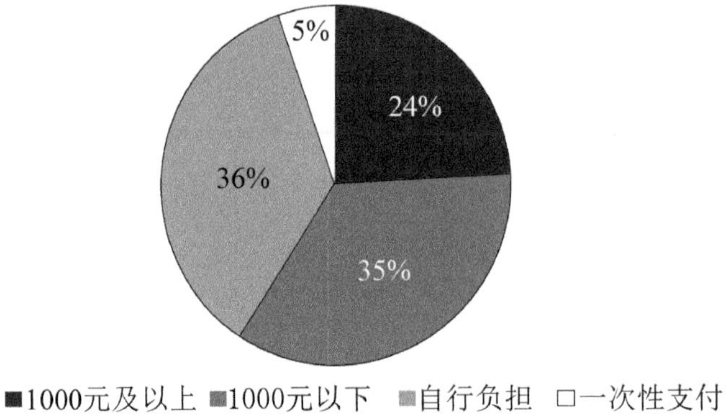

图 4　抚养费分布图

（4）探望权设立情况。从探望权设立的情况来看（图 5），通过调解或判决方式设立的有 499 宗，约占 49%；未设立探望权的有 527 宗，约占 51%。整体来看，就探望权的设立还有待进一步加强和完善。

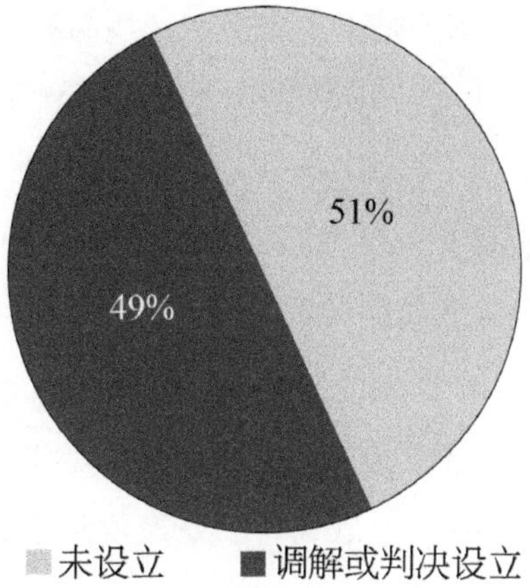

图 5　探望权设立分布图

2.结果分析

根据以上统计数据，可以看出在离婚诉讼中涉及未成年子女权益保障问题主要表现在以下几方面，即抚养权的归属、抚养费的确定以及探望权的设立。下面就这几方面问题进行具体分析。

（1）关于抚养权的归属。抚养权的归属直接决定了未成年子女在成年之前的生活状况，包括生活环境、学习环境、家庭成员等方面，这些都会对未成年子女的性格养成和生活质量产生影响。从统计结果来看，通过调解方式来决定抚养权归属的占绝大多数，这得益于离婚案件调解前置的法律规定，也表明大多数离婚案件当事人更愿意通过调解方式和平分手，但就未成年人权益来看，可能存在父母为了各自利益的博弈，从而忽视未成年子女利益的风险。从未成年子女抚养权的归属情况来看，母亲相较父亲更多获得抚养权，这可能与女性对孩子照顾更多的传统有关，社会普遍认为母亲对子女有更好的照顾能力，子女对母亲也有更大程度的情感依赖。正如美国学者哈里所认为的，在子女年幼时，母亲具有无可替代的作用，子女对母爱的需要胜过一切的。[1] 但随着社会的发展和家庭角色的转变，母亲在照顾孩子的能力及时间上，不再具备当然的优势。因此以父母的性别为主要依据作出抚养权的约定，可能会违背未成年子女的利益和需求，同时应注意未成年子女生活、学习环境的稳定性、连续性，尽量避免父母离婚给子女带来较大变化。

（2）关于抚养费的确定。抚养费对于离异家庭的未成年子女来说至关重要，关乎未成年子女在家庭结构发生巨大改变后的生活能否正常有序地进行。从统计的数据可以看出，抚养费金额在每月1000元以下的数量约占总数的35%。根据《最高人民法院关于适用〈中华人民共和国民法典〉婚姻家庭编的解释（一）》第四十九条的规定，有固定收入的，抚养费一般可以按其月总收入的百分之二十至三十的比例给付。结合浙江省人力资源和社会保障厅公布的数据显示，2019年、2020年、2021年度全省各单位就业人员月平均工资分别为6501元、7049元、7981元，根据浙江当地的生活水平和消费水平，按照20%的最低比例来计算，抚养费的平均数额在2019年、2020年、2021年应分别为1300元、1410元和1596元。可见，在抚养费数额方面，现实中的抚养费数额与平均工资确定的抚养费数额相比还有一定的差距，这可能无法保障未成年子女在教育、医疗等方面的需求。此外，按月支付抚养费虽然对非抚养一方来说能够减轻一定压力，但对于未成年人来说，这种支付方式有很大的不确定性。如支付抚养费的一方收入减少或者失业，抚养费是否能够继续支付是个未知数，这也间接导致了许多执行难问题的出现。

（3）关于探望权的设立。探望权的设立不仅对双方有益，更重要的是赋予非与未成年子女生活的一方与未成年子女进行感情交流的机会，这种双向互动对于离婚家庭儿童的健康成长很重要。从统计的数据来看，对探望权进行过约定的与未约定过的数量基本持平，之所以出现这种现象，原因可能有以下。一是父母对于探望权的重视程度不够。很多父母离婚时，最关心的莫过于婚姻关系能否解除、财产如何分割以及子女如何抚养，却没有认识到探望对孩子成长的重要性。二是离婚自由现今已为大多数人所理解和接受，但人们对于民法典中关于探望权的规定了解还不够。此外，根据调研情况来看，离婚当事人关于探望权行使方式的处理比较模糊，大多数约定由双方自行协商来确定，对于探望的方式、探望时间等涉及具体操作的细节问题没有详细约定，这样的设定就为日后探望权的具体行使埋下隐患，如抚养一方不配合探望，双方由此加剧矛盾，同时有可能引发拒绝支付抚养费的问题。如果双方协议不成，只能通过法院判决来解决。这样不仅增加了离婚双方的诉讼成本，更不利于保护未成年人的权益。因此，离婚案件当事人应对探望权的设立作出有效处理和明确约定，经办法官也应及时释明。

二、离婚案件未成年子女权益保障问题产生的原因

（一）未成年人权益保护立法过于原则化

从立法上来看，我国关于未成年人权益保护的法律法规比较分散地规定于宪法及部门法中。如宪法第四十九条规定的“婚姻、家庭、母亲和儿童受国家的保护”“父母有抚养教育未成年子女的义务”“禁止虐待老人、妇女和儿童”，这些都为未成年人权益保护确定了指导思想和基本原则。2021 年 1 月 1 日，随着民法典的正式施行，确定了“最有利于未成年子女的原则”。其中民法典第一千零八十四条规定“离婚后，不满两周岁的子女，以由母亲直接抚养为原则。已满两周岁的子女，父母双方对抚养问题协议不成的，由人民法院根据双方的具体情况，按照最有利于未成年子女的原则判决。子女已满八周岁的，应当尊重其真实意愿”。这降低了征求意见的未成年子女的年龄，进一步加强了对未成年子女的权益保护。但现行的大多还是原则性条款，出台与之配套的细化规定还比较少。有关抚养费的支付，虽然婚姻家庭编司法解释对子女抚养费的支付标准做了相关规定，也有利于审判实践操作。但在复杂的社会生活中，负有抚养费给付义务的一方既有经济来源稳定的固定收入者，也有自由职业等非固定收入者，对于后者来说，因没有相应的统计数字和明确的收入证明，所以很难根据《最高人民法院关于适用〈中华人民共和国民法典〉婚姻家庭编的解释（一）》第四十九条的标准来确定其实际应支付的抚养费数额。况且，在实际操作中，随着经济发展和生活水平的提高，未成年子女在学习、生活中也面临着学费、医疗费等费用的增长，部分父母因离

婚产生的矛盾和隔阂，不会主动提高抚养费给付标准，这势必无法保障未成年子女的正常需求和合法权益。

（二）儿童最大利益原则贯彻不彻底

1989 年联合国颁布的《儿童权利公约》指出，“关于儿童的一切行为，不论是由公私社会福利机构、法院、行政当局或立法机构执行，均应以儿童的最大利益为一种首要考虑”。尽管我国民法典明确规定了“最有利于未成年子女的原则”，但在司法实践中，诉讼的当事人只能是夫妻双方，子女没有诉讼行为能力，不享有诉讼权利，父母既是离婚诉讼的当事人，又是该案中子女的代理人[2]，而子女很难在父母相互博弈中维护自己的权益，其权益的维护和实现程度完全依赖于父母和法官的意志。在很多情况下，父母离婚时往往只关心自己的得失而忽略子女的利益，甚至牺牲子女的利益换取自身的利益。而法官在离婚案件中对涉子女的问题进行处理时可能会被动接受父母的安排，这也不利于切实保障未成年子女的利益，将直接影响子女以后的生活与成长。

（三）未成年子女表达意见途径欠缺

我国作为《儿童权利公约》的缔约国，应当遵守“缔约国应确保有表达能力的未成年人参与相关程序并在涉及自身利益的事项中发表意见，而对于未成年子女的意见，有权机关应适当看待”的规定。但在目前的司法实践中，为最大限度实现当事人服判息诉，尽快有效化解离婚案件当事人的纠纷，法官对抚养权的裁判，一般会将裁判的标准具体量化为父母各方客观上的条件，如经济条件、工作状况等，未成年子女的感情需求在实践中很容易被忽略，这就导致未成年子女在诉讼过程中缺少表达与发声的机会，无法及时在父母相互博弈中维护自己的权益。即使法官想为未成年子女争取更多的利益，但出于对双方当事人客观条件的考虑，往往会忽略他们的意愿。

三、离婚案件未成年子女权益保护建议

（一）完善立法规定，为保护未成年人权益提供保障

1.完善抚养费数额的确定方式

我国目前子女抚养费的给付标准是根据《最高人民法院关于适用〈中华人民共和国民法典〉婚姻家庭编的解释（一）》第四十九条的标准来确定执行。但受到社会经济不断发展以及每个当事人收入情况的影响，导致这种计算方法在一定程度上缺乏普遍适用性，即使能确定数额，因基数低，也容易导致部分父母收入数额不足以支付未成年子女的生活和教育费用。放眼世界，在德国、美国的立法中，抚养费的确定均以最低生活标准为基础[3]，我国可以参考这一制度，以总收入的法定百分比例作为确定抚养费数额的基础，同时结合不低于城乡未成年子女最低生活标准，确定抚养费数额，以保证获得的抚养费能够满足未成年子女日常生活学习所需。

2.完善探望权相关规定

对未成年子女的探望权既是权益更是义务，为了最大限度保护未成年子女的利益，有必要在立法上完善探望权。第一，从子女利益来看，促进未成年子女与父母以及其他关系密切的亲属交往[4]有助于子女克服父母离婚带来的心理伤害。有必要将探望权的主体扩大到未成年子女的祖父母、外祖父母以及其他与未成年子女有密切关系的亲属。第二，在探视的方式和时间上，还需要充分征求和考虑未成年子女的意愿和心理需求。第三，明确对恶意侵犯非直接抚养方行使探望权行为的法律制裁，对于抚养一方故意刁难或阻挠非抚养方正常探望未成年人的，应明确对应的制裁措施。

3.明确不应当获取抚养权的情形

父母作为未成年人的第一任启蒙老师，其一言一行都会对孩子造成潜移默化的影响，因此未成年子女的抚养人需要持有积极向上、正确的人生观、价值观去引导未成年子女。因此，应当结合未成年子女最大利益原则，明确不应当确定抚养权归属给不利方的情形。[5]如未成年人保护法第一百零八条

规定，未成年人的父母或者其他监护人不依法履行监护职责或者严重侵犯被监护的未成年人合法权益的，人民法院可以根据有关人员或单位的申请，依法作出人身安全保护令或者撤销监护人资格。因此，在确定未成年子女抚养权时，应当综合考虑抚养人的道德品质、身心健康状况、与未成年人生活情感上的联系等情况，并听取有表达意愿能力未成年人的意见，才能使父母的离婚行为对子女产生的不利影响降到最低，不至于因为父母离婚而出现很多问题少年。

（二）加强制度建设，弥补未成年子女保护漏洞

1.建立未成年子女权益代理人制度

在离婚诉讼中，部分婚姻当事人只关注婚姻关系的解除和共同财产的分割，往往忽视对未成年子女权益的保护。针对这种情况，英国于 1989 年颁布的儿童法首先创立了“未成年子女的诉讼监护人制度”[6]；澳大利亚于 1975 年颁布的家庭法同样规定了未成年子女的诉讼代理人制度，“家事法院可以依据法律在任何诉讼中为未成年子女任命独立代理人，以帮助未成年子女更好地实现最大利益”[7]。未成年人诉讼代理人制度的设立弥补了未成年子女在诉讼中的弱势地位，能够客观全面地反映离婚诉讼中未成年子女的实际需要和思想、学习等情况。对此，我国也可以吸收借鉴这项制度，设立有别于法定代理人的“诉讼代理人”制度来维护未成年子女的合法权益。“诉讼代理人”的选定可以由当地的民政部门或者妇联的儿童权益保障部门选派或由人民法院指定，选定的标准是能准确反映未成年人的内心真实意愿、提出最有利于未成年子女的建议，进而提高法官审判质效，及时保护未成年人的合法权益。

2.对涉未成年子女离婚案件进行专业审理

可以将涉未成年子女离婚案件统一划归专门审判组织进行审理，并不断加强对该类审判人员在释法明理、心理安抚等方面的培训学习，以提高其司法审判水平和妥善处理未成年子女案件的能力。同时，充分发挥妇联、共青

团、未成年人保护委员会等特邀陪审员的专业特长，共同做好离婚家庭未成年子女权益的保护工作。

（三）完善司法职能，积极干预未成年子女权益保护

1.搭建心理救助工作室

父母离婚后，未成年子女作为直接的受害者，往往呈现不同程度的抑郁心理和亚健康心理状态，急需通过有效的心理疏导以帮助其回归健康的心态，但在目前的司法实践中往往忽视了对未成年子女的心理安抚。因此可以由法院牵头，联合各中小学及幼儿园、教育部门、妇女儿童保护协会、妇联、共青团、医院等部门搭建离异家庭子女心理救助工作室，组建专业的心理咨询辅导团队。在征得未成年子女监护人的同意后，可以由具备心理咨询资质的法官及专业心理咨询师对有需要的未成年子女及其家庭提供心理咨询和心理调适[8]，引导未成年子女正确认识和接受父母离婚的事实，尽快以积极向上的心态面对以后的生活和学习，将父母离婚诉讼对未成年子女产生的伤害降到最低，避免产生心理阴影甚至严重的性格障碍。

2.出具家庭教育指导手册和指导令

为帮助离婚后的双方当事人更好地履行抚养教育义务，应当对离婚案件当事人进行家庭教育指导，并送上《家庭教育指导手册》，详细罗列如何增强亲子关系、正确了解孩子的需求、增强孩子的自我保护意识、提高家庭教育能力等事项，引导当事人了解家教内容，掌握家教方法，履行好家长职责。对于未能履行好家庭教育职责的当事人，根据情况对其予以训诫，并发出《责令接收家庭教育指导令》，责令其认真反思在履行抚养、监护、教育职责过程中存在的问题，告诫要学习法律知识，强化监护意识，妥善修复亲子关系。会同社区等部门做好对涉案家长的定期回访，督促其做好家庭教育。

3.延伸审判职能，主动回访关怀

离婚诉讼生效后，对于在审理过程中出现漠视未成年子女利益情况的案

件，经办法官有必要建立涉未成年子女抚养离婚案件跟踪档案，定期进行回访跟踪保护，对未成年子女探望权履行、抚养费支付等情况做到了然于胸，促成抚养义务执行到位，最大程度保障未成年子女合法权益的实现。同时开展回访及帮扶工作，联合政府单位、社区村居采取电话询问、上门入户、走访探查等多种方式，详细了解涉离婚案件未成年子女的生活、学习近况，尽力帮助其解决实际困难，传递司法温度和力量。

四、结语

未成年人是国家的未来、民族的希望，保护他们的合法权益和身心健康，是社会各界义不容辞的责任和担当，也是迫切需要解决的现实问题。作为法律工作者，应当贯彻落实未成年人最大利益原则，坚持特殊保护、优先保护、重点保护，努力实现法律与司法实践的有机统一，为未成年人健康快乐的成长撑起一片司法保护的蓝天。

【参考文献】

[1] 彭凯平. 母爱的本质 [J]. 中国新闻周刊，2017（19）.

[2] 陈苇，谢京杰. 论“儿童最大利益优先原则”在我国的确立——兼论《婚姻法》等相关法律的不足及其完善 [J]. 法商研究，2005（5）：39-45.

[3] 陈卫佐. 德国民法典：第 3 版 [M]. 北京：法律出版社，2010：56.

[4] 王丽萍. 亲子法研究 [M]. 北京：法律出版社，2004：119.

[5] 廉霄. 我国未成年人法律保护中“儿童视角”的缺失与完善 [J]. 消费导刊，2016（21）：321-322.

[6] 曾燕波. 英国的子女抚养费法律制度及其启示 [J]. 政治与法律，2008（11）：125-131.

[7] 张元华，郑永建. 家事审判改革中完善未成年人权益保障的几点思考 [N]. 人民法院报，2016-11-30（7）.

[8] 陈爱武. 家事诉讼与儿童利益保护 [J]. 北方法学，2016，10（6）：126-139.

离婚经济补偿制度适用规则的认定及完善

王丽莎①

摘　要：民法典实施以来，离婚经济补偿制度突破了适用率低的困境，具有积极的价值意义，该制度保障了婚姻关系存续期间负担较多家务劳动一方的权益，平衡了双方当事人之间的利益关系。然而在司法实务中经济补偿数额的确定标准、参考因素，经济补偿如何计算，家务劳动的适用标准仍有待明晰，此外还存在举证较难的情况。为进一步完善该制度，应当明确离婚经济补偿制度的适用范围，贯彻权利义务相一致原则从而确定相关参考因素，制定有关离婚经济补偿数额及方式的司法解释，优化举证责任分配，以此充分发挥司法保护的作用。

关键词：离婚经济补偿制度；家务劳动价值；适用规则；妇女权益

一、引言

离婚经济补偿制度是离婚三大救济制度之一，该制度的施行使得夫妻双方中负担较多家庭义务的一方在离婚时享有经济补偿请求权，为其合法权益的维护提供了有力的保障，推广了夫妻双方共同分担家务的理念。在我国，大多数女性承担着家务劳动的重任，新中国立法一直把妇女权益保障摆在突出位置。这种公权力救济方式切实维护了妇女权益，促进了男女平等。目前

① 王丽莎，暨南大学法学院 / 知识产权学院 2023 级硕士研究生，中华女子学院法学院 2019 级本科生。

司法实务中，法院在确定具体的离婚经济补偿金额时，其确定标准、制度的适用标准都待明晰，当事人法律意识不一、举证困难的现象普遍存在。从该制度设立的根本目的出发，围绕法律体现的公平正义的价值有效厘定家务劳动补偿制度的裁判参考因素以及总结司法实务经验，对该制度的落实具有重要意义。

二、离婚经济补偿基本理论

（一）离婚经济补偿制度的概念及法律规定

离婚经济补偿制度又称家务劳动补偿制度，指在离婚的夫妻中赋予对家庭生活负担较多义务的一方，在离婚时有权请求另一方给予补偿的权利。离婚经济补偿制度自 2001 年在《中华人民共和国婚姻法》中增设以来，由于该制度适用于夫妻分别财产制，故在实践中并未取得良好的成效，法律正义也难以实现。《中华人民共和国民法典》第一千零八十八条规定："夫妻一方因抚育子女、照料老年人、协助另一方工作等负担较多义务的，离婚时有权向另一方请求补偿，另一方应当给予补偿。具体办法由双方协议；协议不成的，由人民法院判决。"该条规定阐明了离婚经济补偿制度的适用条件、时间条件及补偿办法，同时删除了夫妻分别财产制的限制，这也就意味着民法典将这一制度的适用扩大至夫妻共同财产制。近年来各地有许多离婚经济补偿的案例，打破了制度适用率低的困境。在新修订的《中华人民共和国妇女权益保障法》中也增加了保障离婚中负担较多义务的女性有权要求经济补偿的条款。离婚经济补偿制度在司法实践中主要聚焦在"家务劳动"方面，有待明晰的是，是对家务劳动本身的补偿还是对家务劳动背后的抽象价值进行补偿。如果是对劳务的补偿，那这种劳务就与社会市场价值相关联，无法体现出作为家庭成员对家庭所付出的情感层面的价值与贡献。因此笔者认为，本文应当聚焦于具体劳动之中的抽象价值来对该制度进行剖析。

（二）离婚经济补偿制度的法理基础

离婚经济补偿制度是在充分保护离婚自由权利的基础上，对处于弱势一方的财产权利予以充分保护。离婚经济补偿制度在共同财产制下，其正当性基础在于，避免男女两性差异及婚姻家庭中双方分工不同而导致的利益失衡。夫妻双方在婚姻关系存续期间享有人身利益和财产利益，婚姻利益除缔结婚姻后通过婚姻的权利义务关系或责任与承诺可享有的现实利益外，还蕴含着丰富的信赖利益和期待利益，这些共同构成离婚经济补偿制度的法理基础。家务劳动作为劳动必然蕴含丰富的价值，其劳动的内容表现为抚育子女、照料老年人、协助配偶工作、家庭日常生活打理等。如果没有家务劳动的支撑，家庭生活也难以得到正常的运转，而无偿的家务劳动在脱离家庭环境之后其背后所蕴藏的交换价值就是家庭利益维系的关键所在，也是离婚经济补偿的关键所在。

（三）离婚经济补偿制度的意义

1.认可家务劳动价值

“家务劳动是家庭成员用于家庭内部自我服务的劳动消耗，通常被认为是为维持家庭生活而从事的没有报酬、没有交换价值的无偿劳动。”[1]其价值在直接与间接两个层面得以体现，直接层面指家务劳动作为一种劳动形态，自身具有市场价值，如果夫妻双方都不承担家务劳动，则需要以有偿方式由家政服务人员承担，由此导致夫妻共同财产的减少，因此家务劳动对于家庭财富的积累具有间接贡献。[2]离婚经济补偿制度保护婚姻家庭中承担较多家庭义务的一方的需求及权益。评析家务劳动与社会劳动的价值大小固然不是该制度所探讨的问题所在，而是从家务劳动背后所涉及的人力资本减损、发展机会减少、离婚后的生活保障等方面看到及肯定家务劳动的抽象价值。故从间接层面来看，抚养子女、照料老年人等家庭义务消耗了自身精力、湮没个人社会劳动价值的实现，一定程度上减少了自身的社会交流与经历、所具有的专业素质等。但这种个人的牺牲却给家庭生活和家庭成员带来幸福感与满足感。因此，家务劳动的价值不仅包括具体劳务，还包括隐藏在具体劳动中的人力资本和机会成本。进一步而言，离婚经济补偿是对具体劳务、人力资本减损及机会成本减少的补偿。[3]

2.落实实质救济

离婚经济补偿制度设计的初衷是为保障离婚案件中经济上处于弱势的一方在婚后的正常生活，肯定其家务劳动的价值。承担家庭义务较多的一方在婚姻关系存续期间因个人利益被牺牲、工作前景被埋没而致婚后难以再次融入社会，个人发展机遇受损；又因缺少婚姻双方合理分工的保障，夫妻共同财产分割后并未留下多少个人财产等导致离婚后生活压力增大。尤其在当今社会，大多数家庭都属于“男主外，女主内”及“双职工”的家庭模式，大多数女性在这样的家庭模式中牺牲了自己的发展前景，将自己定位于家庭之中，即使女性参加了社会劳动，其配偶也并没有相应地加入家务劳动的大军，女性因此可能承担着工作和家务的双重压力。[4]从家庭角色配置来看，“女强人”属于极少数，大多数女性，尤其在有了孩子以后，重心更多地放在了家庭上，在职场中也属于弱势的群体。该制度一方面肯定了劳动妇女的价值，另一方面能将对离婚妇女的救济落到实处。故该制度的设立一定程度上维护了妇女权益，维护了损失个人发展机遇贡献者的权益，促进了男女实质平等，也在一定程度上发挥出扭转社会观念、鼓励夫妻双方共同承担家务劳动的作用。

3.发挥家庭的社会功能

习近平总书记指出：“无论时代如何变化，无论经济社会如何发展，对一个社会来说，家庭的生活依托都不可替代，家庭的社会功能都不可替代，家庭的文明作用都不可替代。”[5]这句话大大肯定了家庭所具有的社会功能，为该制度的发展提供了坚实的理论支撑。家庭劳动存在于家庭之中，属于相对封闭的劳动类型，其面向的对象为家庭成员，在整个社会生活中作为一项无报酬性劳动而存在，其贡献在于牺牲自我发展机遇及利益而达到家庭利益的最大化。家务劳动并不是一项法定义务，其存在于家庭生活中也并不是说固定归属于哪一个家庭成员，该劳动除付出体力劳动外，还有基于个人对于家庭的情感投入时间、精力。离婚经济补偿制度的存在有助于完善当下两性分工模式，保护当事人对婚姻的合理期待，实现实质平等与公平正义的人权理念。各家庭成员都将责任放置于家务劳动上，充分尊重家务劳动者，有利于和谐的家庭关系和良好家风的形成。家庭是社会的最小组成单元，肯定家务劳动价值有利于促进家庭和谐，即促进社会的和谐发展，对良好社会风气的形成具有重大意义。

三、离婚经济补偿制度司法现状

（一）司法适用的典型案例分析

1.案情简介

原告胡某艳与被告陈某高自由恋爱，于 1998 年 10 月 16 日登记结婚。双方于 1998 年 2 月 15 日生育大儿子胡某志，于 2010 年 12 月 11 日生育小儿子胡某勇。婚后二人居住在原告父母名下的自建房屋内，夫妻二人无共同财产、无共同债务。婚后夫妻二人因家庭琐事等问题发生矛盾，长期分居生活。原告曾于 2019 年 6 月 10 日起诉过离婚，经判决不准离婚后，双方仍未共同生活，也未进行过有效沟通，原告认为夫妻感情已完全破裂，遂再次诉至法院，被告向法院提出离婚经济补偿请求。

2.裁判总结

经法院审理认为，被告在与原告共同生活期间对家庭负担了较多义务，原告对被告给予一定的补偿，原告胡某艳于本判决生效后三十日内支付被告陈某高补偿款 5 万元。该案从法律层面肯定了家务劳动等隐性付出的价值，保障了承担家庭义务较多一方的合法权益；同时也突破了“男主外，女主内”的传统，从公平角度树立起家庭共同体理念，对家庭付出较多的一方，并不单指女性，男性同样存在不可量化的付出，在该种付出不能直接转化成夫妻共同财产时，应充分考虑到该种隐性付出给另一方或者整个家庭带来的隐性财富。该案男方长期照顾家庭，离婚时理应得到女方的经济补偿，这样更能体现夫妻双方之间的平等与公平。[6]

（二）具体适用分析

1.经济补偿制度适用认定

从法条原文、法院裁判过程及结果可得知适用离婚经济补偿制度须具备三个条件。首先是该制度的核心条件，即需有一方在婚姻关系存续期间抚育子女、照料老年人、协助另一方工作等负担了较多义务；其次是提出离婚经济补偿的时间条件，即离婚经济补偿请求权应在离婚时提出，离婚后各自开始新的生活，夫妻间的权利义务归于消失，法律过度给予弱势方权利会影响双方今后的生活，超过诉讼期限就不再具备干涉对方个人财产的资格，故申请离婚经济补偿有严格的时间限制；最后，该制度的适用充分体现当事人的意思自治，也是离婚自由的体现。双方可通过约定确定经济补偿的方式及数额，只有当双方没有约定或者约定不成时，才由法院根据具体情况考虑各方面因素酌情判定补偿数额。因此，该制度的适用需要当事人有相关法律意识，善于运用这一项救济权利，主动向法院提出。另外在司法实践中，离婚经济补偿的数额不得过度损害义务方的权利。即使是双方约定的补偿数额，法院也会综合考虑当地生活水平、给付方负担能力对数额进行适当的调整。

2.“较多义务”的标准

“较多”是一个泛化的量词，对“较多义务”的理解只能从相对客观的角度界定，有些法院在裁判案件时将“较多义务”联系到婚姻关系存续的时长；当事人承担家庭家务劳动的强度大小、时间长短；协助另一方工作所尽义务的状况等。也有法院将“较多义务”的标准聚焦于当事人所做的家务劳动所产生的经济或其他方面的效益，综合考虑家务劳动为家庭创造的良好条件和对家庭成员的贡献。在这些考量标准下，其实都隐藏着负担较多义务的一方的信赖利益，即因对美好婚姻的信赖而放弃了个人利益。一方在外辛劳工作为家庭提供经济来源，另一方提供家务劳动，如何评定哪一方承担了“较多义务”？其中的价值衡量即应考虑到双方当事人需求，配偶一方完全或部分退出劳动力市场以平衡家庭分工从而牺牲个人利益，此种条件下才能更多地考虑家务劳动的抽象价值，作出合理的主张。此外，“较多”这个量词本身就处于模糊的界限，在“较多”的认定上传递救济的理念，不能够与法律的初衷背道而驰，将当事人引导到对于各自付出的劳动斤斤计较的层面，因而“较多义务”的认定既需要相对统一的标准，也需要具体问题具体分析。

3.数额的确定

综合各地法院的判决，可以看到法官们都认同一点，即家务补偿不能完全按照家务劳动的市场价格来计算，家务劳动付出方并非家政服务人员，补偿数额的确定考虑了请求权人承担家庭义务的多少、是否完全脱离工作岗位、在婚姻关系存续期间个人损失以及另一方的受益情况、婚后双方生活状况等，并结合了当地生活、教育、医疗水平等。当事人提出过高的请求金额，法院一般也不会满足，会在一定程度上进行调整以平衡双方利益。

4.驳回理由

通过中国裁判文书网进行文书检索，按照“民事案件”“离婚经济补偿”口径筛选出民法典实施以来涉及离婚经济补偿的52篇判决、裁定书中，法院驳回及支持诉讼请求的比例约为2∶1[①]，其中法院不支持离婚经济补偿的原因主要包括：(1) 提出离婚经济补偿时间不适时，未在离婚时提出；(2) 无法举证自己相较于对方承担了较多的家庭义务；(3) 缺乏事实和法律依据。由此可见，举证责任及“较多义务”的认定是落实和完善该制度应当讨论的重点。

① 法院不予支持诉讼请求案件为34件，支持诉讼请求案件为18件。最终访问时间：2024年6月22日。

四、离婚经济补偿制度的司法适用困境

（一）离婚经济补偿制度的适用范围不明晰

法律条文中规定离婚经济补偿的适用情形为在家庭生活中负担了较多义务。仅这一项的表述难免因为规定的抽象性、概括性、人的认识及理解水平而使得适用范围处于不明晰的状态。在传统家庭分工及思想下，认为家务劳动即全职在家的劳动模式，大多数人会联想到“全职家庭主妇”等词语。但随着社会生活发展和经济水平的提高，双职工家庭逐渐成为主要模式，这种分工又无法明晰，背后的人力资本减损、机会损失一定程度上无法再成为适用该补偿的抽象价值标准。双职工家庭负担较多义务的一方应当如何认定、如何申请补偿，法律并未给出明确的适用范围，目前只能够根据个案的实际情况来判定是否适用离婚经济补偿及补偿数额。

（二）“较多义务”难以衡量

关于“较多义务”的认定，也是该制度适用过程中的核心问题。各地法院在此认定上并未达成共识。有的法院认为照顾家庭、子女是母亲应尽的义务，这种义务为法定义务，不应当评定为“较多义务”。有的法院则从家庭内部分工的角度阐明“较多义务”认定标准，一方提供家庭劳务，另一方在外工作支付家庭生活所需的相应费用，双方都为家庭作出了自己的贡献，二者在价值方面无法比较，系双方达成共识维系家庭关系的正常分工。若双方当事人将焦点放在“较多”的衡量上，对家庭承担的义务斤斤计较，那又会出现相互推诿的情况，实则并不利于家庭关系的维系，也无法传递家庭的和谐需要家庭中每个人携手努力的思想。

（三）补偿方式及数额不明确

司法实务中支持离婚经济补偿的案件，法院裁定的补偿数额大多数为5万元以下，仅有个别案例法院支持的补偿数额达到10万元以上。从数额来

看，其与本文主张的劳动价值并不是对等的。补偿数额的考量因素带有主观性色彩，既容易导致法官在裁判时进退失据，又无形中赋予了法官宽泛的自由裁量权[7]，这就造成了同案不同判的现象。法条中规定的补偿方式是由当事人先协商，协商不成再由法院进行判决。在协商未果的情况下，值得考虑的问题则是法院根据各方面因素划分责任财产，补偿的费用是从夫妻共同财产中抽离出来，还是在财产划分之后从个人财产中支出；补偿的方式能否适用实物补偿；给付方式是一次性给付还是分期给付；等等。这些在司法实践中仍属于模糊状态，很大程度上依靠法官的抉择，并不利于充分保护承担较多义务方的权利。

（四）举证责任困难

我国民事诉讼的举证规则为“谁主张，谁举证”。申请离婚经济补偿需要请求方加以证明自己在抚育子女、照料老年人等方面负担了较多的家庭义务。然而现实中的困境在于家庭在社会生活中属于一个相对私密的空间，家务劳动是私人领域的劳动，承担较多义务的一方，相较于另一方可能处于弱势。家庭内部分工，家庭义务承担的多少往往只有家庭成员最清楚，一般家庭生活中也不会有人有意识地收集相关方面的证据，家庭的封闭性也使得举证方难以提供证人证言。这就导致申请离婚经济补偿出现举证困难的问题。无法承担举证责任往往也是法院驳回离婚经济补偿诉讼请求的原因之一。

五、离婚经济补偿制度的完善

（一）界定离婚经济补偿制度的适用范围

民法典扩大了离婚经济补偿制度的适用范围，唤醒了该制度，给予离婚当事人更多的救济权利。在分别财产制的情况下，家务劳动补偿请求权可以视为债权性质，仅需将个人财产补偿给对方即可达到救济的目的。而在共同财产制的情况下，该种请求权更类似于物权性质，双方对于各项财产系共同共有，因此应当将适用限定于分割完共同财产之后，在男女双方财产相互独立的情况下，再从分割的个人财产之中取出补偿数额。此种方式旨在更好地保护经济地位弱势方的合法利益，也有着维护未成年子女利益的目的。[8]

（二）明确离婚经济补偿适用的参考因素

离婚经济补偿制度的适用最终要得到的结果即给予申请人一定的经济补偿数额。在确定离婚经济补偿数额时，应当贯彻权利与义务相一致的基本原则，应当承认社会劳动与家务劳动有着同等重要的地位，法律不能厚此薄彼。与夫妻均为双职工的情形不同，全职家务劳动者在离婚时要享有经济补偿请求权，不仅要有承担家务劳动的事实，还要有抽象价值的损失，以免出现法律对家务劳动价值的评价高于社会劳动价值的结果。[9] 因此，两种家庭分工模式要界定不同的考量因素。目前一方为全职的家庭，笔者认为司法实践中已经存在较为成熟的参考因素，大部分法院除了综合客观情况外，也考虑了家务劳动的人力资本和机会。而在双职工家庭中，双方都给家庭带来了经济效益，家务劳动的时间、精力投入似乎并不明晰。因此在工作除外的时间中，法院可以参考对家庭关心的程度、家庭成员的幸福感、休息时间所做的家务劳动多少来进行综合判定。参考因素作为较为主观的认定，法官应当本着公平原则，从“情、理、法”的角度合理确定，作出最适应于价值导向的判决。

（三）确定经济补偿方式及补偿数额的计算标准

目前，离婚经济补偿制度的补偿方式以金钱给付为主，例外情形下当事人双方达成合意，可采取非金钱方式进行补偿。离婚经济补偿作为离婚救济制度的分支，其主要功能就是对离婚夫妻的财产利益进行合理的再分配，平衡夫妻在婚姻关系存续期间的付出与所得。有学者认为，具体补偿方法可参考夫妻双方的收入差距、婚姻关系存续时间以及一方付出的相应贡献等因素。[10] 有学者则提供了家务劳动补偿明确的计算方式，参考了夫妻双方的收入差与婚姻关系存续时间以及相应贡献等因素，其计算公式为：家务贡献补偿 =（夫妻双方的年收入差 ÷2） × 婚姻关系存续年限。[11] 该计算公式考虑了付出较多劳务一方的劳动时间，但现实中存在一方年收入极高，另一方是全职的情况，在这种情况下，补偿金额也因夫妻双方差距过大而带上了赔偿性质，不符合法律规定的“补偿”的要求。法律的存在即追求公平、正义，在个案中要考虑双方利益的平衡，也要将对付出较多义务方的救济落到实处。笔者认为，为避免过度保护形成新的不平等，应当保证裁判结果作出的一致性与稳定性，以免裁判金额不一引起争议。立法机关应当做好关于离婚经济补偿方式及数额配套的司法解释，法官在充分尊重当事人意愿的情况下参照适用。

（四）优化举证责任分配

举证责任问题是离婚经济补偿制度施行达到理想效果中的最大一重障碍。从实践来看，要真正实现救济，需突破一般的举证规则，公平正义原则是分配举证责任的最高法律原则。由于此类案件中的申请人大多是妻子、母亲的角色，在家庭中相较于对方均处于弱势地位，因此优化举证责任尤为必要。在外国民事诉讼证据制度当中，采取的盖然性占优势证明标准可以一定程度上适用于家庭这种隐蔽的环境之下，即只要申请人提供的证据足以使法官相信其在家庭劳动中负担了较多义务，那对于证据的数量及证明标准不作更高的要求。此外，对家务劳动负担较多义务的认定需要加强法官的职权探知，法官根据当事人提供的线索，依职权调查取证、查明事实。[3] 在调查取证的过程中，要善于运用家事调查员制度，该制度不仅能够发挥司法定纷止争的作用，还能从中调和家庭矛盾，帮助取证困难的当事人固定证据，获取家庭内部分工真相，以突破证据方面的困境，多元化解决家事纠纷。

六、结论

离婚经济补偿制度以肯定人的价值及家庭分工发挥的社会功能为核心，保护当事人对婚姻的合理期待，促进和谐稳定的家庭关系的建立，也为经济社会发展下妇女面对的新情形和问题提供了坚实有力的解决途径。本文针对司法实务中所体现的困境提供了离婚经济补偿制度具体的完善路径，从肯定与保护家务劳动背后的抽象价值的角度确定制度适用的相关参考因素，以实现离婚经济补偿制度公平正义的价值追求。

【参考文献】

[1] 夏吟兰 . 民法典离婚家务劳动经济补偿制度完善的人权内涵 [J]. 人权研究，2020（2）：19-31.

[2] 习近平 . 在会见第一届全国文明家庭代表时的讲话 [N]. 人民日报，2016-12-16（2）.

[3] 汪洋 . 共同财产制下离婚经济补偿的价值基础、教义构造与体系协调 [J]. 妇女研究论丛，2021（5）：73-79.

[4] 秦瑶 . 离婚经济补偿制度的价值追求与司法适用 [J]. 齐齐哈尔师范高等专科学校学报，2022（2）：72-74.

[5] 刘爱玉，佟新，付伟 . 双薪家庭的家务性别分工：经济依赖、性别观念或情感表达 [J]. 社会，2015，35（2）：109-136.

[6] 江西政法网 . 江西高院发布 2021 年度全省法院贯彻实施民法典十大典型案例 [EB/OL].（2022-01-10）[2023-04-16].https：//www.jxzfw.gov.cn/2022/0110/2022011038248.html.

[7] 沈海星 . 民法典离婚经济补偿制度的改善及司法适用 [C]//《上海法学研究》集刊（2020 年第 9 卷总第 33 卷）——民法典婚姻家庭妇女权益保护文集 . 上海市闵行区人民法院，2020：6.

[8] 袁昊 . 民法典离婚救济制度适用规则研究 [J]. 湖北经济学院学报（人文社会科学

版），2021，18（7）：66-72.

[9] 金眉．离婚经济补偿的理解与适用研究 [J]. 江苏社会科学，2021（4）：130-138+243.

[10] 夏吟兰．民法分则婚姻家庭编立法研究 [J]. 中国法学，2017（3）：71-86.

[11] 王歌雅．家务贡献补偿：适用冲突与制度反思 [J]. 求是学刊，2011，38（5）：80-86.

家事案件中未成年人程序参与保障的实践检视与制度完善

——以妇女儿童友好视角为切入点

张丽霞　王　鹏①

摘　要：保障未成年人在家事案件中的程序参与对于贯彻落实最有利于未成年人基本原则，保障未成年人基本权利，实现司法公正具有重要的价值和意义。我国司法实践中未成年人在家事案件中的参与现状不容乐观，存在着父母合意不询问以及法官询问效果不佳等现实困境。究其根源，主要有以父母为中心的亲权理念、法官为平衡夫妻双方利益的均分思维以及未成年人真实意愿标准难以把握等深层次的原因。从本质上说，保障未成年人在家事案件中的参与是程序正当性以及儿童友好型司法的内在要求，也是最有利于未成年人原则在民事领域的直接体现。完善我国未成年人程序参与可以考虑建立程序辅助人，确立主审法官的尽职调查制度，并明确未成年人程序参与的具体规则。

关键词：家事案例；未成年人；参与权；儿童友好

近年来，家事案件中未成年人权益保障问题日益受到关注，其中未成年人的程序参与和未成年人的抚养权确定、探望权保障以及财产权保障等问

---

① 张丽霞，中华女子学院法学院讲师，法学博士，主要研究方向为未成年人司法、刑事诉讼法。王鹏，北京市丰台区人民法院刑事审判庭助理法官，法学硕士，主要研究方向为婚姻家庭法、刑事司法。

题都与之密切相关。保障未成年人在家事案件中的程序参与权对于保障未成年人的生存、发展以及参与等基本权利，实现我国未成年人保护法所确立的最有利于未成年人的基本原则都具有重要意义。我国民法典在家事子女抚养纠纷方面也吸纳了最有利于未成年子女的原则，并规定了要尊重已满八周岁子女的真实意愿。妇女权益保障法第七十一条规定女方丧失生育能力的，在离婚处理子女抚养问题时，应当在最有利于未成年子女的条件下，优先考虑女方的抚养要求。总体而言，目前在我国民事程序中确立了未成年人参与制度，给予了未成年人在司法程序中表达自己声音的机会，且纳入妇女儿童保护的视角，体现了妇女友好的司法理念，但是相关司法解释并未对如何尊重未成年人的真实意愿、保障其程序参与进行细化的规定，相关的程序保障也基本处于空白状态。司法实务部门对如何落实未成年人程序参与也有诸多困惑，落实情况也不尽如人意。学界对未成年人程序参与问题也有关注，并基于儿童利益最大化，围绕未成年人抚养、监护以及探望等问题进行深入的研究。有学者提出扩展未成年人诉讼行为能力、设立程序辅助人、设立家事调查员等建议改革家事诉讼程序。[1] 实际上，究其根本，在涉未成年人家事类案件的审理过程中，保障未成年人的参与权是实现未成年人其他权益保障的基础。确保未成年人的程序参与，一方面是我国司法体系保护妇女儿童特殊利益的体现，另一方面也是未成年人独立于父母亲权，融入国家亲权的渐进过程的必然要求。与此同时，世界范围内基于联合国《儿童权利公约》进一步倡导儿童友好型司法，其中欧盟国家针对保障未成年人程序参与权确立了最低标准，对完善我国家事类案件未成年人程序参与体制也有重要的借鉴意义。基于此，本文以最有利于未成年人基本原则为指导，立足实践案例，以B市F区近3年的家事类案件判决为基础，以妇女儿童友好视角为切入点，深入揭示我国司法实践中未成年人程序参与现状，透析家事诉讼未成年人程序参与的理论机理，进而尝试勾画未成年人程序参与的完善路径，以期确立我国家事类案件未成年人程序参与的保障机制，对未来家事审判程序的改革有所裨益。

一、实践检视：家事案件中未成年人程序参与之困境

家事案件中未成年人抚养权归属、探望权确定以及财产分割等需要未成年人的实质参与。尽管我国民法典要求法院处理家事纠纷确认抚养权归属时需要征求年满 8 周岁未成年人的真实意愿，妇女权益保障法进一步提出要求，女方丧失生育能力的，在离婚处理子女抚养问题时，应当在最有利于未成年子女的条件下，优先考虑女方的抚养要求。但是具体的落实情况如何，需要深入司法一线进行探究。

（一）涉案未成年人程序参与的基本状况

1.涉案未成年人的基本情况

B 市 F 区近三年家事类案件共 789 件，其中判决 509 件，调解 280 件。涉及未成年人抚养案件 306 件，其中判决类涉及未成年人抚养案件 153 件。涉及未成年人总计 770 余人，其中 8 周岁以下 385 人，占未成年人总数的 50%；8—10 周岁 112 人，占未成年人总数的 14.5%；10—14 周岁 189 人，占未成年人总数的 24.5%；14—18 周岁 84 人，占未成年人总数的 11%。涉案未成年人的男女性别分布相对均匀，其中男性未成年人略多。

2.涉案未成年人程序参与的基本状况

在近三年家事案件的判决中，涉及未成年抚养问题的共 153 件，其中明确询问未成年人意见的仅 23 件，占比 15%，以民法典的颁布实施为分界线，民法典实施后询问未成年人对于抚养意见的共 14 件，实施之前为 9 件。这说明民法典实施后法官主动询问未成年人意愿的有所增加，但相比较案件总量而言询问比例还是很低，说明 B 市 F 区家事类未成年人程序参与的保障机制还需要进一步加强。

3.涉案未成年人程序参与的基本方式

梳理涉案未成年人的判决发现，判决中未成年人程序参与的主要方式分为两大类：（1）未成年人到庭陈述及法官单独询问，如询问更喜欢父母哪一方，父母对其照顾陪伴情况；（2）父母提供未成年人表达意见视频或文字材

料，如提供未成年人录制的视频表达其愿意跟随哪一方生活或提供未成年人书写的文字材料表达其意愿。未成年人在家事案件中的程序参与在判决书中体现比较少，即使出现也仅是简单描述为“某某未成年人表示愿意”。

（二）涉案未成年人程序参与的现实困境

根据民法典的规定，家事类案件中未成年人的参与主要体现在是否询问未成年人的意见，但是在具体的办案过程中，存在的现实困境主要分为三种情形：其一，父母合意不询问；其二，父母意见不一致，询问效果不佳；其三，父母不配合询问未成年人意见。

1.父母合意不询问

夫妻双方均同意家事进而形成关于抚养、探望等的一致意见，往往忽略未成年人的意见，未成年人成为失语的群体。法官在处理该类问题时侧重以家事当事人为中心，更加注重当事人的家事自由权的保护，考量家事当事人的因素较多而考量未成年子女的因素较少。但殊不知父母就孩子抚养问题达成一致很多时候也是利益博弈的过程，是否真正从有利于孩子发展和成长考虑不得而知，而父母一致同意使得法官认为对于子女抚养问题夫妻双方有了一致意见，法院就应遵循其意思而不再依职权去探究对孩子的影响，从而使得未成年人的权益保护处于被忽视或漠视的状态。对于孩子抚养问题是否应以夫妻的一致意思表示作为唯一判断标准，如果考量其他因素与夫妻一致意见相左，法院可否根据客观情况判断。经过改革开放40多年的发展，我国经济社会发生了巨大变化，未成年人心理、生理发育进程加快，未成年人的成熟年龄普遍提前，认知能力也相应提高，但是裁判规则规定应当询问的对象是8周岁以上的未成年人，并没有根据不同年龄阶段未成年人的心理、生理特点，进行有针对性的询问。子女在家事诉讼中随哪一方共同生活一般就判归该方抚养，裁判理由通常表述为不改变子女成长环境、有利于其健康成长，深层次的担忧则为若判决不归实际控制方抚养也会造成将来抚养权实际执行上的困难。这也向社会传递一个错误的信号，容易引导家事当事人在诉讼前将子女抢到手就能够在家事时争取法院判决其直接抚养，这无疑给本来就陷于离异纠纷家庭的子女造成了二次伤害。

2.父母意见不一致，询问效果不佳

虽然也有一定数量的法官在办理案件的过程中进行了询问，但是询问往往只是例行公事，没有触及本质，没有真正地体现出未成年人的程序参与。譬如，民法典要求应当尊重8周岁以上未成年子女的真实意愿，但是何谓真实意愿，法官如何判断孩子所表达的就是其真实意愿，或者确实是孩子的真实意愿但其意愿是否真的最有利于未成年人。例如，法官问孩子更喜欢父亲还是母亲，在法庭严肃的氛围下，孩子面对一个陌生的穿着法袍的法官，很可能父母一方已经提前要求孩子对于法官的提问怎么回答，那对于孩子的回答，法官能确定是其真实意愿吗？有时，法官为了追求结案数、调解率等量化指标，也很难有耐心和精力认真研究涉及抚养问题的家事案件的特殊性及程序上的特别处理。做调解工作时有法官劝当事人家事中所确定的抚养关系只是一个初步的处理意见，将来可以协商或者通过诉讼变更抚养关系，不必拘泥于一时的裁判结果，或者以探望权的行使作为不直接抚养方与子女的情感弥补措施。然而司法实践中变更抚养关系并不以请求方的意志为转移，而以是否发生不利于未成年子女的重大变化作为判断标准。除非双方当事人均同意，否则变更抚养关系的可能性较低。有的促使一方放弃部分财产性利益换取子女抚养，将子女抚养作为调整当事人财产分割比例的砝码，只追求调解结案，而子女抚养归属是否符合其健康成长这一重要因素却未被充分考虑。对于审限内抚养关系无法调解的案件，在审限届满前就一判了之，将案件“打发”出去，二审改判抚养关系的可能性微乎其微，因为案件长期未结系考核的负面指标。调解中的抚养归属为家事双方妥协的结果，而判决则是建立在固有裁判规则基础之上的主观认定。追求考核数据的同时换来的却是对未成年子女权益的漠视。

3.父母不配合询问未成年人意见

在梳理的案件判决中父母双方或者与孩子共同生活一方在法官明示需询问孩子对抚养意见的情况下，明确拒绝将孩子带到法院接受法官询问，这就造成法官探究孩子真实意愿的客观不可能。

二、原因探究：涉案未成年人程序参与困境的原因

基于实践现状的分析，涉案未成年人程序参与存在困境的原因主要有三个：第一，父母亲权中心主义下，主要考虑平衡夫妻双方利益，而忽略未成年人参与；第二，法官询问形式化；第三，未成年人真实意愿评价标准不清。一言以蔽之，我国家事案件的审理中缺乏对未成年人参与的重视，且没有设置单独的程序规则以确保未成年人的意见和声音被听取，进而侵犯了未成年人程序参与权。[1]

（一）以父母为中心的亲权理念

亲权是近现代各国民法亲子关系效力中的核心内容，经历了家庭本位到父母本位再到子女本位的转变过程。虽然我国民事法律体系开始重视以子女为中心，但是以父母为中心的亲权在我国家庭法律关系中还是占据主导地位。以父母为中心的亲权理念主导的结果则是忽略未成年人的声音和意见。

1.强调父母协商一致

以父母为中心的亲权理念的体现之一是更强调父母协商一致。在现代婚姻观念下，婚姻自由是被世界各国普遍认可的权利，作为其中内涵之一的家事自由在现代化浪潮下越来越被新时代年轻一代所接受。对于夫妻双方而言，因为性格不合、生活习惯不同、家庭矛盾、婆媳矛盾等一系列原因而促使双方分道扬镳，但夫妻自愿解除婚姻关系而导致的抚养权归属并非当然属于夫妻双方自主决定的范畴，因为其牵扯到未成年人的切身利益。而在传统观念下，未成年人被视为家长的附庸，没有独立意志，社会一般观念也认为因为血缘关系的存在，父母是不会作出不利于孩子的行为，在这一社会文化

影响下，法院的裁判规则也是对于夫妻双方已就家事、孩子抚养、抚养费支付、探望权行使方式等达成一致意见的，法院不再干涉。譬如案例 1 中赵某与韩某于 2006 年 2 月 10 日登记结婚，于 2007 年 1 月 7 日育有一女赵某 1，于 2013 年 4 月 25 日育有一女赵某 2。2021 年，韩某以双方存在生活矛盾起诉要求家事，分割共同财产，两名子女由赵某抚养。庭审中双方同意家事后两婚生女由赵某抚养。法院据此判决赵某 1、赵某 2 由赵某抚养。在起诉家事时一名子女已经年满 14 岁，另一名子女也已年满 7 岁，她们都有了一定的行为认知能力，但因为父母就其抚养问题达成了一致意见，那她们就没有了在法庭表达意见或者让法庭看见其意愿的可能，她们成为失语的群体。

2. 父母对子女参与权的放弃

父母亲权主义的另一个直接体现是父母代替子女做决定，将子女作为其附属存在，代替其表达意见、作出决定。近代以来，随着儿童权利意识的觉醒，儿童不再是父母的个人私产，儿童的权益保护日益受到重视。基于父母子女血缘和身份关系而产生的传统父母亲权，开始发生变化；从以家庭为中心、以父母为中心，进入以子女为中心，亲权的本质是保护未成年子女的最大利益。近年来，我国也日益重视未成年人权益保护，未成年人保护法等的出台加深了公众和父母保护未成年人的意识，但是传统的以父母为中心的亲权主义依然根深蒂固。譬如案例 2 中杨某与黄某于 2010 年 1 月 8 日登记结婚，2012 年 10 月 17 日育有一女黄某 1。2021 年，黄某向法院起诉家事，庭审中双方均同意家事，双方均要求对黄某 1 的抚养权，但在法院示明需征询孩子意见时，双方均不同意法院就随父或随母共同生活询问黄某 1 的意愿。法院最后结合黄某 1 现有生活环境，判决黄某 1 由黄某抚养。案例中黄某 1 已年满 8 周岁，但其父母明确拒绝法官询问子女意见，在一定程度上剥夺了未成年人的自主参与权。

（二）法官询问的形式化倾向和平衡夫妻双方权益的均分思维

民法典出台后，明确规定要征询年满 8 周岁以上未成年子女意见，虽然司法实务工作者严格落实法律的要求，但是在询问过程中存在形式化倾向。法官在询问的过程中，往往只做象征性的问询，并没有积极主动地深入了解未成年人真实意愿。形式化倾向的原因主要有两点。其一，法官介入家庭事务的界限不清，导致其不重视未成年人程序参与。大多数都是未成年人到庭或者出示未成年人表达意见的视频、文字材料即视为征询了未成年人的意见，而不作深入探究。其二，法官询问内容、方式和标准不统一，比较随意。主审法官即使询问也是被动地询问，没有主动深入其中，对未成年人的具体情况进行深入调查。案例 3 体现了法官的这一倾向。2006 年 6 月 1 日，张某与陈某登记结婚。2007 年 5 月 16 日，双方育有一子张某 1。2016 年 9 月 12 日，双方育有一子张某 2。2021 年，张某到法院起诉家事，要求判决双方家事，婚生两子由其抚养。陈某答辩表示同意家事，但亦要求两个孩子的抚养权。张某 1 到庭表示愿意跟随陈某。法院认为张某 1 已 14 岁，在听取其意见后认定张某 1 由陈某抚养。而后认为张某与陈某对孩子的抚养能力大致相当，在张某 1 已经由陈某抚养的情形下，法院认定张某 2 由张某抚养。其实双方均争取两个孩子的抚养权，后来母亲一方在庭审中表示争取张某 2 的抚养权，但因张某 1 已年满 14 岁，法庭充分尊重其意愿，在其愿意跟随陈某的情况下，直接认定张某 2 由张某抚养，这一裁判结果在二孩家庭家事中比比皆是，这说明法官本身更关注夫妻双方的利益而漠视孩子的权益，而且裁决的着重考量因素是夫妻双方的利益平衡。

（三）未成年人的真实意愿标准不清

民法典规定，对于年满 8 周岁的子女，应当尊重其真实意愿。但是何为未成年人的真实意愿，实务过程中很难把握。首先，法官对未成年人具体情况了解不够深入，一次的询问无法确保是否为孩子的真实意见。未成年人的表达也有可能是在父母授意或者胁迫下非真实意愿的表达。其次，法官的询问方式存在瑕疵。对于不同年龄阶段的未成年人，认识和表达方式有所不同，法官如果采用统一的法言法语进行询问，无法确保每个孩子都能理解。

最后，法官询问的效果难以把握。未成年人对于为什么要问他们的意见、他们的意见会起到什么样的作用以及会对自身未来的成长和发展有什么样的影响没有深入的认识。此外，法官并不是必须完全“遵从”或“听从”未成年人的意见。法院应明确未成年子女是否已达到能够表示并知悉其意思表示的阶段，并在最终决定中将其意愿作为重要的考量因素。譬如案例 4 中法官询问了孩子的意愿但其没有明确表达，那如何探究？李某与田某于 2009 年 12 月 28 日登记结婚，二人于 2012 年 7 月 26 日生育一子田某 1。2021 年，李某起诉家事，要求婚生子由其抚养。庭审中田某表示同意家事，亦要求对孩子抚养权。法院就抚养问题向田某 1 征求意见，其未作出明确表态。法院认为对于子女抚养问题，考虑双方的抚养意愿、经济状况、居住情况、身体状况等因素，从未成年子女的健康成长角度出发，确认田某 1 由李某自行抚养为宜。实践中有些孩子表达跟父或母任何一方都可以，法官做裁判要基于最有利于未成年人原则，同时孩子也可能是为规避与父母之间的矛盾而不愿表达，那如何探听孩子的真实意愿呢？

三、理论机理：未成年人程序参与的理论解读

未成年人在家事类案件中的程序参与是最有利于未成年人原则在民事司法领域的直接体现，有利于最大限度维护未成年人的利益，而且有利于最大限度实现司法正义，具有程序的正当性。此外，未成年人的程序参与也是儿童友好型司法的必然要求。

（一）最有利于未成年人原则

最有利于未成年人原则是联合国《儿童权利公约》中儿童利益最大化在我国司法体系中的体现。我国未成年人保护法第四条规定“保护未成年人，应当坚持最有利于未成年人的原则”。民法典第一千零八十四条第二款规定了“最有利于未成年子女”原则。确保未成年人在民事案件中的程序参与是最有利于未成年人原则的直接体现。在民事司法领域，以未成年子女为权利

主体的最有利于未成年子女原则，也是确保未成年人程序参与的首要原则。[2]

一方面，最有利于未成年人原则是对以父母为中心的亲权理念的有益补充，更有利于子女的健康发展。在涉及未成年人抚养问题中，如何才最有利于未成年人，需要超越父母亲权，建立起以子女为中心的亲权理念。在我国家事案件关于未成年子女抚养权纠纷的司法实践中，依照“最有利于子女”原则，应始终坚持“子女本位”主义，综合考量未成年人子女的意愿、不同年龄阶段的特殊需求及当前与未来发展所需的条件等。适用儿童利益最大化原则的第一案——英联邦诉阿迪克斯案（Commonwealth v. Addicks）认为稳定并且连贯的生活环境对未成年人最大利益来说至为重要，特别是对于原本生活在一起的未成年人来说，保持共同生活成长是最有利于未成年人利益的一个组成部分。[3] 也有学者将其总结为稳定性，着重考量维持未成年子女的成长与教育质量，尽量通过破坏性最小的监护和探视安排减少父母家事后对未成年子女的影响。[2] 此外，还需要考虑未成年子女的心理需求，长期照管者与未成年人之间往往建立起了亲密信任关系，如果司法能对这种信任关系加以确认，能最大限度降低离异对子女的影响。

另一方面，最有利于未成年人原则需要建立在尊重未成年人真实意愿的基础上。最有利于未成年人原则不是盲目遵从，司法实务人员应当考虑其真实意愿。在司法实务过程中，首先需要对未成年子女的意思表示能力进行确认，明确未成年子女是否已达到能够理解相关程序，并作出真实的意思表达。近年来，心理学和神经科学相关研究为了解不同年龄阶段未成年人身心特点提供了大量的研究支持。如何针对不同年龄阶段未成年人进行有针对性的询问，帮助其理解司法程序、表达真实意愿具有重要的促进作用。基于此，在司法程序中尊重未成年人的真实意愿方面，我国民法典现有的规定不应该仅限制在 8 周岁以上。也有学者提出根据《儿童权利公约》与未成年人保护法关于未成年人意愿表达及听取的相关规定，或可进一步明确未成年子女真实意愿表达及能力的评估判断标准，以适度扩大“真实意愿表达的未成年子女”范围，在尊重其意见的基础上进一步实现其利益的最大化。[2]

（二）儿童友好型司法的必然要求

儿童友好型司法是近年来域外未成年人司法研究的前沿，主要由欧盟国家相关研究者来推动，对儿童权利进行最高水平的尊重和保护，强化了尊重未成年人权利主体地位的联合国公约精神。儿童友好型司法根植于《儿童权利公约》，基本理念是维护儿童基本权利，强调对儿童友好，核心是确保儿童的参与权。联合国《儿童权利公约》第十二条明确规定：第一，缔约国应确保有主见能力的儿童有权对影响到其本人的一切事项自由发表自己的意见，对儿童的意见应按照其年龄和成熟程度给以适当的看待；第二，为此目的，儿童特别应有机会在影响到儿童的任何司法和行政诉讼中，以符合国家法律的诉讼规则的方式，直接或通过代表或适当机构陈述意见。儿童友好型司法坚持儿童最大利益、尊重、平等无歧视、参与和法治的原则，适当考虑儿童的成熟度、对案件理解程度和案件的具体情况，保障进入司法程序或与司法程序接触的儿童生命健康权、人身自由权、隐私权和意见表达权等儿童权利的实现。[4] 其中，程序参与权是司法领域关注的重点。2010 年，为了确保儿童在司法程序中的参与，欧盟人权委员会专门出台了未成年人程序参与的最低标准。

确保儿童参与原则要求裁判者在保证儿童充分理解和知晓基本案情的前提下，以直接或间接的方式听取儿童的意见，并在充分考虑这些意见的基础上作出影响儿童利益的决策或裁判。儿童友好的程序设置在域外很多国家的民事、刑事程序中均有体现，给予了儿童程序参与权，保障儿童在诉讼中表达意见的权利。譬如，德国在涉及子女的家事案件中，规定如子女年龄在 14 周岁及以上，法官需要在法庭上直接听取其意见；未满 14 周岁的，有必要的也需要听取其意见。此外，考虑到不同年龄阶段儿童身心发展水平不一，不同年龄阶段儿童行使参与权的内容和方式也有所不同。总的来说，儿童表达意见的方式主要有三种。第一种，亲自参与，自行表达。对于具有意思表达能力的儿童，法官可以直接听取其本身意见。第二种，通过适当代表或者团体组织进行意见表达。第三种，通过专门的家事调查员或者调查机构来进行。

（三）未成年人程序参与的正当性

公平和正义是司法的核心价值。确保未成年人的程序参与是实现司法正义的前提和基础。罗尔斯正义理论的基础性思想认为利益主体参与程序并自主行使权利是程序正义的灵魂所在。在司法程序中，程序的正义首先表现为获得听审的机会，即“在一项政府的决定中具有充分利害关系或者权利攸关的人，应当被赋予在反驳证据的武装下，了解和面对交叉询问、理由和不利证据的机会……”[5]相关研究也表明，参与其中的民众对司法公正的信任度也在不断提高。在家事类案中未成年人也是当然的利益相关人，因为家事可能对未成年人身心发展都产生重大的影响。[6]自然法思想中将理性能力作为获得权利资格的必要条件。在这一前提下，未成年人是否具有参与权和在多大范围内享有参与权还需考量未成年人是否具有理性能力。对此，有三种不同的观点：有的认为未成年人理性能力不足，“一个儿童是依靠他父亲的权利、依靠他父亲的理智而自由的”[7]；也有的认为未成年人具备理性能力，未成年人事实上有能力对关涉其利益的事项作出决定，并且知道怎么样是最有利于自身的；还有的采取未成年人具有“不断发展的能力”。儿童具有“不断发展的能力”这一概念来源于《儿童权利公约》，一方面基于儿童是自己生活的主人，承认儿童有权获取与自身利益有关的信息，能够发表自己的意见并确保被倾听和一定的自主性；另一方面对于其不成熟方面，给予保护，提供指导。

四、完善路径：未成年人程序参与的制度保障

基于B市F区家事类案件中未成年人程序参与的实践检视及理论分析，笔者认为完善我国婚姻类案件中未成年人的程序参与，首先需要落实最有利于未成年子女的基本原则，纳入妇女、儿童友好的司法理念，考虑妇女需求，重视儿童参与，从制度完善层面为确保未成年人程序参与，可以从以下

三个方面入手。

（一）设置程序辅助人

设置程序辅助人可以最大限度地实现未成年人的最大利益，实现未成年人在司法程序中的有效参与。首先，程序辅助人具有独立的诉讼地位，不受未成年人父母或其他监护人意志的影响，行为的核心是服务未成年人的最大利益。其次，程序辅助人可以专注未成年人问题，综合各方信息，与不同的机构进行协调，为法庭提供科学专业的未成年人相关信息，评估最有利于未成年人的生存环境，向法庭提供专业性的意见和建议。在域外国家有关未成年人司法程序中，程序辅助人的名称虽然有所不同，但是设置该制度的目的都是为更好地实现未成年人的程序参与。譬如，德国2009年施行的《家事事件与非讼事件程序法》第一百五十八条规定了“程序辅助人”制度：“在涉及未成年子女人身的亲子关系事件中，为维护子女利益而有必要时，法院应为其选任一名合适的程序辅助人”“应当查明子女的利益，并在法院程序中予以维护。他应当以适当的方式向子女告知程序的标的、经过和可能的结果……为了子女的利益，程序辅助人可以提起上诉途径。程序辅助人不是子女的法定代理人。”[6]最后，程序辅助人还可以就未成年人相关问题与家长协商，以自己的名义代表未成年人进行一定的程序行为，确保最有利于未成年人原则的贯彻和落实。

本质上，程序辅助人是服务未成年人的特殊利益，在一定程度上也是国家亲权在民事领域的体现。正如未成年人司法程序中的合适成年人，设立合适成年人的核心目标是保护涉罪的未成年人的基本权利不受侵犯。加之，合适成年人制度也是英国少年司法中合适成年人做法在中国实践的成果。在民事程序中，设置独立的程序辅助人也可以参照刑事程序中纳入具有一定未成年人心理、教育相关知识的人，以更好地把握不同年龄阶段未成年人身心特点，从其特殊性出发，正确地传达未成年人的建议，真正地实现最有利于未成年人的核心目标。

（二）确立主审法官的全面尽职调查制度

在涉及未成年人的案件审理过程中，主审法官应该发挥更加积极的作用，可以考虑建立主审法官尽职调查制度。主审法官及其审判团队不能将工作局限在案卷本身和当事人反映的信息中。因为未成年人生活、学习和成长经历等对于在决定抚养归属时都起着重要的作用。尤其对于未满 8 周岁未成年人的全面调查，有利于更好地对未成年人参与庭审表达的意见进行综合衡量。譬如，日本家事诉讼中设立了灵活的调查方式来确保未成年人在家事诉讼程序中的参与。未满 14 周岁的未成年人需要由家事法院调查官通过家访、心理咨询辅导、面谈沟通等方式对未成年人相关情况进行全面调查，最终将调查结果提交法院进行参考。

（三）明确未成年人程序参与的具体规则

确保未成年人程序参与需要建立明确的程序规则。学者认为，儿童友好型民事行政司法的基本要素包括专门人员、专门规则、确定标准、多学科处置和程序救济。从未成年人程序参与的核心要素出发，建立我国未成年人程序参与的具体规则，需要明确保障未成年人程序参与主体、方式、内容和标准以及权利救济途径。

第一，建立独立的少年审判程序，由专门的法官处理涉未成年人案件。近年来，我国一直在推动家事类程序和独立未成年人司法程序的改革，可以考虑将涉及未成年人的案件整体归少年审判庭，建立专业少年法官团队，建立专业的法官队伍，更好地维护未成年人的基本权利。

第二，明确询问未成年人意见的方式和内容。如何询问未成年人意见，确保对未成年人的意见进行认真且适当地考虑也需要一定的规则指引。比如，为了确保儿童在司法程序中的参与，欧盟人权委员会于 2010 年专门出台了未成年人程序参与的最低标准。

第三，采用多学科方法，建立未成年人程序参与的保护措施。在涉未成年人司法程序中纳入心理学、教育学、医学、社会工作等不同学科的专门人员和工作方法，确保协同保障未成年人的基本权利。比如在跟未成年人交流或者面谈过程中尽量不对未成年人造成不必要的伤害。如在波兰，询问未满15 周岁的儿童需要在专门的“蓝色房间”，房间中有玩具、适宜儿童年龄的家具和单向镜子，询问时只有工作人员坐在单向镜子的一旁进行，排除无关人员在场，避免给儿童造成压力。[4]

第四，建立未成年人程序参与的救济途径。在保障未成年人程序参与的同时，还要确保未成年人获得法律援助和独立代理权的相关救济措施。在未成年人程序参与无法实现或者参与权受到侵害的情况下，有相应的救济途径。

五、结语

习近平总书记强调培养好少年儿童是一项战略任务，事关长远。少年强，则国强，保护未成年人基本权利，助力未成年人健康成长也是我国司法体系不容推卸的责任。本文从未成年人参与权入手，尝试为未成年人在司法程序中发声，思考还有待深入。尤其在习近平法治思想指导下，我国司法体系正在进行深入的改革，如何在大背景下推动未成年人司法体系的完善，还需更多的研究支持。

【参考文献】

[1] 任凡.论家事诉讼中未成年人的程序保障 [J]. 法律科学（西北政法大学学报），2019，37（2）：131-138.

[2] 张鸿巍，侯棋.离婚后未成年子女抚养权归属原则的反思与完善——兼议《民法典》第 1084 条第 2 款 [J]. 中国青年社会科学，2022，41（2）：114-122.

[3] 王广聪.论最有利于未成年人原则的司法适用 [J]. 政治与法律，2022（3）：134-147.

[4] 姚建龙，刘悦.儿童友好型司法的理念与实践——以欧盟国家为例的初步研究 [J]. 中国青年社会科学，2019，38（1）：125-132.

[5] Michael D. Bayles. Procedural Justice[M]. Boston：Kluwer Academic Publishers，1990：59.

[6] 齐凯悦 . 论英国家事审判改革中的儿童程序参与及对我国的启示 [J]. 甘肃政法学院学报，2017（6）：117-130.

[7] 洛克 . 政府论：下篇 [M]. 叶启芳，瞿菊农，译 . 北京：商务印书馆，2009：38.

公共托育服务的现状与完善策略研究

——以淄博市为例

姚欣瑜　唐　芳[①]

摘　要：三孩政策颁布以来，国家配套出台了多种生育支持政策，公共托育服务作为推进性别平等和解决女性工作与家庭矛盾冲突的一项举措，也是生育支持政策的重要组成部分。历史上，女性主义围绕母职和儿童公共照顾议题有过丰富的论述。“把成为母亲和儿童照顾需求通过公共政策和制度设计的途径释放到家庭之外”这一核心思想更是引领和影响着西方社会家庭政策变革和福利制度发展的方向。笔者通过对山东省淄博市3岁以下婴幼儿托育服务进行调查研究，先对其发展现状进行简单介绍，分析其中存在的问题，并借鉴上海市、南京市、广州市的成功经验，提出发展淄博市婴幼儿托育服务的建议。

关键词：托育服务；公共托育服务；托育机构；国家责任

一、引言

近年来，我国新生人口数和出生率持续走低，人口老龄化程度进一步加深。人口状况与社会发展息息相关，当人口状况与社会发展相适应时，将会

---

① 姚欣瑜，中华女子学院2022级社会工作专业（妇女维权方向）硕士研究生，主要研究方向为妇女维权。唐芳，中华女子学院法学院副教授，法学博士，主要研究方向为性别与法律、劳动与社会保障法。

发挥促进作用。为了找到人口和社会发展之间的平衡点，我国人口生育政策在不断地优化和调整。三孩政策的全面实施是应对低生育率和人口老龄化带来的影响的措施之一。但生育政策的推行需要相应的配套政策跟进，以提升人们的生育意愿。托育服务是现代工业社会的产物，指因环境造成家庭正常照顾幼儿的功能不足时，其他机构或个人对父母角色的一种补充服务，托育服务可分为公共托育服务和市场托育服务，公共托育服务是指政府为补充父母照护功能的不足，专门为婴幼儿提供的一种保育和教育的专门服务。公共托育服务作为有效的生育配套政策措施之一[1]，在一定程度上可以缓解父母育儿压力，进而提高生育意愿。

公共托育服务既属于儿童福利，也属于妇女福利。新修订的《中华人民共和国妇女权益保障法》第五十条规定："国家发展社会保障事业，保障妇女享有社会保险、社会救助和社会福利等权益。国家提倡和鼓励为帮助妇女而开展的社会公益活动。"由于我国现阶段妇女产假还无法覆盖婴幼儿入托前的时间阶段，妇女在休完产假参与工作的同时仍需面临巨大的婴幼儿家庭照料压力。公共托育服务可以承担起婴幼儿 3 岁入托前的照料责任，解放妇女在家庭照料上的工作。从这种意义上来说，公共托育服务在一定程度上可以推进性别平等和解决女性工作与家庭矛盾冲突。

随着社会经济的发展和人口结构的变迁，妇女就业率的提高以及家庭规模的改变，家庭内部照顾幼儿的功能逐渐弱化，对于家庭照料之外的托育服务的需求日益凸显。国家十分重视公共托育服务。2019 年 4 月，国务院办公厅立足实际需求，印发了《关于促进 3 岁以下婴幼儿照护服务发展的指导意见》，为做好 3 岁以下婴幼儿照护服务指明了发展方向。2020 年，国务院办公厅印发的《促进养老托育服务健康发展的意见》指出要大力发展成本可负担、方便可及的普惠性养老托育服务。特别是新修订的《中华人民共和国妇女权益保障法》第五十一条，明确规定国家实行生育保险制度，建立健全婴幼儿托育服务等与生育相关的其他保障制度。2020 年 4 月，山东省结合国家意见印发《关于促进 3 岁以下婴幼儿照护服务发展的实施意见》，要求到 2025 年，每个县（市、区）都建成具有示范引领作用的托育服务机构。

二、淄博市婴幼儿公共托育服务现状分析

为更好完善和推进公共托育服务，笔者于 2022 年针对淄博市 5 个区的婴幼儿家长开展问卷调查和访谈。

（一）调查对象

受客观因素影响，本次调查对象选择了淄博市张店区、临淄区、淄川区、周村区、博山区 5 个区的居民，均为 0—3 岁婴幼儿的父母或祖父母，对其发放问卷，共发放 100 份，回收有效问卷 100 份。

（二）调查内容和方法

本研究采用问卷调查法和访谈法，对 0—3 岁婴幼儿的家长和直系亲属进行调查。问卷设置了 3 个维度共 21 个问题。根据问卷填写情况，进一步访谈了 7 位家长。在对 0—3 岁婴幼儿家长的访谈中，笔者通过录音的方式记录谈话内容，之后对访谈内容进行整理，确保谈话内容只用于学术研究，保护个人隐私。调查内容包括 0—3 岁婴幼儿家长对托育服务机构的需求及淄博市托育服务机构的发展现状。

（三）数据分析

1.婴幼儿托育服务供需失衡

参与调查的 0—3 岁婴幼儿父母多为上班族，工作压力大，陪伴和教育孩子的时间有限。调查显示，大多数婴幼儿由祖父母或外祖父母照顾。然而，在祖父母的抚养过程中容易出现代际教育问题，甚至很多父母也缺乏专业的育儿知识和能力。他们想把孩子送到专门的托育机构。这一情况反映了淄博市大多数家长对托育服务的强烈需求。然而调查显示，只有一小部分受访者的父母将孩子送到托育机构，大多数父母仍然在家照料孩子。为了探究

这一矛盾背后的原因，笔者进一步访谈了被调查者。通过采访了解到，尚未入托的家庭并不是不愿意将孩子送到托育机构，而是有自己的困扰：居住地附近没有托育机构或数量太少；现有的托育机构都是私立的，收费很高；太远的托育机构面临着孩子太小、路途遥远等问题。

通过对淄博市5个区的公办、民办幼儿园，以及早教机构、社区的调查发现，由于淄博市托育服务机构发展缓慢，只有少数民办幼儿园和早教机构具有托育服务功能，并依托幼儿园。目前婴幼儿托育服务的供给还不能满足家庭的需求，从淄博市托育机构的招收月龄来看，仅局限于提供24—36个月的婴幼儿服务，难以满足家长对托育服务的需求。

2.婴幼儿托育服务时间不灵活

调查发现，大多数家长认为25个月以上的婴幼儿适合进入托育机构，也有家长认为19—24个月的婴幼儿适合进入托育机构。关于入托的形式，大多数家长选择日托型，四分之一的家长选择半日托型和紧急型（按小时收费）。通过访谈发现，很多家长认为托育服务只接收2岁半及以上的婴幼儿，他们的孩子还太小，不适合送去托育机构。由于工作性质的不同，当被问及父母的入托时间时，他们对托育服务机构的时间和形式有不同的要求，如时托、半天、日托。然而，淄博市的一些托育服务机构有的只有日托，有的只有半日托，没有小时托的应急服务，托育服务缺乏灵活性。

综上所述，公共托育服务不仅要考虑入园婴幼儿的年龄，还要考虑服务时间，即托育服务要满足家长的工作和生活需要。灵活多样的托育时间和更广泛的育儿年龄范围是父母的共同需求。

3.婴幼儿托育服务机构师资专业化水平低

调查发现，婴幼儿家长不仅关注托育服务机构的数量，更关注托育服务机构的质量，并根据自己的需要对托育服务机构的安全性、可靠性，保教人员对幼儿的关爱度和关注的有效性，保教人员的师德、专业性和解决问题的能力等方面提出了细化的要求。在进一步了解家长对保教人员的要求时，调查发现大多数的家长认为保教人员需要具有专业资格证，保教人员除了能给婴幼儿提供基本的生理保健及健康照顾服务，还要能根据婴幼儿的发展需要，提供有助于他们发展的活动，如教导婴幼儿日常生活自理的方法，给婴幼儿提供营养卫生餐、积极向上的互动活动，进行育儿指导或婴幼儿启蒙课程。

然而，淄博市的托育服务机构现状却并不尽如人意。目前的托育服务机构教师队伍当中转岗情况比较严重，服务人员的专业化程度并不高，多数教师能够较好地掌握3—6岁学前教育的专业知识，但对0—3岁婴幼儿的养育知识知之甚少。目前婴幼儿公共托育服务机构的招聘政策相对宽松，体现在政府面向社会招聘事业单位从业人员时，对于学前教育相关岗位招聘条件宽泛、针对性不强，因此出现了较多非专业转岗人员。

4.监管体系不健全

与托育服务机构监管相关政策较少，公共托育服务机构的设立和监管大多参考3—6岁学前教育标准，而民办托育机构则打着“国际化”机构的名号进行设置，这些机构的设置并不完全符合我国国内形势或地区形势，不能完全照搬照抄。同时，由于管理主体尚不明确，托育服务机构在申请备案时往往找不到对应部门。很多依托于公办幼儿园创办的托育班，在开设及管理中同公办幼儿园相对一致，均由教育行政部门管理，但因“学前教育”的年龄范围为3—6岁儿童，所以对于招收0—36个月婴幼儿的托育班并没有明确的管理标准，在督导中也往往处于空白状态，在检查中会被忽视。

三、国内发达城市及国外经验

（一）国内发达城市公共托育服务发展情况

南京市经济社会比较发达，有较好的早期婴幼儿托育基础。从分工上来看，南京打造了“统筹协调、分工明确、有效落实”的推进工作格局。[2] 南京市为规范托育机构，对托育市场集中进行清理整顿，严厉打击违法违规的托育机构。在服务模式上，南京市建立起以市场为主、政府引导的服务模式。南京市借助经济发展优越、民营企业活跃的优势特点，制定一系列推进3岁以下婴幼儿托育服务发展的优惠政策，鼓励和引导社会力量积极参与托育服务市场，吸引更多人才、资本融入进来，政府通过购买服务的形式，不断壮大托育机构数量，提升托育机构发展质量，形成了一批教育理念先进、形式多样、各具特色，能满足各类家庭多层次需求的托育机构，也在一定程度上减轻了政府负担。

上海市坚持“政府引导、家庭为主、多方参与”，进一步明确推进3岁以下婴幼儿托育服务发展总体工作定位，通过研究制定托育机构准入标准、加强托育服务政策支撑、提供托育服务平台等形式，激发社会各方参与的积极性，提升托育服务质量水平。[3]

北京市作为我国首都，积极推进3岁以下婴幼儿托育服务均等化发展，立足自身实际情况，在充分借鉴国内外有关经验的基础上，提出发展多元参与、多方共推、多种形式的托育服务机构，满足多层次婴幼儿照护服务需求，形成了托育服务“北京模式”：顶层设计、科学布局，建立专业人才队伍，有效落实监督管理。[4]

（二）国外公共托育服务发展情况

在美国与英国，政府单位很少承担与公共服务相关的责任，学前教育领域也有这一趋势，小于3岁的孩童教育主要由家长或者民营托育中心负责，但是政府会发放相应的补助资金给部分家长，让他们减少民营托育的资金压力，同时也会直接给予托育机构一些补助。研究表明，市场是提供3岁以下婴幼儿托育服务的主要渠道，其所产生的费用是由各个家庭来承担。北欧的福利国家，如瑞典、丹麦等则建立起了普惠性质的公共托育服务体系，通过父母保险、儿童津贴、家庭津贴等福利形式，从财政投入上缓解家庭育儿的经济压力，为家庭提供了适合照料儿童的社会环境，实现了财政及场所的双重福利。[5] 日本儿童福利模式是多元化的，不仅有国家的帮助，家庭、单位、地方政府等都提供一定的赞助，进而形成了这种由多种供给主体结合的方式，使得其儿童福利模式发展得更为完善。国家承担监督监管的义务。[6]在欧盟地区，部分国家将托育服务视作最重要的服务类型，并且为之投入了大量的财政资金。但是部分发达国家以市场化的方式来运作3岁以下幼儿的托育服务，这样做不仅开发了新兴经济，在一定程度上也减少了政府的财政支出。

四、促进淄博市公共托育服务发展的策略

（一）推动政府主导的供给侧结构性改革，构建公共托育服务体系

从中国国情出发，推进3岁以下婴幼儿托育服务，既是落实中央推进早教决策部署的必然要求，也是践行“以人民为中心”发展理念的深刻实践。

目前，中国的托育服务机构主要包括托育托管中心、幼儿教育机构和民办幼儿园设立的托育中心。调查发现，淄博市托育服务机构的数量远远不能满足社会发展的需求。因此，政府需要发挥作用，增加公办幼儿园附属托育服务点的数量，鼓励社会力量参与托育服务机构的设立，构建公办幼儿园、民办幼儿园、企业、社区协同参与的综合托育服务体系。

相关部门可以通过现场考察和研究，自上而下地协调安排。社区应对当地家长数量、婴幼儿年龄、具体送托需求等进行实地调研。根据0—3岁婴幼儿家长的需求，选择合适的区域，准确安排一定数量的托育服务机构，设置灵活多样的送托年龄和相应的入托时间，满足家庭对托育服务数量的要求。

（二）完善政策法规为托育服务提供制度保障

在我国婴幼儿托育服务存在的问题中，一些政府部门对发展婴幼儿托育服务的主导责任认识不到位、落实不具体，深层次原因是服务体系构建过程中短板依然突出。全面且具体的政策法规是落实公共托育服务的保障，新修订的妇女权益保障法第五十一条规定，国家实行生育保险制度，建立健全婴

幼儿托育服务等与生育相关的其他保障制度。虽然我国已有推动建立婴幼儿托育服务的相关法律，但相比国外很多国家已出台关于儿童的众多专项法律法规，我国的0—3岁婴幼儿服务仍是体系中最薄弱的一环。我国应加快婴幼儿托育立法进程，通过此立法明确婴幼儿的具体权益，明确政府、家庭及社会对于婴幼儿权益保障应尽的责任，同时对婴幼儿托育服务提出详细的规定及具体实施标准，研究制定统一规范的托育机构监督标准，加快婴幼儿托育服务体系的构建，通过法律来确保执行力度及监管力度。

（三）依托高校及职业教育培养专业人才

在完善托育服务人才培养及人才储备中，师范类院校及职业教育处在重要地位，是专业化托育人才的摇篮。师范高校、师范专科学院及职业院校，利用其师资强、专业度高的优势开展婴幼儿保教知识、技能等培养，推动高校和职业院校设置相关专业、培养专业人才。参照四川省要求婴幼儿托育服务人员具有医学、早期教育、学前教育专业大专及以上学历的内容，结合淄博市的实际情况，在人才培养计划中，可以学前教育专业为基础，在教学内容及课程设置中开设婴幼儿早期教育内容，并联合医学类院校开设婴幼儿科学养护及营养膳食相关课程。对于现有的婴幼儿托育服务机构从业人员，按照近年来大连市面向社会招聘学前教育教师标准，应具有大专及以上学历，同时也应具备育婴师资格及学前教育教师资格证，也可联合高校设立针对本市及本地区的婴幼儿托育服务专门培训，经过考核颁发从业或转岗资格证书。婴幼儿托育机构的管理者应具备大专及以上学历，同时具备育婴师资格及学前教育教师资格。鼓励更多的教师参加继续教育，获得专业学历、丰富专业知识及技能。在教育行政部门、进修学校、教育学院等职能部门中，要为在职教师定期提供专业的培训及指导，要保证教师的知识掌握、技能操作的专业性和熟练性，可以采取线上线下联合、跟岗实习观摩、名师结对指导等模式，保证专业化培养的实效性。

（四）充分发挥社会组织力量，培育社区托育服务

社区托育服务作为建立健全婴幼儿托育服务供给体系的重要组成部分，能够更好地满足婴幼儿家庭对托育机构距离近、安全、可靠、便捷的基本要求，同时还具有“小而美”等优势。要进一步强化政府主导作用，推动社区托育服务设施规划、设计、建设、交付与新建小区同步推进，做到提前规划、高标准建设、功能互促，更加注重安全和舒适性。在农村和乡镇地区，可以利用闲置房屋、村委会、党建活动中心等资源载体，通过集体经济方式购买服务，引进教师，创造多类型的托育服务模式，满足多样化需求，实现托育服务的内循环。

【参考文献】

[1] 刘中一．母职、儿童公共照顾与托育服务的政策意涵——女性主义相关论述解析 [J]. 贵州社会科学，2022（8）：88-94

[2] 李沛霖，王晖，丁小平，傅晓红，刘鸿雁．对发达地区 0—3 岁儿童托育服务市场的调查与思考——以南京市为例 [J]. 南方人口，2017，32（2）：71-80.

[3] 孙璐．上海市托育服务政策完善研究 [D]. 上海：上海师范大学，2021.

[4] 北京市积极促进托育服务发展 [J]. 人口与健康，2020（11）：57-58.

[5] 何玲．瑞典儿童福利模式及发展趋势研议 [J]. 中国青年研究，2009（2）：5-9+15.

[6] 康璐昕．日本学前儿童托育服务体系研究 [D]. 吉林：延边大学，2020.

婚姻登记机关提供婚姻家庭辅导服务的反思与建议①

但淑华　张玉清　沈文清②

摘　要：我国婚姻登记机关提供婚姻家庭辅导服务的实践始于21世纪初，并在十余年间得到快速发展，但存在服务不够全面均衡、辅导人员能力参差不齐、服务评价标准缺乏等问题。2022年修订的妇女权益保障法第六十三条规定："婚姻登记机关应当提供婚姻家庭辅导服务，引导当事人建立平等、和睦、文明的婚姻家庭关系。"为有效推进、改善婚姻登记机关的婚姻家庭辅导服务，应注重服务的多元均衡发展，预防教育型与治疗干预型服务并重，集体辅导与个别辅导等服务形式并举；对婚姻家庭辅导员设置入职门槛并加强职业培训；加大婚姻登记机关与社工机构等机构的合作；确立科学的过程、结果双重评价标准，加强定期督导；等等。

关键词：婚姻登记机关；婚姻家庭辅导服务；婚前辅导；离婚辅导

① 本文为中华女子学院2021年度校级重大课题"新时代妇女权益保障法修改完善研究"（项目编号：KY2021—0101）的阶段性成果。

② 但淑华，中华女子学院法学院副教授，法学博士，主要研究方向为婚姻家庭法、妇女权益保障法。张玉清，中华女子学院2022级社会工作专业（妇女维权方向）硕士研究生。沈文清，中华女子学院2022级社会工作专业（妇女维权方向）硕士研究生。

一、问题的提出

孟子曰："天下之本在国，国之本在家。"家庭不仅是人类社会的基本单元，也是促进个人发展、社会稳定、国家兴盛的基石。改革开放以来，随着经济的快速发展和社会的急剧转型，婚姻家庭也面临着前所未有的巨大冲击。结婚率持续下降、离婚率不断上升，生育意愿低迷、育儿焦虑蔓延，人口老龄化带来的照护压力日益沉重……这些问题无不凸显出当下婚姻家庭的发展困境。

宪法第四十九条和民法典第一千零四十一条均规定，婚姻、家庭受国家保护。国家对婚姻家庭的保护，既包括在婚姻家庭发挥正向功能时尊重家庭自治，不施加干预的消极保护，也包括当婚姻家庭存在冲突、风险或发挥负向功能时予以支持、协助、监督，甚或替代的积极保护。为在恋爱、婚姻和家庭生活中的服务对象提供婚姻家庭辅导服务，帮助民众提升营造幸福婚姻和建设美满家庭的能力，引导其建立和维护平等和睦文明的婚姻家庭关系①，正是国家积极保护婚姻家庭的题中之义，也是我国在家庭建设进程中应对新时代、新变化、新需求的战略性方法。

近年来，人民法院、人民检察院、妇联组织、人民调解委员会等在家事诉讼改革、未成年人司法、婚姻家庭纠纷调解等工作中开展了一系列针对婚姻当事人、父母或其他监护人的婚姻家庭辅导服务。2007 年 4 月 25 日，原劳动和社会保障部将婚姻家庭咨询师公布为一项新职业[1]，开展该职业资格的考试鉴定工作，推进婚姻家庭辅导服务的专业化、规范化发展。由于婚姻是家庭的基本形式，在亲属关系中居于重要的核心地位[2]，作为缔结和解除婚姻关系"守门人"的婚姻登记机关更是在婚姻家庭辅导服务中充当着主力军角色。2022 年修订的妇女权益保障法为此专门新增第六十三条："婚姻登记机关应当提供婚姻家庭辅导服务，引导当事人建立平等、和睦、文明的婚

---

① 参见民政部、全国妇联《关于加强新时代婚姻家庭辅导教育工作的指导意见》。

姻家庭关系。”

婚姻登记机关具体应当如何提供婚姻家庭辅导服务是实践中亟待解决的问题。尽管民政部2017年发布了《婚姻家庭辅导服务》行业标准，但其内容相对抽象概括，尚不足以为实践提供具体明确的指引。同时，近年来各地婚姻登记机关积极开展了内容不一、方式各异的婚姻家庭辅导服务工作，但学界对其关注不足，相关学术研究匮乏。本文拟对婚姻登记机关提供婚姻家庭辅导服务的立法和实践进行总结、反思，并以此为基础探究婚姻家庭辅导的服务对象、服务内容、服务方式等问题，以期为婚姻登记机关开展婚姻家庭辅导服务提供可操作的建议。

二、婚姻登记机关提供婚姻家庭辅导服务的立法与政策演进

（一）国家层面的立法与政策

我国关于婚姻登记机关提供婚姻家庭辅导服务的规定，最早可追溯至民政部2011年6月发布的《婚姻登记机关等级评定标准》（以下简称《等级评定标准》），其将婚姻家庭辅导员和婚姻家庭辅导室的数量作为评定婚姻登记机关等级的两项指标，以推动婚姻登记机关免费为有需求的当事人提供婚姻家庭辅导服务，推进婚姻家庭文化建设。2015年12月，民政部印发的《婚姻登记工作规范》吸收前述标准的相关内容，规定“婚姻登记处可以设立婚姻家庭辅导室，通过政府购买服务或公开招募志愿者等方式聘用婚姻家庭辅导员，并在坚持群众自愿的前提下，开展婚姻家庭辅导服务”。2017年，民政部发布《婚姻家庭辅导服务》行业标准，就婚姻登记机关提供婚姻家庭辅导服务的机构、人员、设施设备及服务等提出要求。此后，在《关于指导推进家庭教育的五年规划（2016—2020年）》《关于做好婚姻家庭纠纷预防化解工作的实施意见》《中国妇女发展纲要（2021—2030年）》《“十四五”民政事业发展规划》《“十四五”民政信息化发展规划》等多份文件中，均有关于婚姻登记机关加强婚姻家庭辅导室建设、推进婚姻家庭辅导服务的相关规

定。特别值得一提的是，2020 年 9 月，民政部和全国妇联联合印发《关于加强新时代婚姻家庭辅导教育工作的指导意见》，对新时代开展婚姻家庭辅导服务的指导思想、服务内容、服务方式、工作机制等作出全面部署。

但是，有关婚姻家庭辅导服务的上述规定从效力位阶上来说普遍较低。2020 年通过的家庭教育促进法首次在法律上明确了婚姻登记机关的婚姻家庭辅导职责。不过由于该法的立法目的是促进针对未成年人的家庭教育，故其第三十二条仅规定了婚姻登记机关的家庭教育指导职责，即“应当通过现场咨询辅导、播放宣传教育片等形式”，向办理结婚或离婚登记的当事人“宣传家庭教育知识，提供家庭教育指导”。2022 年修订的妇女权益保障法则进一步以法律形式对婚姻登记机关提供婚姻家庭辅导服务作出了全面规定。

（二）地方层面的立法与政策

随着国家层面婚姻家庭辅导服务相关政策和立法的不断推进及各地婚姻家庭辅导服务的持续开展，一些省、市在地方层面的立法中也对婚姻家庭辅导服务加以规定，主要集中体现为以下两种情形。

一是在反家庭暴力地方性法规中规定婚姻登记机关的反家庭暴力宣传教育职责。自 2016 年反家庭暴力法实施以来，为有效预防家庭暴力，2019 年通过的《湖北省反家庭暴力条例》率先规定“民政部门应当指导婚姻登记机关将家庭美德教育和反家庭暴力宣传纳入婚前教育内容，提供婚姻家庭辅导服务，预防家庭矛盾和纠纷”。随后，湖南、贵州、内蒙古、新疆等地区相继在其制定或修订的反家庭暴力地方性法规中作出了类似规定。[①]总体而言，这些反家庭暴力地方性法规中关于婚姻登记机关开展婚姻家庭辅导服务的规定，主要是针对办理结婚登记的当事人提供婚前教育，以开展家庭美德和反家庭暴力宣传教育、发放宣传教育资料为主要形式，目的是预防家庭暴力和

① 除专门的反家庭暴力地方性法规外，《苏州市妇女权益保障条例》第二十六条第三款规定：“民政部门应当将反家庭暴力内容纳入婚前教育和婚姻家庭辅导。”

家庭纠纷。而在民法典颁布后出台的《江苏省反家庭暴力条例》和《河北省反家庭暴力条例》明确将离婚冷静期内的当事人纳入反家庭暴力宣传教育的对象范围。

二是在家庭教育地方性法规中规定婚姻登记机关的家庭教育指导职责。2016年5月27日通过的《重庆市家庭教育促进条例》是我国第一部有关家庭教育的地方立法，该条例第二十五条规定："办理结婚、离婚登记时，婚姻登记机构应当对申请人进行家庭教育宣传指导。"此后，山西、江西、江苏、浙江、安徽、福建、湖南、湖北等省也陆续在其家庭教育地方性法规中作出了类似规定。其中，《浙江省家庭教育促进条例》除规定婚姻登记机构提供家庭教育指导服务的职责和具体形式外①，还明确了县级以上人民政府及其民政部门组织、管理婚姻登记机构开展家庭教育指导服务的职责②，是同类立法中内容最为全面的。

此外，还有一些地方为贯彻落实国家对于婚姻登记机关开展婚姻家庭辅导服务的要求，结合本地实际情况，出台了相应的政策或规范性文件。例如，上海、辽宁沈阳等地根据民政部和全国妇联发布的《关于加强新时代婚姻家庭辅导教育工作的指导意见》，制定并下发了实施意见，对加强婚姻家庭辅导工作的标准化、专业化、规范化建设作出具体部署；陕西、江苏南京等地根据民政部《婚姻家庭辅导服务》行业标准，进一步细化了婚姻家庭辅导工作的标准和要求；等等。

---

① 参见《浙江省家庭教育促进条例》第二十五条规定："婚姻登记机构应当通过现场咨询辅导、播放宣传教育片等形式，为新婚夫妻提供家庭教育指导。"

② 参见《浙江省家庭教育促进条例》第十二条第三款规定："民政部门应当做好婚姻登记机构、儿童福利机构、未成年人救助保护机构等家庭教育指导的管理工作。"第十四条第一款规定："县级以上人民政府应当组织妇女联合会和教育、民政、卫生健康等部门，依托家长学校、儿童之家、妇女儿童活动中心、城乡社区教育机构、婚姻登记机构、妇幼保健机构等，建立家庭教育指导服务中心和服务站点，健全家庭教育公共服务体系。"

三、婚姻登记机关开展婚姻家庭辅导服务的实践探索与反思

（一）婚姻登记机关开展婚姻家庭辅导服务的实践情况

为应对离婚率猛增等现实社会问题，我国婚姻登记机关自 21 世纪初开始实践婚姻家庭辅导服务。早期的婚姻家庭辅导服务主要针对前往婚姻登记机关办理离婚登记的当事人，以个案调解、劝导为主要服务方式。2005 年，成都市成华区民政局构建了一支婚姻义务劝导员队伍，以温情开导、劝解等方式“化解不必要的离婚事件”。[3]2009 年年底，河北省石家庄市高邑县民政局婚姻登记处也设立了婚姻调解员，帮助双方当事人化解矛盾。[4] 笔者在上海市徐汇区婚姻收养登记中心调研时也了解到，该中心自 2010 年开始与区妇联共同创办了“开心家园劝和工作室”，聘请具有资深婚姻家庭工作经验的心理咨询师为申请离婚登记的当事人免费提供心理疏导服务。[5] 同一时期，上海其他区县、浙江宁波、江苏南京等也在婚姻登记机关引入了类似的婚姻劝导服务。

随着婚姻登记机关等级评定工作的启动，自 2011 年以来，各地婚姻登记机关加快了婚姻家庭辅导室和婚姻家庭辅导员队伍的建设步伐。不少婚姻登记机关招募律师、心理咨询师、人民调解员等担任志愿者，为婚姻当事人提供婚姻家庭辅导服务。也有一些婚姻登记机关通过政府购买服务、项目合作等方式与专业的心理咨询机构、社会工作机构开展合作，由后者派员在婚姻登记机关为婚姻当事人提供婚姻家庭辅导服务。

在服务对象和形式上，除传统的面向离婚当事人调解、劝导服务外，上海、重庆、江苏等地的婚姻登记机关还将婚姻家庭辅导服务向外延伸，制作发布婚姻家庭关系宣传公益片，组织开展婚姻家庭文化宣传、婚姻家庭辅导课堂进社区进高校等探索和尝试。除面对面的线下婚姻家庭辅导服务外，有的婚姻登记机关也推出了电话指导热线、线上辅导平台等，为有需要的民众提供远程婚姻家庭辅导服务。

2021 年，民政部和国家发改委联合印发的《“十四五”民政事业发展规

划》提出："推进婚前辅导教育服务平台建设，实现婚姻家庭辅导室（婚姻家庭纠纷调解室）在县级以上婚姻登记机关覆盖率达到80%。"这一硬性指标一方面加大了婚姻登记机关开展婚姻家庭辅导服务的压力，另一方面也有利于调动其改进服务的积极性。截至2022年，江苏省101个婚姻登记机关实现婚姻家庭辅导服务全覆盖[6]，山东省也实现了婚姻家庭辅导中心在县级全覆盖[7]。不难预料，在"十四五"期间，婚姻登记机关的婚姻家庭辅导服务还将进一步快速发展。

（二）婚姻登记机关开展婚姻家庭辅导服务的问题与困境

近20年来，婚姻登记机关提供的婚姻家庭辅导服务，无论是服务对象、内容、方式还是规模，都取得了长足的进步，在促进婚姻家庭和谐和维护社会稳定方面发挥了积极作用。但是我们仍然应当看到，婚姻登记机关在开展婚姻家庭辅导服务的过程中也面临不少问题和困境。

1.婚姻家庭辅导服务的内容和方式不全面、不均衡

根据民政部的定义，婚姻家庭辅导是为在恋爱、婚姻和家庭生活中的服务对象提供的婚姻家庭关系方面的专业指导和帮助。①笔者认为，这是一个非常宽泛的界定，从服务对象上看，既包括婚姻登记当事人，也包括恋人和其他家庭成员②；从服务内容上看，既包括在婚前、婚姻关系存续期间以及离婚前后提供的婚姻关系方面的服务，也包括家庭关系方面的服务；从服务方式上看，既包括以不特定民众为对象，主要通过"一对多"方式进行的婚姻家庭宣传教育服务，也包括针对特定当事人，以"一对一"③方式开展的婚姻

---

① 民政部《婚姻家庭辅导服务规范（征求意见稿）》第3条"术语和定义"第一项。

② 相较于民政部《婚姻家庭辅导服务》行业标准中对"婚姻家庭辅导"的定义，即"婚姻登记机构为当事人提供的婚姻家庭关系方面的指导帮助"，《婚姻家庭辅导服务规范（征求意见稿）》的定义将处于恋爱关系中的人纳入婚姻家庭辅导的服务对象之中，本身也是扩大婚姻家庭辅导服务范畴的体现。

③ "一对一"指一个婚姻家庭辅导员对一个婚姻、恋爱关系，既可能是婚姻、恋爱关系的双方当事人均在场，也可能是仅一方在场。

家庭关系的个别辅导咨询服务。然而实践中，婚姻登记机关提供的婚姻家庭辅导服务并不全面、均衡，普遍存在对个别辅导咨询的重视程度和投入力度远大于大众宣传教育的现象，而在个别辅导咨询中，又以婚姻关系方面的服务为主，且绝大部分是为处于矛盾冲突状态、准备离婚的当事人提供的纠纷调解、心理疏导、法律咨询等服务。以杭州市上城区为例，该区婚姻登记机关 2016 年 1 月至 11 月提供婚姻家庭辅导服务共计 410 人次，其中离婚调解及劝导 366 人次，占比达 89%。[8] 在离婚率不断攀升的背景下，通过个别辅导咨询帮助婚姻当事人化解矛盾纠纷，减少盲目冲动离婚固然必要，但若仅攻其中一点，不及其余，恐难充分实现婚姻家庭辅导服务的制度初衷。

2.婚姻家庭辅导员的专业水平和服务能力参差不齐

婚姻家庭辅导员是受婚姻登记机关指派或委托，向服务对象提供婚姻家庭辅导服务的人员，其专业水平与服务能力直接关系到婚姻家庭辅导服务的质量。根据《等级评定标准》，有两类人员可以担任婚姻家庭辅导员。一是通过政府购买服务等方式聘用的，具备社工、心理咨询师、婚姻家庭咨询师或律师资格的人员。二是通过公开招募志愿者方式招募的，具有心理学等方面的专业知识或具备良好婚姻家庭辅导经验的人员。从业门槛的设定在一定程度上使婚姻家庭辅导员具有必要的专业水平和服务能力，但事实上，婚姻家庭辅导员之间仍然可能存在较大的专业水平与能力差距。一方面，专业人员只具备某一专业领域的资格，但是未必具备或精通婚姻家庭辅导服务所需要的各方面知识。例如，心理咨询师擅长对婚姻当事人进行心理疏导，但可能不熟悉婚姻家庭法律政策；律师能为婚姻当事人提供婚姻家庭方面的法律咨询与建议，但又可能缺乏共情或资源链接能力；等等。另一方面，一些婚姻家庭辅导员缺乏开展婚姻家庭辅导服务所必需的社会性别意识或专业理念。实践中曾有婚姻家庭辅导员在为因不堪忍受家庭暴力而要求离婚的婚姻当事人提供服务时，为了“挽救”婚姻关系而对施暴者和受害人“各打五十大板”，严重违背了家庭暴力案件的处理原则。此外，婚姻家庭辅导员队伍也存在人员流动性大[8]、服务水平不稳定等问题。

3. 缺乏科学的婚姻家庭辅导服务评价标准

民政部《等级评定标准》将婚姻家庭辅导员的人数和独立的婚姻家庭辅导室的面积、数量作为评定婚姻登记机关等级的两项指标，《婚姻家庭辅导服务》行业标准也对婚姻家庭辅导室的设施、设备提出了进一步要求，例如，婚姻家庭辅导室应设在相对安静的区域、具有较强的私密性，并应备有饮用水和纸巾，以及有助于服务对象放松的专业设备等[①]，但是对婚姻家庭辅导服务本身缺乏具体、科学的评价标准，只规定婚姻家庭辅导员应建立并持续改进婚姻家庭辅导服务质量体系，并自觉接受服务对象、婚姻登记机关及行业协会的监督。[②]实践中，一些婚姻登记机关虽然迫于等级评定的需要开展了婚姻家庭辅导服务的硬件和队伍建设，但由于没有相应的考核、评价压力而缺乏开展婚姻家庭辅导服务、提升服务质量的积极性。笔者在本文写作过程中访谈了两位分别在北京市两个婚姻登记机关从事志愿服务的律师，他们都表示，自己的服务内容主要是为想要办理离婚登记的当事人审查离婚协议，涉及调解、辅导等服务内容的不多。一位律师还表示，其曾向婚姻登记机关提过开展婚姻家庭辅导服务的建议，但未得到重视和积极回应。

同时，由于缺乏统一的服务评价标准，一些婚姻登记机关在衡量其婚姻家庭辅导服务成效时"唯结果论"，将劝和率[③]作为首要标准甚或唯一标准。如果在经过婚姻家庭辅导之后，当事人仍然坚持离婚，则该辅导将被视作一次"失败"的服务，这一过程中婚姻家庭辅导员付出的所有努力都会被抹杀。正因为如此，一些婚姻家庭辅导员为了提升劝和率、降低离婚率，在开展婚姻家庭辅导服务时过于强调"劝和不劝离"，从而可能在一定程度上影响了婚姻家庭辅导服务的专业性和科学性。

---

① 参见《婚姻家庭辅导服务》行业标准第 6 条"设施设备要求"。

② 参见《婚姻家庭辅导服务》行业标准 7.3"效果评估"和 7.5"质量改进"。

③ 劝和率 = 经过辅导服务后不再申请离婚的婚姻当事人对数 / 拟申请离婚且接受辅导服务的当事人对数 × 100%。

四、婚姻登记机关开展婚姻家庭辅导服务的建议

鉴于目前婚姻登记机关在开展婚姻家庭辅导服务工作中存在的前述问题与困境，笔者不揣浅陋，提出如下几点建议，以期为充分实现婚姻家庭辅导服务的制度目标，提升婚姻家庭辅导服务的质量与水平提供参考。

（一）促进婚姻家庭辅导服务的多元、均衡发展

1.预防教育型与治疗干预型婚姻家庭辅导服务并重

如前所述，目前婚姻登记机关婚姻登记辅导服务的重点服务对象是婚姻已经出现危机、有离婚意愿的婚姻当事人，这可谓以“治疗”为目的的事后干预。笔者认为，在民法典第一千零七十七条专门针对登记离婚程序增设“离婚冷静期”之后，婚姻登记机关应利用好离婚冷静期，积极开展婚姻家庭辅导服务。因为临时起意、冲动而离婚的当事人毕竟是少数，绝大多数婚姻当事人是经过理性、慎重的考虑和协商才向婚姻登记机关提出离婚申请的。如果婚姻登记机关无所作为，只被动等待当事人在三十日的自我冷静之后撤回离婚申请，恐怕并不现实，离婚冷静期的效用也会因此大打折扣。具体而言，婚姻登记机关为处于离婚冷静期的婚姻当事人提供的婚姻家庭辅导服务应包括三方面内容。首先，开展纠纷调解、心理疏导和夫妻关系调适指导等服务，帮助当事人分析离婚原因，疏导负面情绪，设法消除或缓和双方的矛盾分歧。其次，提供法律咨询，告知当事人在离婚程序中和离婚后享有的各项权利，尤其是一方当事人在离婚冷静期内实施家庭暴力，或隐藏、转移、变卖、毁损、挥霍夫妻共同财产等行为的，另一方有权采取的应对策略和措施，以保障当事人，特别是弱势一方当事人的合法权益。最后，对有未成年子女的婚姻当事人开展亲职教育，使其正确认识离婚可能给未成年子女造成的深远影响，引导其在离婚程序中听取并认真对待未成年子女的意见，进而作出最有利于未成年子女的安排。[5]

与此同时，在男女双方步入婚姻之前或在婚姻家庭出现危机之前向其提供以预防为目的的事前教育，也是实现家庭稳定和社会和谐之重要一环。

国内外大量研究发现，新婚夫妇并不会自动适应婚姻生活，就像发展个体的社会生活技能一样，人们必须发展家庭生活技能和良好的婚姻关系功能。[9] 预防教育型的婚姻家庭辅导服务，特别是婚前辅导，可以帮助当事人培养正确的婚姻观念，增进对婚姻关系的认识，提升婚内沟通和冲突处理技巧，从而产生更满意和更稳定的婚恋关系，并降低可能对下一代造成的不良影响。2017 年，中共中央、国务院共同发布的《中长期青年发展规划（2016—2025 年）》将关注青年婚恋发展，提升青年婚姻家庭服务水平确定为一个发展目标，并提出“加大对适龄青年的婚育辅导力度”的发展措施，从政策上强化了开展婚前辅导的必要性。民政部在 2021 年首次组织编写了《婚前辅导服务规范（征求意见稿）》，目的也是希望推动婚姻登记机关为适婚人群尤其是年轻人提供婚前辅导服务。故而，婚姻登记机关应当加大对婚前辅导的投入力度，积极促进其与治疗干预型婚姻家庭辅导服务的同步发展。

2. 集体辅导与个别辅导等婚姻家庭辅导服务形式并举

其他国家和地区婚姻家庭辅导服务的开展有两种主要途径：一是以社区服务为基础的辅导，即面向社会大众的婚姻家庭宣传教育；二是以研究为基础的专业辅导，即针对特定当事人的个别咨商、辅导。二者之中，前者是主动走出去，为大范围、不特定的民众提供婚姻家庭辅导服务，具有成本低、见效快、辐射广等优势。后者则是在特定当事人前来求助后为其提供“量身定制”的服务，具有针对性强、服务效果好等优势，但其从接案、建立关系，到评估需求、生成方案，再到实施辅导、总结评估，最后结案回访，整个过程需要耗费相当的时间和人力成本，效率相对较低，且可能因民众对婚姻家庭辅导服务的知晓程度低而具有较大不确定性。

由于两种辅导服务形式各有优劣，婚姻登记机关在开展婚姻家庭辅导服务时，应当根据不同的需求与情境选择恰当的服务形式。如前所述，我国目前婚姻家庭辅导服务实践中，“一对一”个别辅导的适用情况相对较好，而“一对多”的集体辅导尚不到位。同时，在《婚姻家庭辅导服务》行业标准和《婚姻家庭辅导服务规范（征求意见稿）》中，民政部都明确服务方式包括个案辅导、团体辅导（小组活动）和集中讲座，但在《婚前辅导服务规范（征求意见稿）》中，却未明确提及集体辅导形式。尽管在婚前辅导的服务内容中包括“婚姻家庭建设与法律宣导”，但宣导对象是特定服务对象还是不特定民众，并不明确。

事实上，集体辅导更符合成本效益最大化目标，在婚前辅导等大范围的婚姻教育中具有特别广泛的适用空间。我国台湾地区彰化县曾在婚姻登记中试办婚姻简易教育方案，从预防与教育的观点出发，在办理结婚登记的户政事务所播放一段名为《幸福久久——婚姻沟通四要素》、时长 12 分钟的微电影，向民众进行情绪沟通、冲突沟通、性沟通和休闲沟通技巧的教育，结果发现对于促进民众经营家庭生活的能力发挥了正向作用。[10] 总之，婚姻登记机关应更加重视集体辅导形式的采用，通过开设专家讲座或婚恋课程，制作并播放具有教育意义的公益广告、微电影等，同时利用好微博、微信公众号、抖音等线上传播媒介，推动面向广大民众的婚姻教育的发展，也扩大婚姻家庭辅导服务的知晓度和影响力。

（二）对婚姻家庭辅导员设置入职门槛并加强职业培训

婚前与婚姻家庭辅导服务内容，无论是婚姻与生育政策，还是婚姻家庭法律法规，都是具有专业性的知识范畴。[11] 婚姻家庭辅导员必须掌握相关专业知识，并全面了解婚姻家庭方面的法律政策，才可能提供优质的婚姻家庭辅导服务。与《等级评定标准》相比，《婚姻家庭辅导服务规范（征求意见稿）》中对婚姻家庭辅导员①设置了更高的入职门槛，一是必须具有社会工作师、心理咨询师、婚姻家庭咨询师或律师这四类职业资格之一，仅具有心理学等方面的专业知识或具备良好的婚姻家庭辅导经验，不具有国家认定的相应职业资格者，不能担任婚姻家庭辅导员；二是应具有一年以上相关工作经

---

① 《婚姻家庭辅导服务规范（征求意见稿）》将辅导人员称作“婚姻家庭辅导师”。为保持前后一致，后文仍采用“婚姻家庭辅导员”这一概念，特此说明。

历。如果这一资质要求能够被最终采纳，无疑将有利于提升婚姻家庭辅导服务的质量与水准。

同时，《婚姻家庭辅导服务规范（征求意见稿）》和《婚前辅导服务规范（征求意见稿）》为提升婚姻家庭辅导员的专项业务能力，还对职业培训的目标、内容、方式、学时等都提出了具体要求，笔者非常认同两个规范中对职业培训的规定，但认为仍有两点不足。一是民政部缺乏对培训内容的总体规划或要求，完全由婚姻家庭辅导机构制定并实施培养计划，这不利于职业培训的规范统一和对职业培训的考核监督。民政部应组织开发婚姻家庭辅导服务职业培训的课程、教材，编写实操手册等。二是未明确职业培训是否包括入职前的培训，从“每年参加培训不少于 90 学时”的培训学时要求来看，似乎只是在职培训。事实上，考虑到婚姻家庭辅导人员可能存在的知识缺陷或意识观念层面的不足，还应在其开始提供婚姻家庭辅导服务之前，通过入职培训予以弥补。

（三）加大婚姻登记机关与其他部门、机构在婚姻家庭辅导服务方面的合作

婚姻登记机关的人力、物力、财力是有限的，仅依靠其一己之力来应对日益增多的婚姻家庭辅导服务需求，几乎是不可能完成的任务。政府应加大对婚姻家庭辅导服务的财政投入和政策支持，使婚姻登记机关得以创新服务供给方式，通过与司法、卫健、教育、妇联等部门合作，或通过政府购买服务、项目合作等方式引进第三方机构，共同开展婚姻家庭辅导服务工作。笔者认为，社会工作者是从事专门性社会服务工作的专业技术人员，在社会工作专业学科中，除社会工作专业伦理、理论与方法等，也涵盖了心理学、社会学、法学、婚姻家庭等知识，具备综合性的服务知识体系，这非常契合婚姻家庭辅导服务的需要。婚姻登记机关可以加大与社会工作机构的合作，进一步拓展婚姻家庭辅导服务的广度和深度，充分发挥社会工作在婚姻家庭辅导服务中的作用。

（四）确立统一、科学的婚姻家庭辅导服务评价标准

确立统一、科学的服务评价标准是为婚姻家庭辅导服务提供明确指引，改进和提升婚姻家庭辅导服务质量的必由之路。民政部门应当针对个别辅导和集体辅导等不同辅导形式，确立相应的评价标准。就个别辅导而言，婚姻登记机关提供婚姻家庭辅导服务的目标是维护婚姻家庭稳定，但这并不意味着一味地“劝和不劝离”，目前实践中片面以“劝和率”作为评价标准显然是不恰当的。婚姻当事人在经过辅导之后，若能深化对婚姻及亲密关系的认知，理性认识到感情不可挽回地破裂，进而和平、妥善地处理财产、子女等事宜，避免在离婚后再次引发纠纷，并维系双方在离婚后形成抚养未成年子女的良好合作关系，未尝不能算是成功。故对个别辅导的评价应当是过程和结果的双重评价，同时应当确立质量评估体系中的重点指标，避免简单以数字论英雄。此外，还应建立定期督导制度，通过在婚姻家庭辅导服务过程中的实时监督，促使婚姻家庭辅导员提高自身的职业素养、服务水平和辅导效果。

时代发展、社会进步，给婚姻家庭带来了诸多新情况、新问题、新挑战，处于这些婚姻家庭中的个体需要外部的支持与协助。加强婚姻家庭辅导服务工作的标准化、专业化、规范化建设，推动婚姻登记机关提供更加优质高效的婚姻家庭辅导服务，对于提高民众营造幸福婚姻、建设美满家庭的能力，引导其建立和维护平等、和睦、文明的婚姻家庭关系具有举足轻重的意义。本文尝试就改进婚姻登记机关婚姻家庭辅导服务工作提出了一些建议，但因能力、时间所限，加之未能进行足够的实证调研，可能对实践情况的掌握不甚全面准确，有的观点或许失之偏颇，还请读者专家不吝指正。

【参考文献】

[1] 刘羊旸．我国发布第九批包括婚姻家庭咨询师等 10 个新职业 [EB/OL].（2007-04-25）[2023-03-17]. http：//www.gov.cn/govweb/jrzg/2007-04/25/content_596072.htm.

[2] 夏吟兰 . 婚姻家庭继承法：第 2 版 [M]. 北京：高等教育出版社，2021：4.

[3] 林枫，王晶 . 温情劝导金婚夫妇不离了 [N]. 成都日报，2005-09-22（B1）.

[4] 王淑敏 . 婚姻调解员成家庭“和事佬”[N]. 中国社会报，2009-12-04（2）.

[5] 但淑华 .“离婚冷静期”施行有待婚姻登记机关积极作为 [N]. 中国妇女报，2020-12-29（6）.

[6] 江苏省民政厅 . 江苏省民政厅发布 2022 年江苏省婚姻登记大数据 [EB/OL].（2023-02-15）[2023-04-13]. https：//www.mca.gov.cn/n152/n168/c82427/content.html.

[7] 山东人民广播电台 . 幸福护航话婚姻 | 民法学家点赞威海多元化解婚姻纠纷的妇联 + 模式 [EB/OL].（2022-07-25）[2023-04-13]. https：//baijiahao.baidu.com/s?id=1739253312482311219&wfr=spider&for=pc.

[8] 李君 . 当代高离婚背景下婚姻家庭辅导服务体系构建研究——以杭州为例 [J]. 现代经济信息，2017（5）：343-344.

[9] 王晓萍 . 婚前辅导及其有效性研究 [D]. 江苏：南京师范大学，2011.

[10] 谢丽红，林明杰，等 . 婚姻登记中简易婚姻教育试办方案之成果与分析——以彰化县为例 [J]. 亚洲家庭暴力与性侵害期刊，2017，13（1）：87-112.

[11] 范语晨 . 婚前、婚姻家庭辅导服务迈向规范化实操化人性化 [N]. 中国妇女报，2022-8-24（5）.